하 순 봉
Ha Soonbong

예 술 가 곡 집

음악춘추

첫 가곡집을 내며 ...

고등학교 때 은사님을 만나 작곡을 시작한지 어언 40여 년이 훌쩍 넘었다.

그간 다양한 작품을 써 왔지만 이번에 가곡만을 모아서 작품집으로 내게 되었다.

40여 곡의 많지 않은 곡이지만 입문시절부터 지금까지 계속 써 왔던 장르이라 내 나름의 음악의

궤적이 잘 나타나 있지 않나 하는 생각을 해본다.

작품의 순서는 작곡연도별로 배열하였다.

습작인 『진달래꽃』이나 『편지』 같은 십대의 첫 작품도 포함시켰다.

부끄럽지만 그 때의 순수함과 열정을 간직하고 싶어서이다.

『바람이 불어』도 대학1학년 때의 작품이다. 제1회 MBC대학가곡제 본선에 진출하기도 했던 애착이

가는 곡이다.

『최치원의 시에 의한 세 개의 노래』, 『춘향유문』 등에선 한국음악적인 정체성을 분명 의도하였고

『별후기』에선 미니멀 음악과 한국적 분위기를 의식하였다.

『춘향유문』은 콘서트 아리아같이 넓은 음역과 큰 스케일을 시도한 곡이다.

『가을의 시』, 『능소화 연가』 같은 곡들은 낭만적 감성이 풍부한 작품들이다.

『애가』는 가사없는 보칼리제 형식으로 역시 스케일이 크고 상당히 기악 적이다.

『복 있는 사람』은 성가로 구분될 수도 있지만 많이 불렸으면 좋겠다는 작곡가의 바램으로

이 가곡집에 포함시켰다.

뒤로 갈수록 아무래도 표현의 폭이 다양해지고 다소 격렬하다.

그러나 전체적으로 가곡의 특성상 난해한 실험적 수법이나 철학을 주장한 것은 없고 소위 한국예술

가곡의 전형이 보여주는 통속적인 서정성에서는 조금 벗어나려고 애를 써봤다. 그래서 과감한

불협화음과 다양한 전조들, 급박한 악구전개들이 나오다보니 성악가들이 편하지만은 않을 것이다.

그러나 성악가들의 열정과 호기심으로 자꾸 불려 질 때 분명 이 졸작들은 새로운 생명을 얻을

것이다.

이 가곡집을 나를 음악의 길로 인도하신 하늘에 계신 은사님과 부모님, 그리고 사랑하는 형제들과

가족들에게 바친다.

2021년 11월 부산 해운대에서   하 순 봉

목 차

진달래꽃

김소월

하순봉(1977)

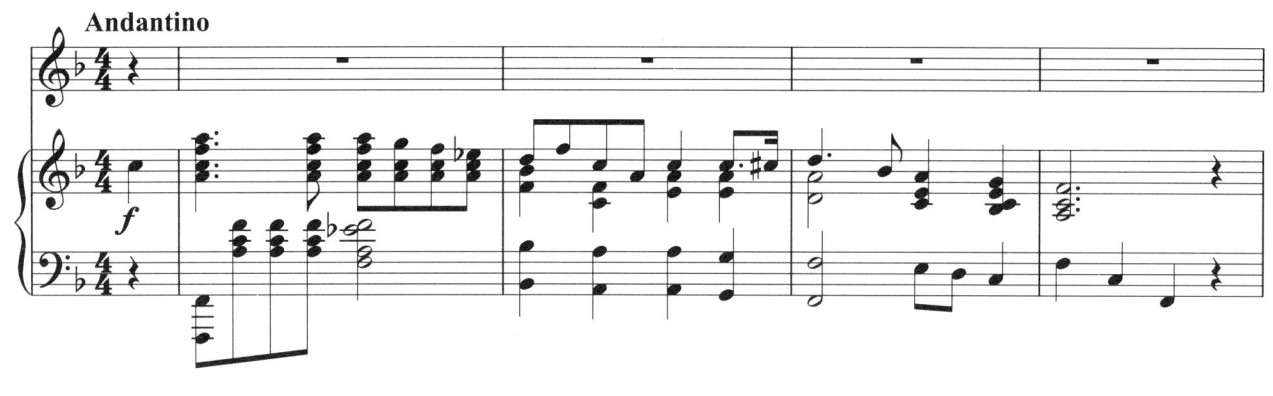

나 보기가 역 — 겨 — 워 가 실때에 — 는

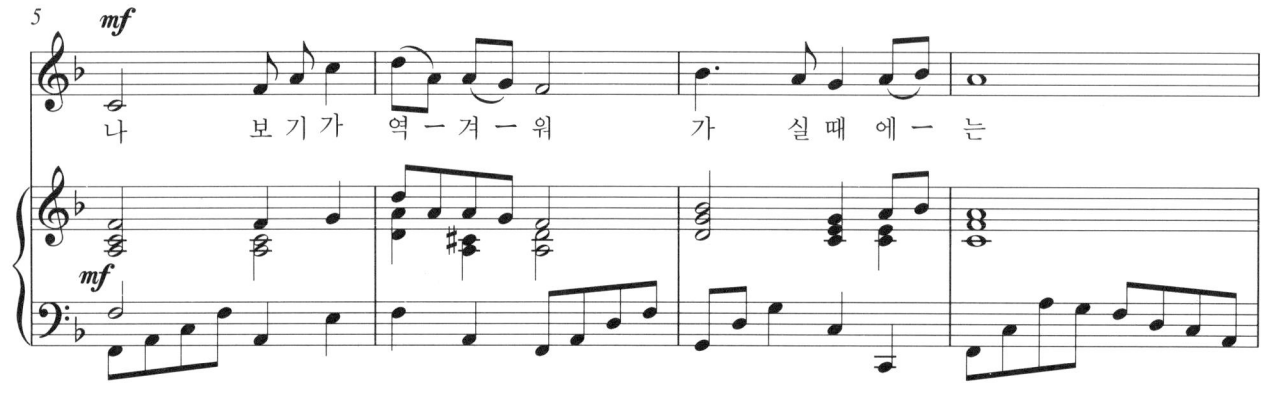

말 없이 고 이보내 드 — 리 — 우 — 리 — 다

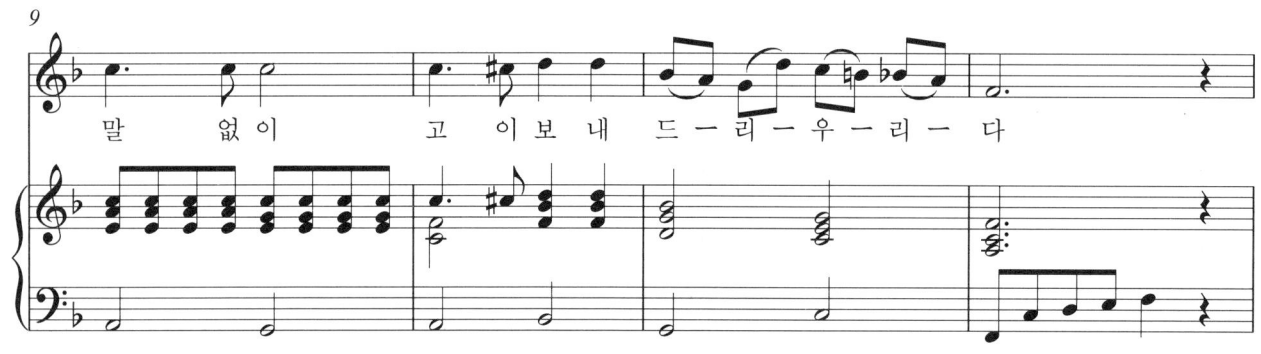

영 변에 약산 진 달래꽃 아 름따다 가실길에 뿌리오리다 가

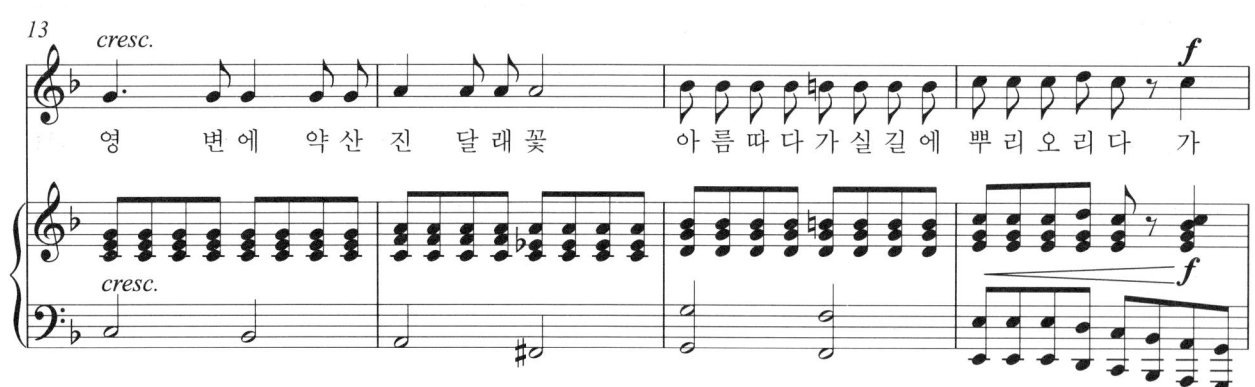

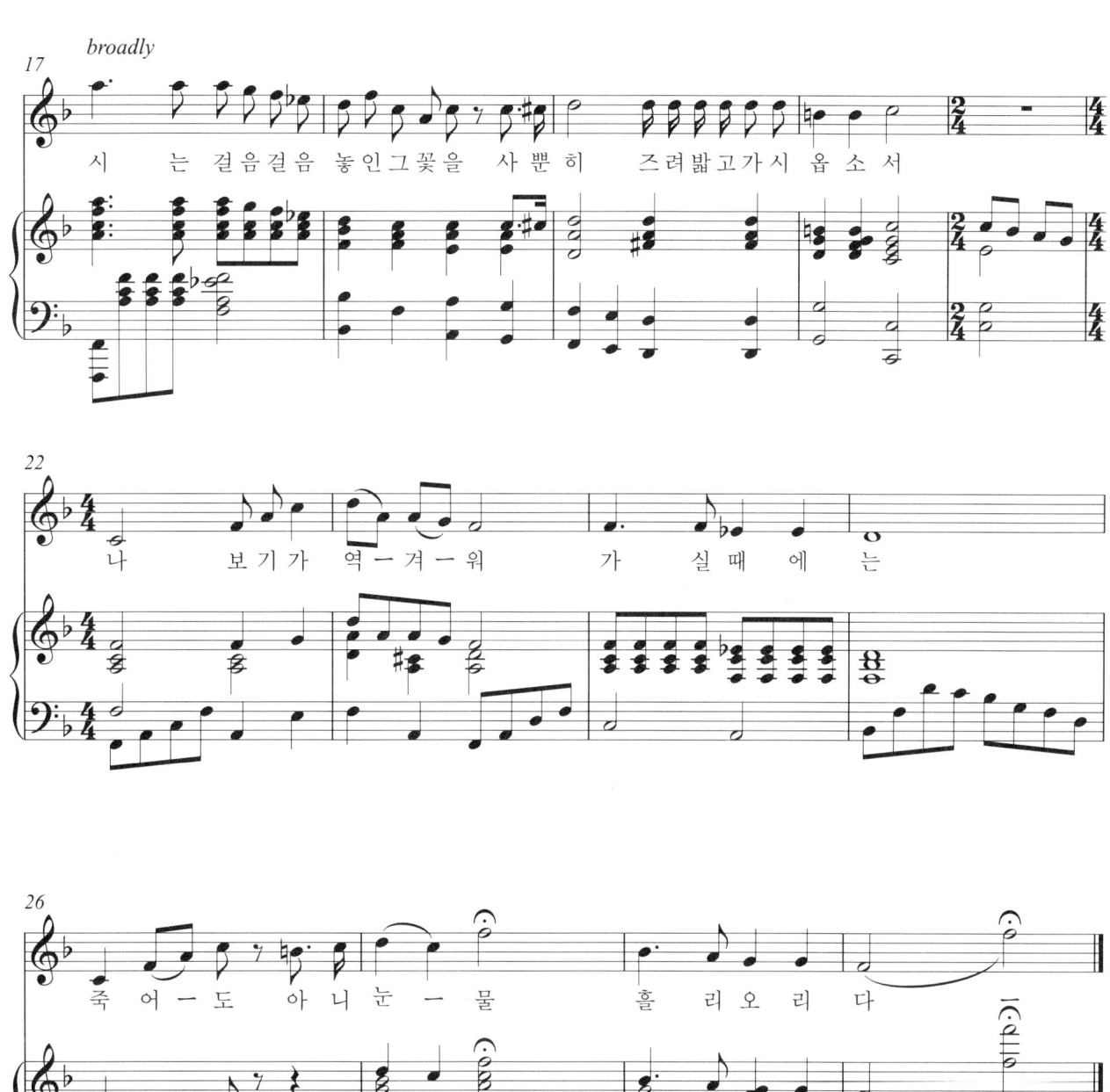

broadly

시 는 걸음걸음 놓인그꽃을 사 뿐 히 즈려밟고가시 옵 소 서

나 보기가 역 ― 겨 ― 워 가 실때 에 는

죽 어 ― 도 아니눈 ― 물 흘 리오 리 다

편지

윤동주

하순봉(1977)

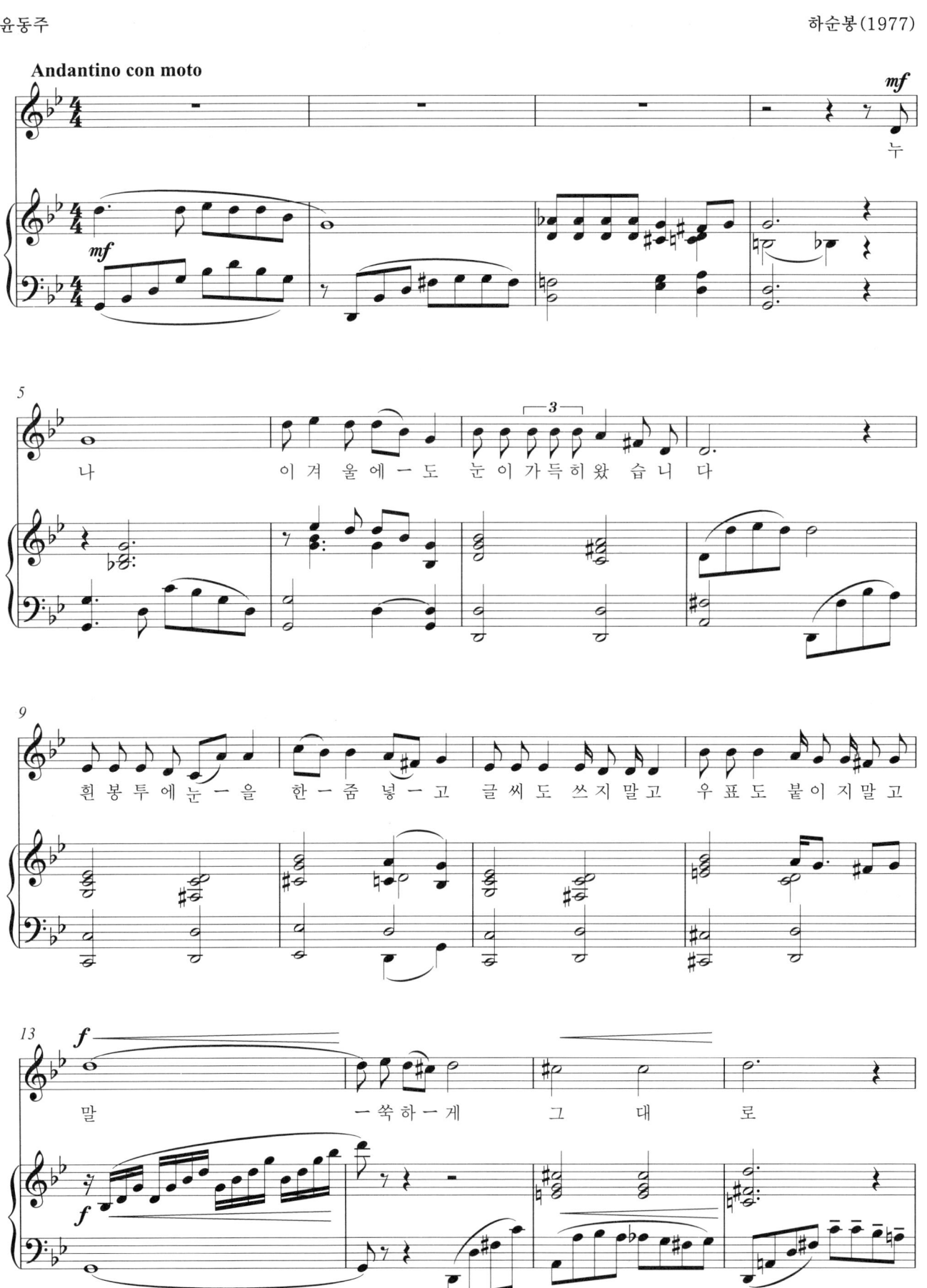

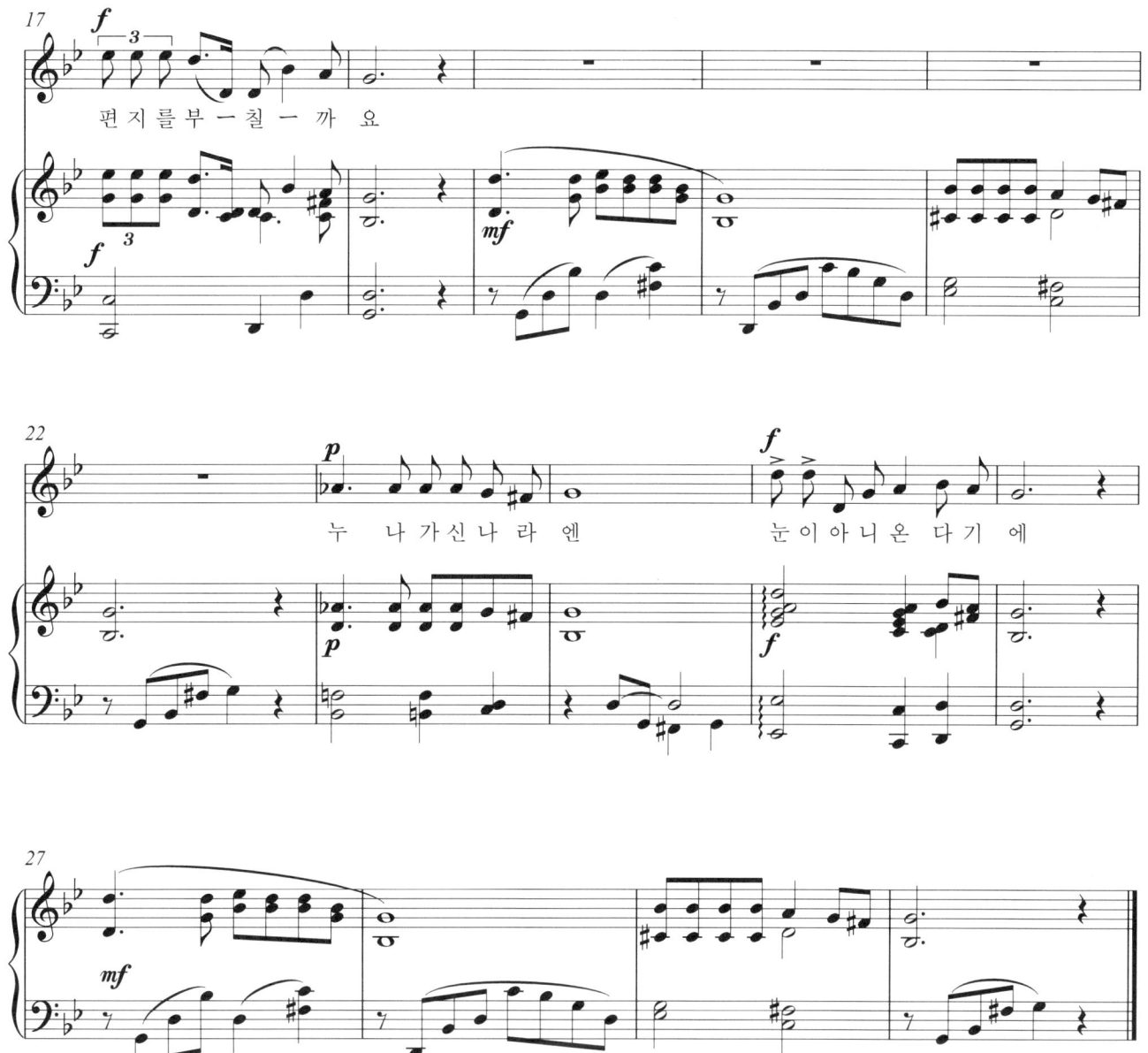

편지를부ㅡ칠ㅡ까요

누 나가신나라엔   눈이아니온다기에

황혼이 바다가 되어

윤동주

하순봉 (1978)

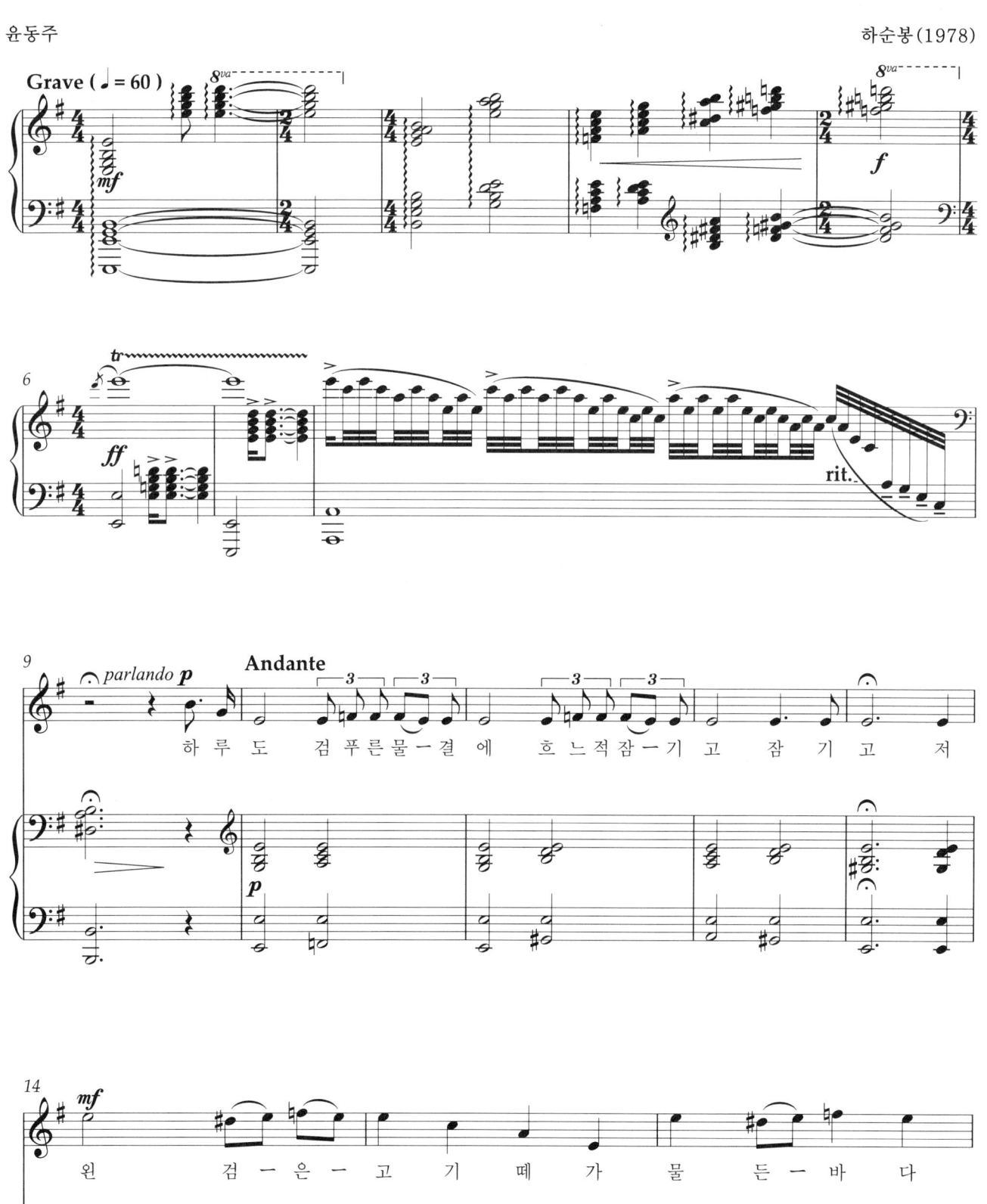

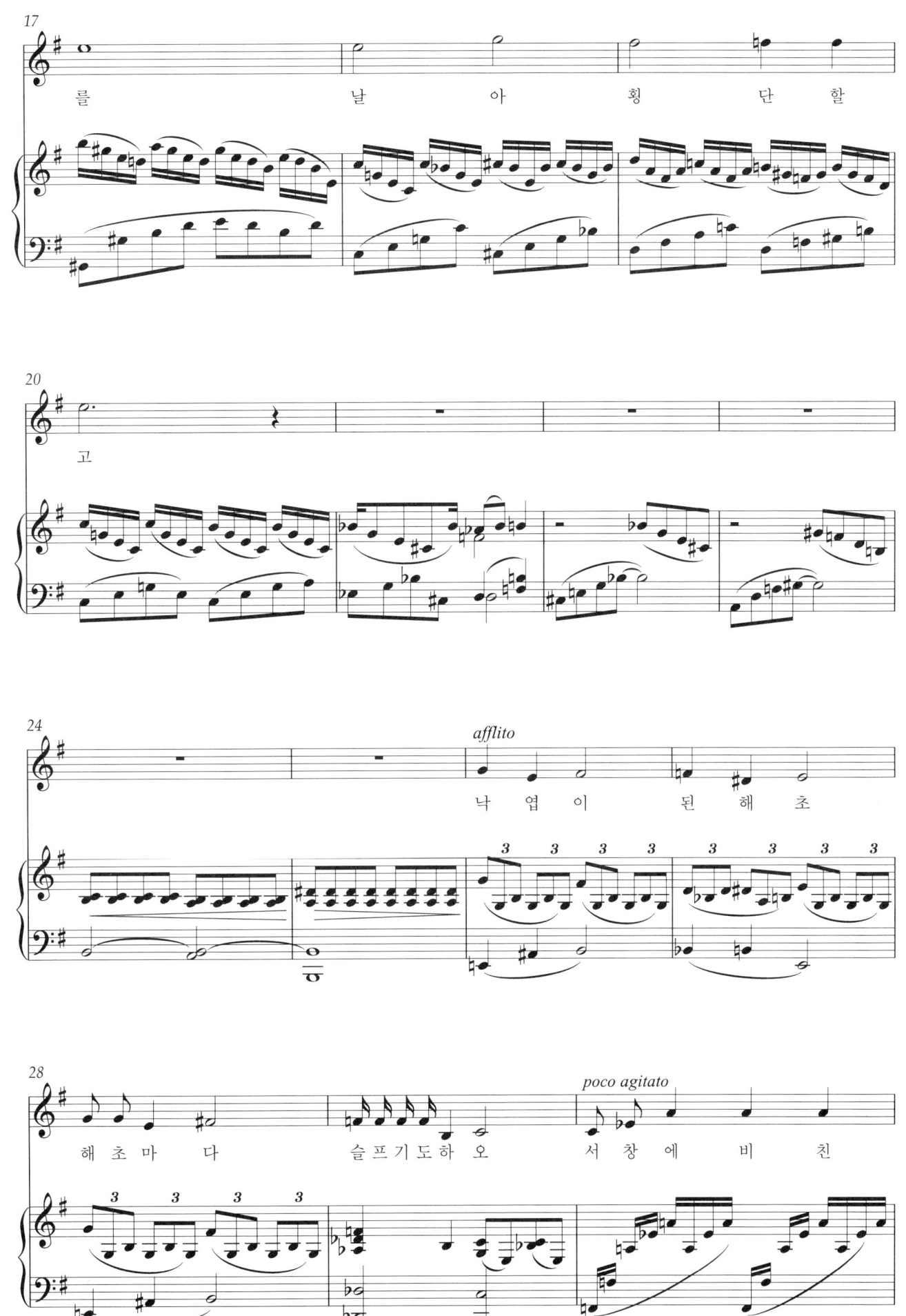

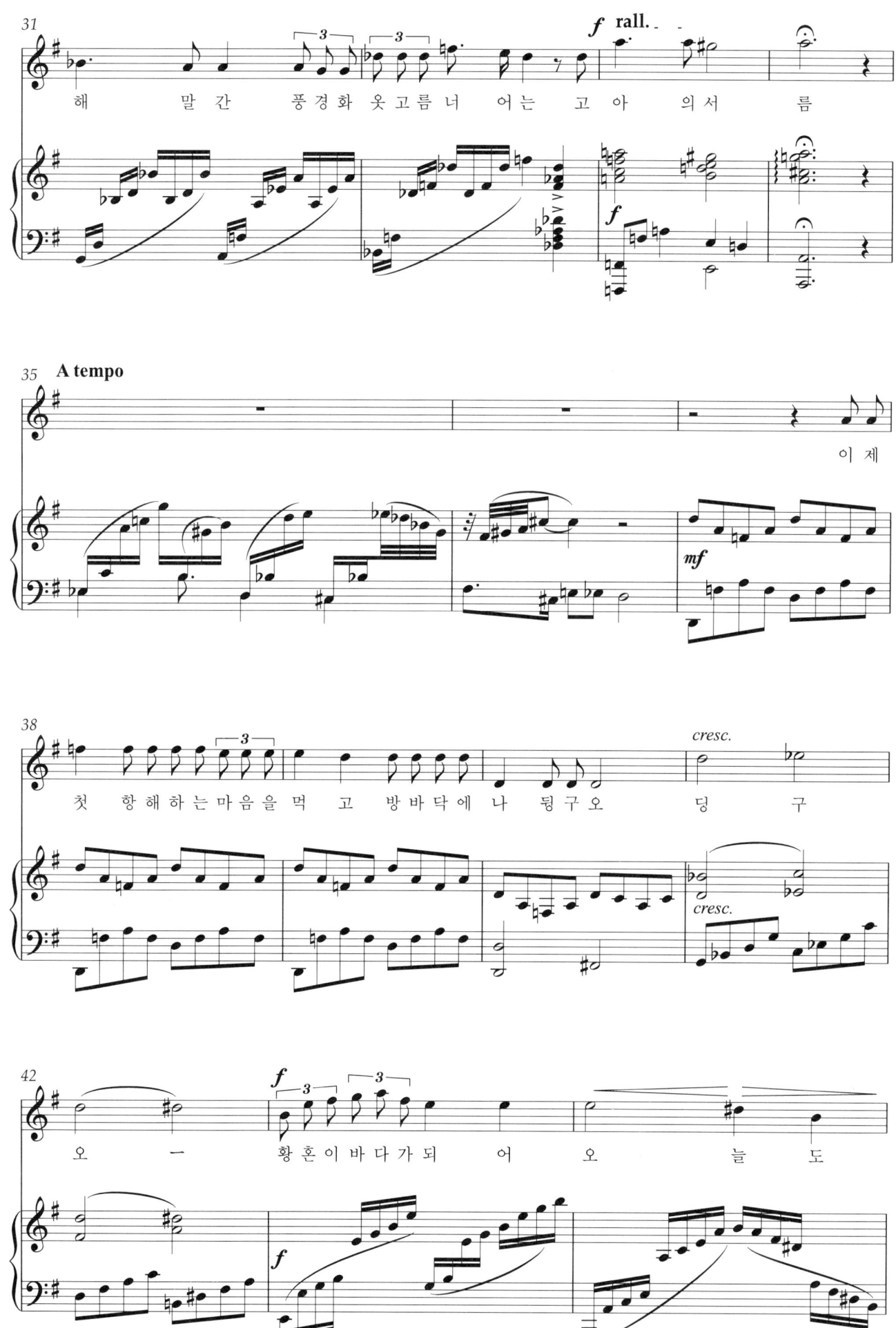

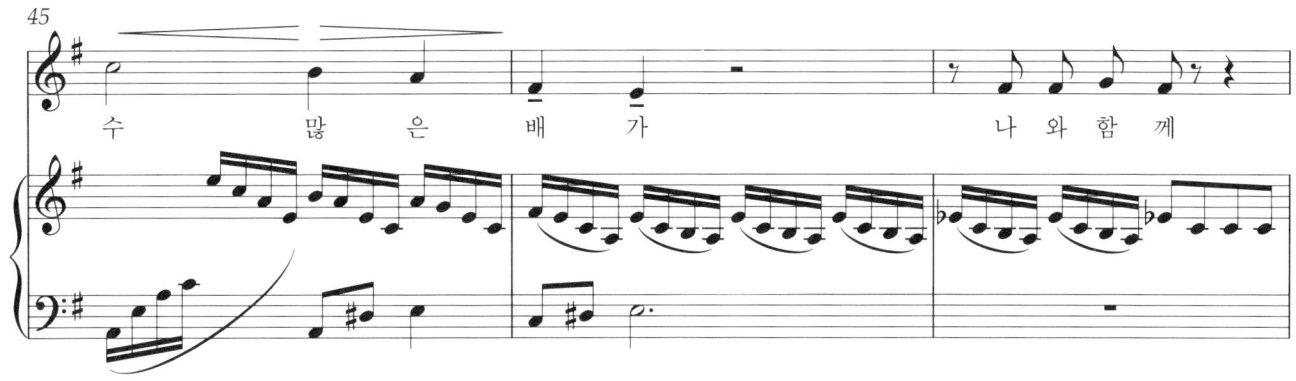

수 많은 배 가   나 와 함 께

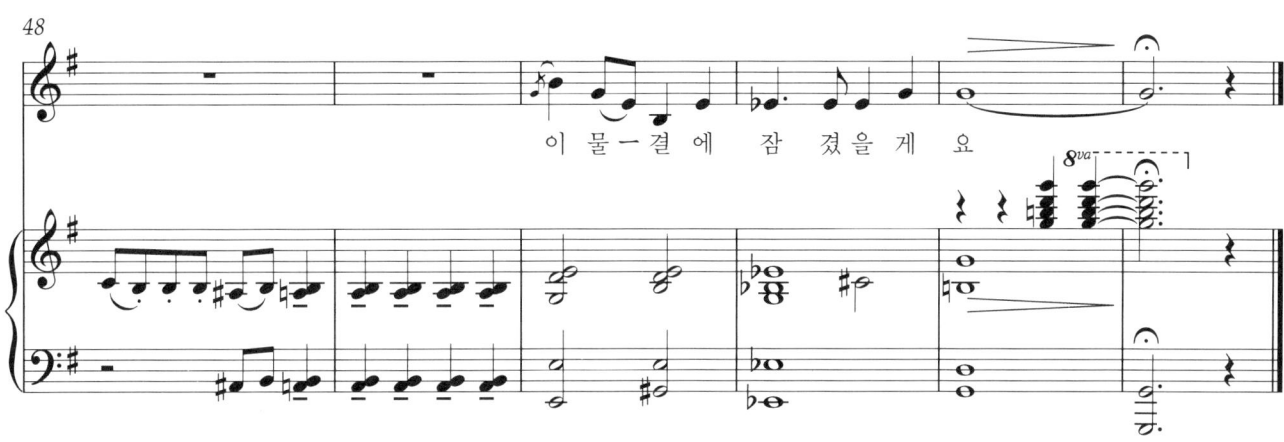

이 물―결 에 잠 겼 을 게 요

바람이 불어

윤동주

하순봉(1978)

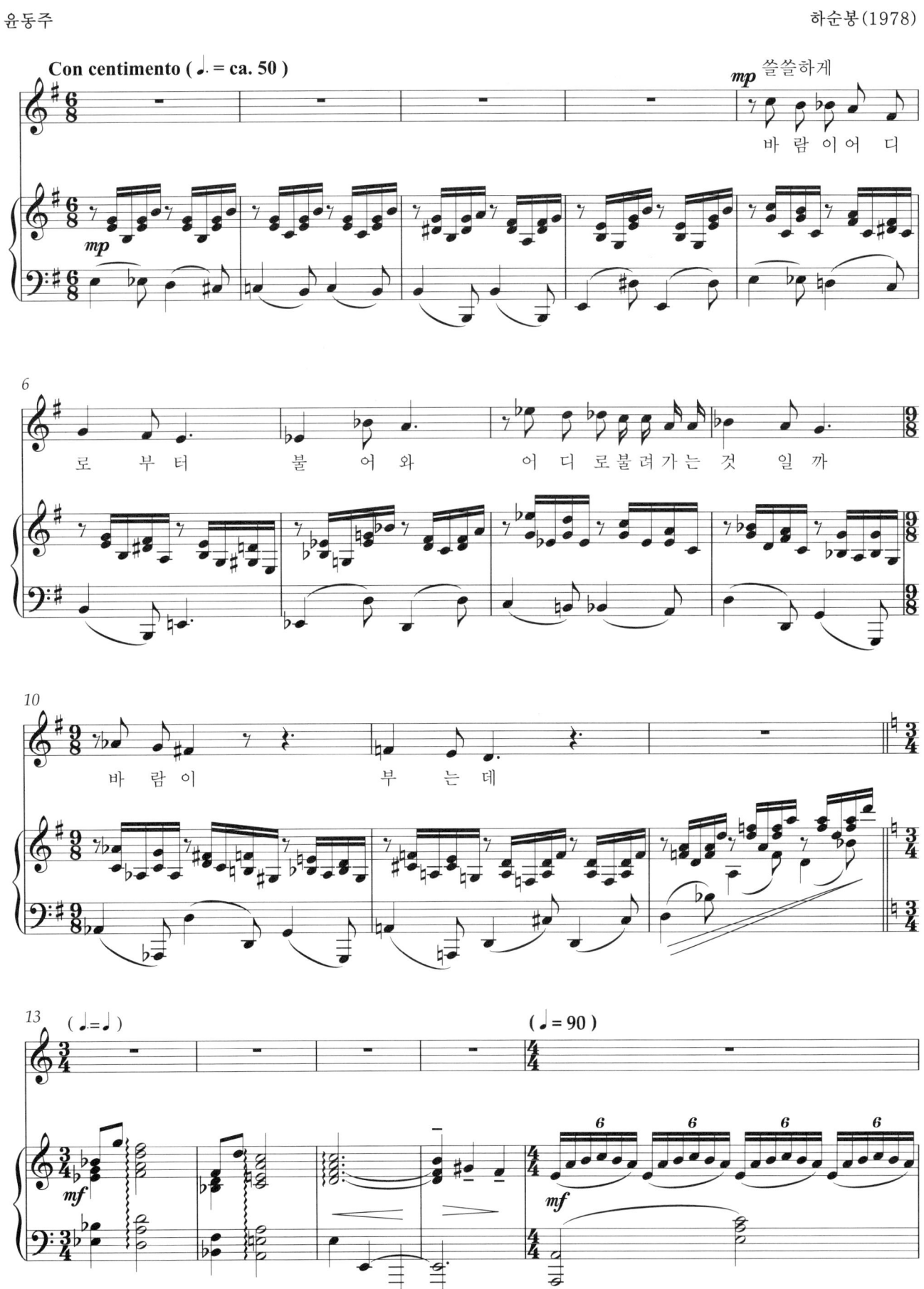

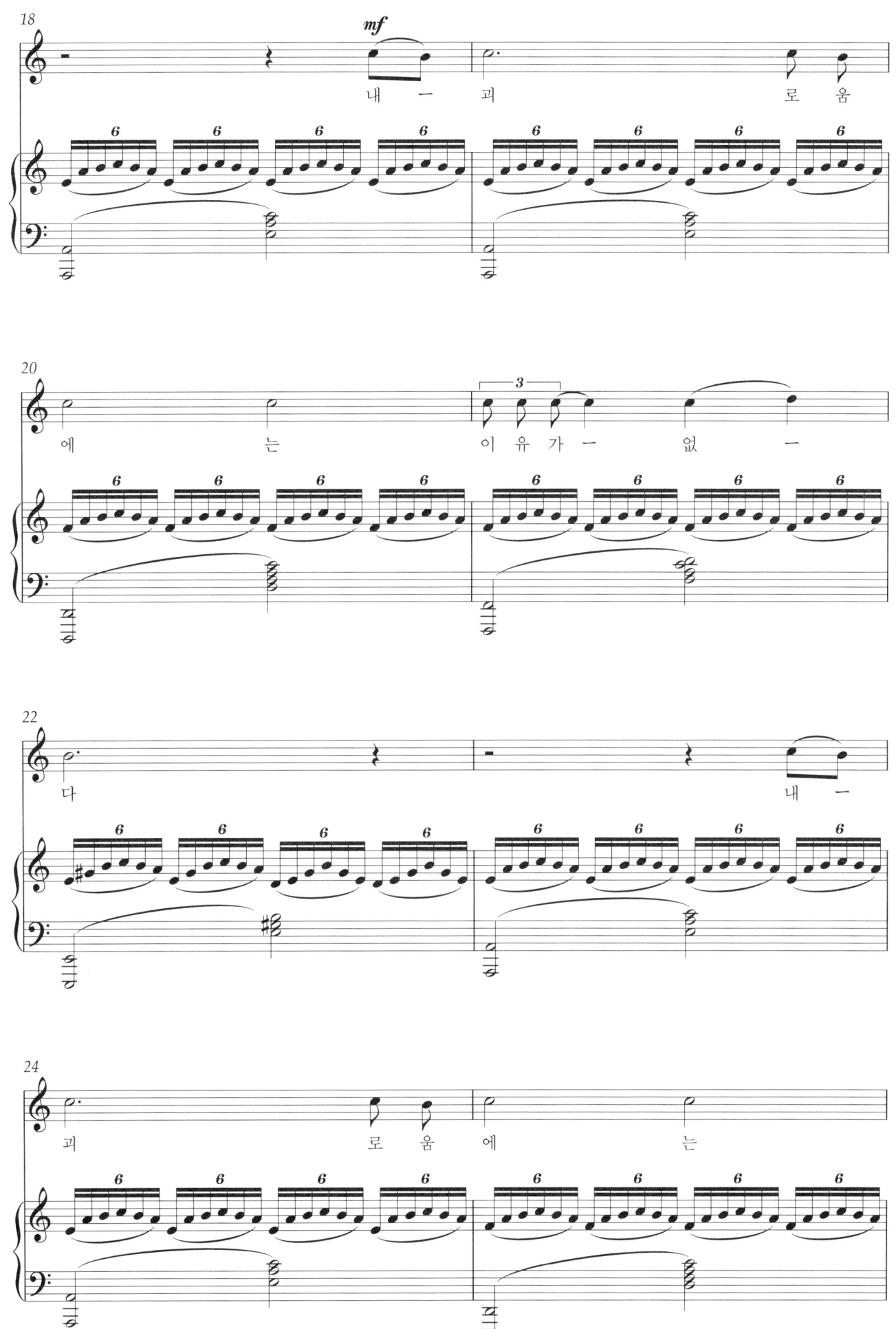

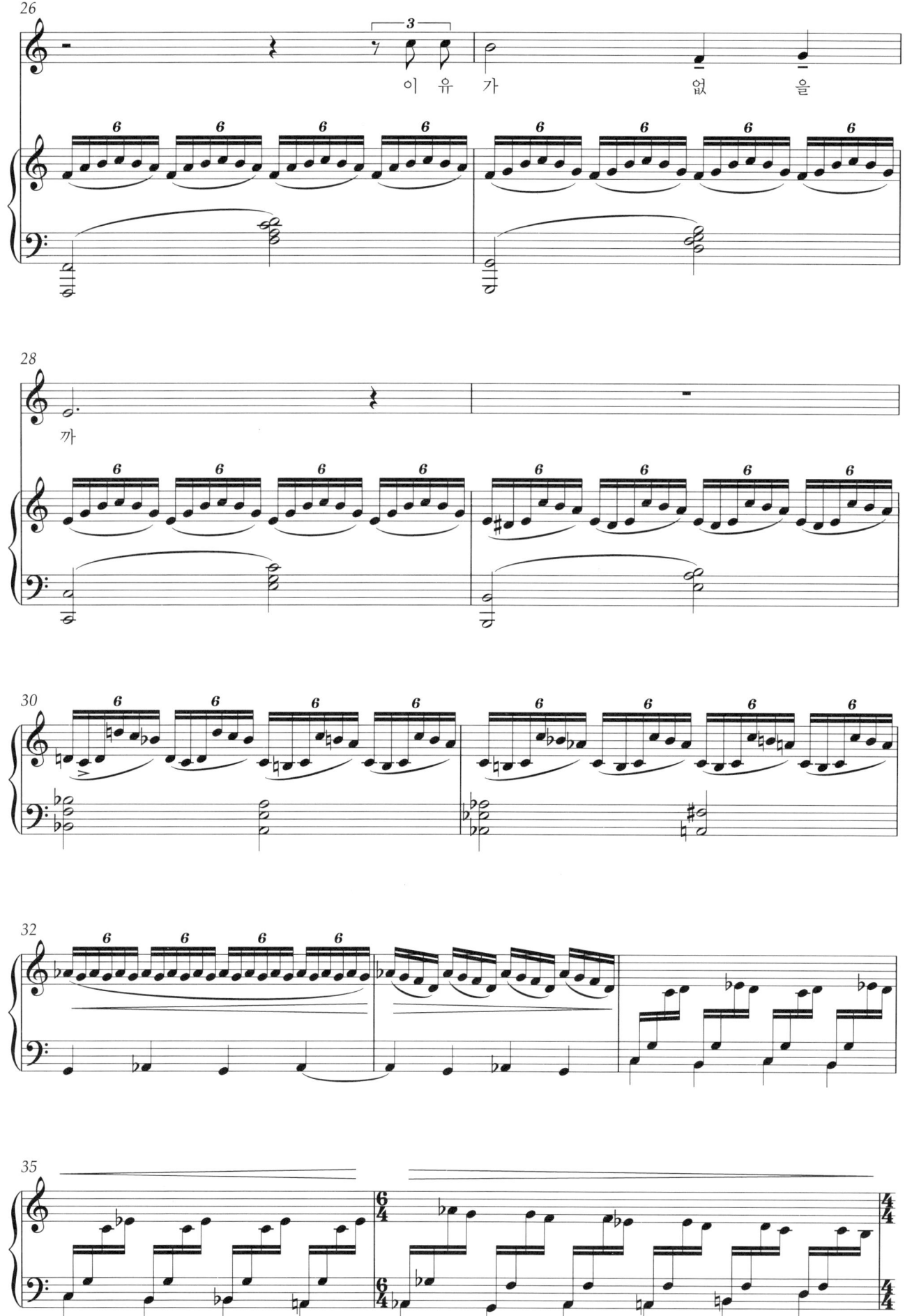

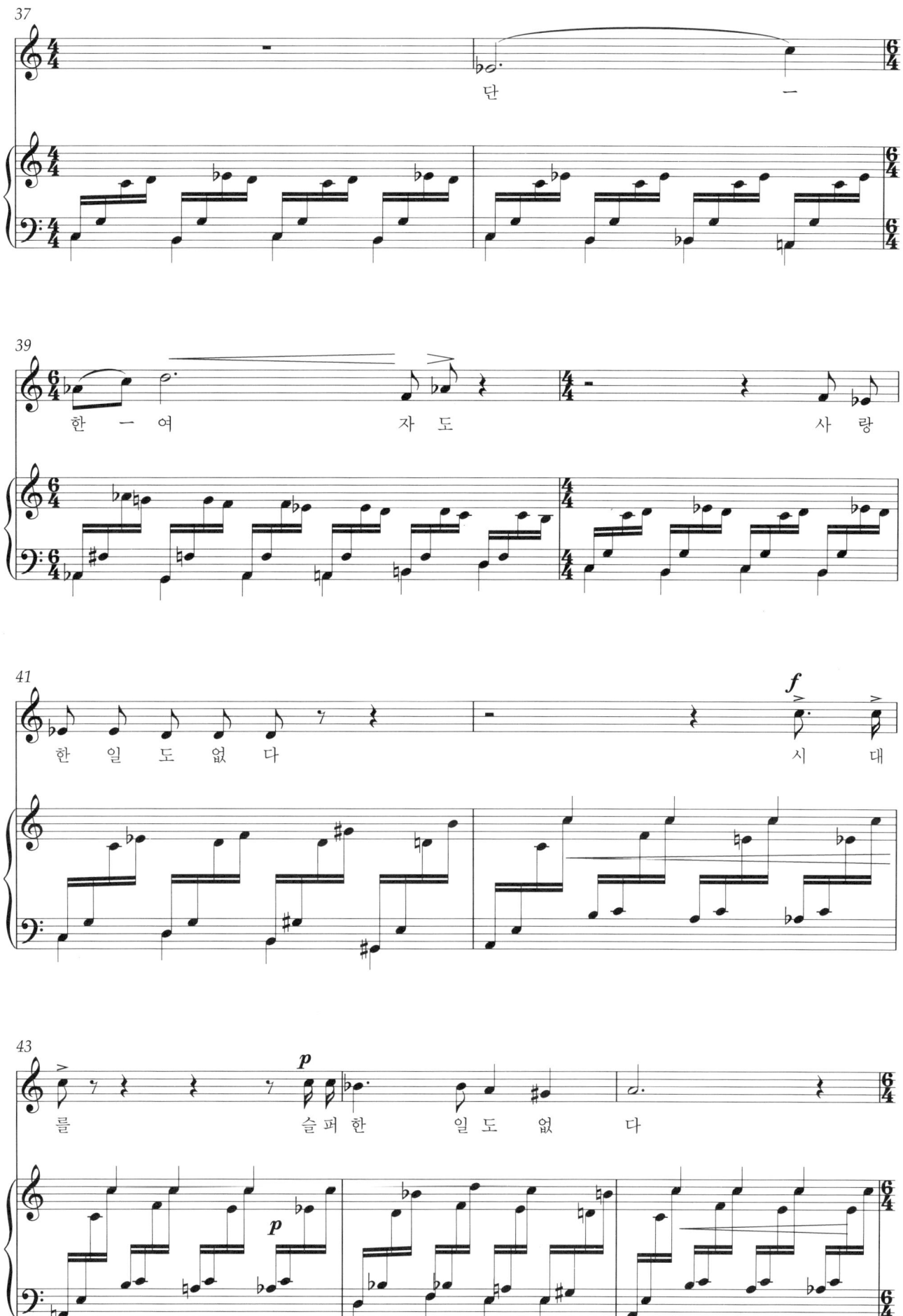

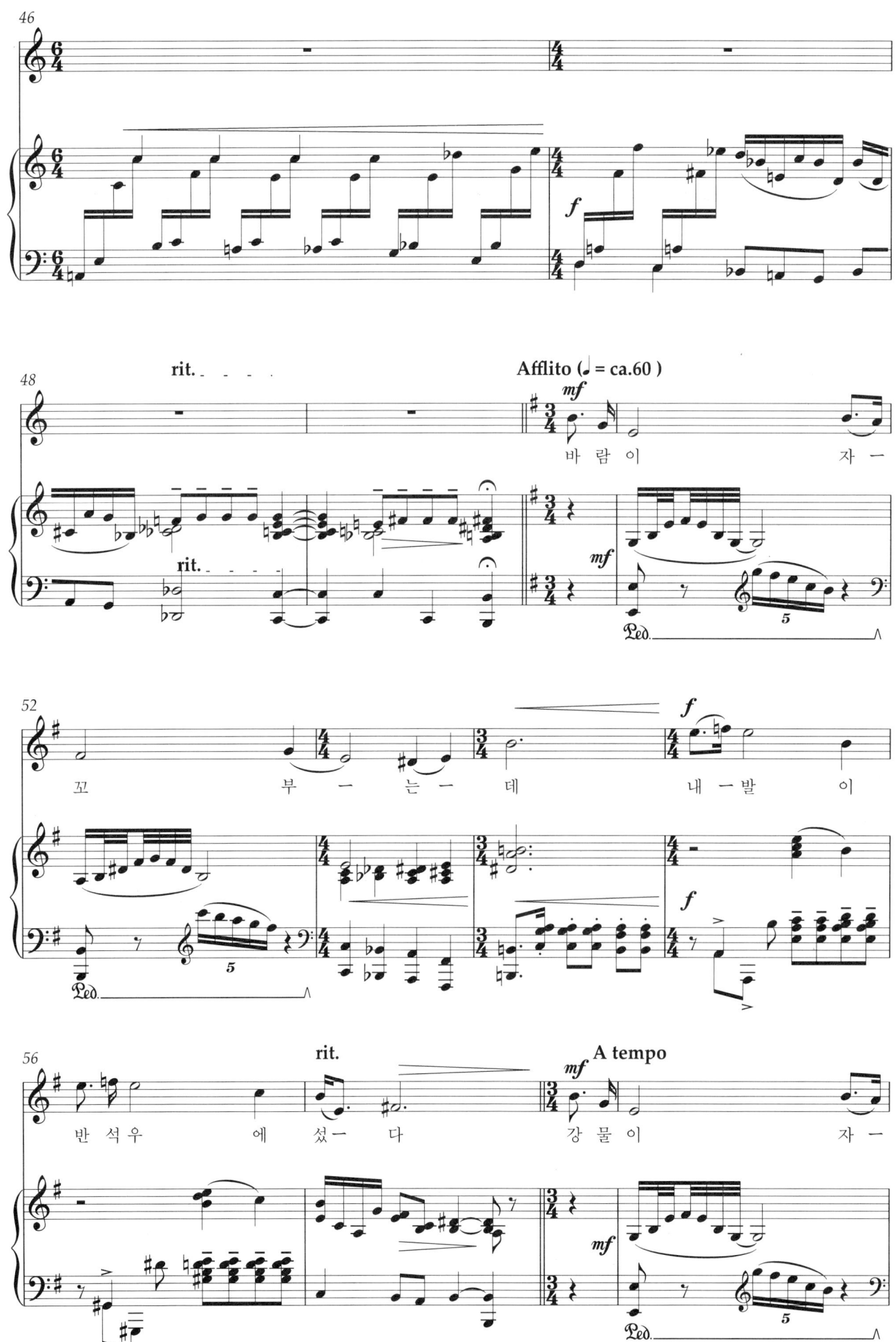

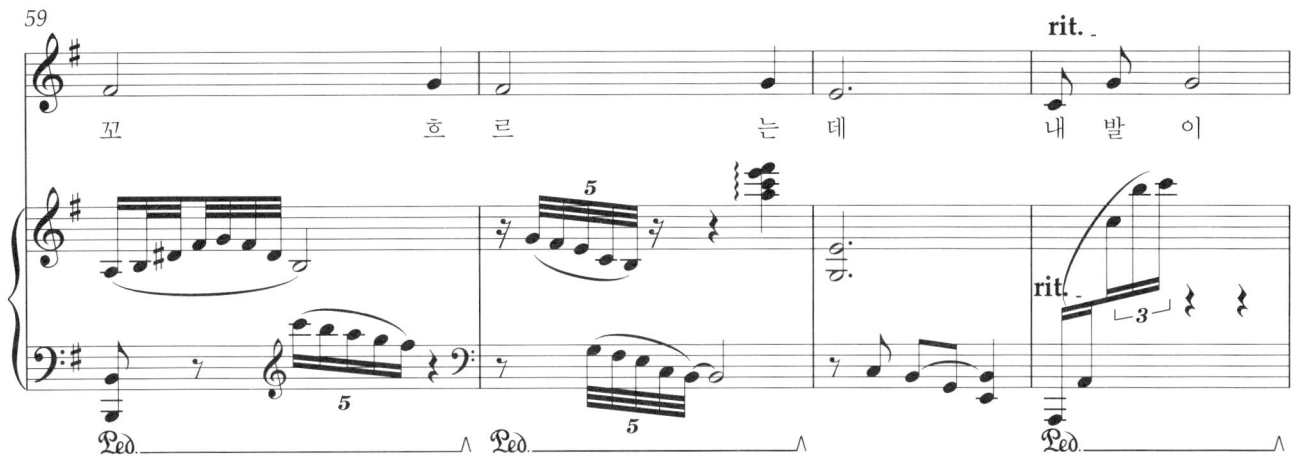

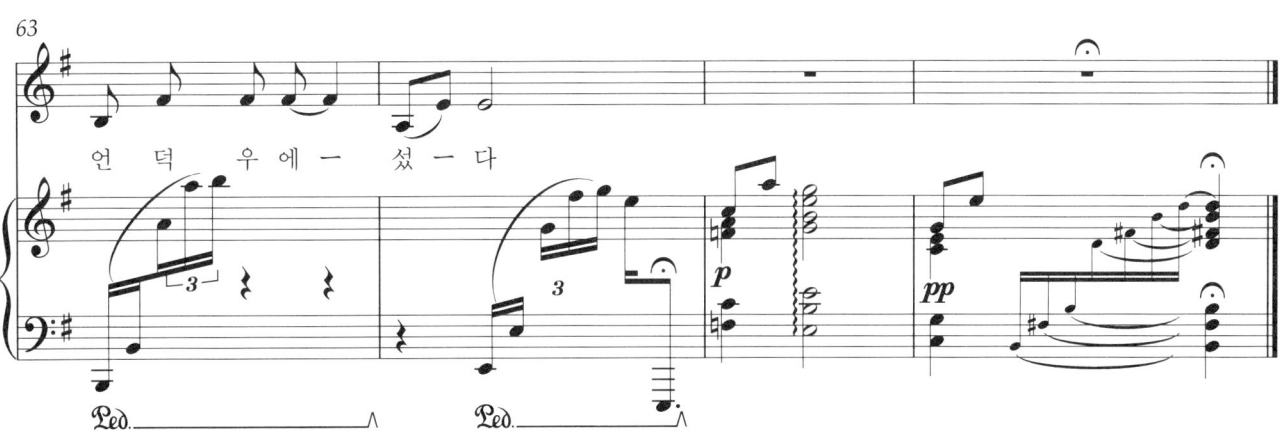

최치원의 古詩에 의한 세 개의 노래

1. 제우강역정 (題芋江驛亭)

최치원

하순봉(1990)

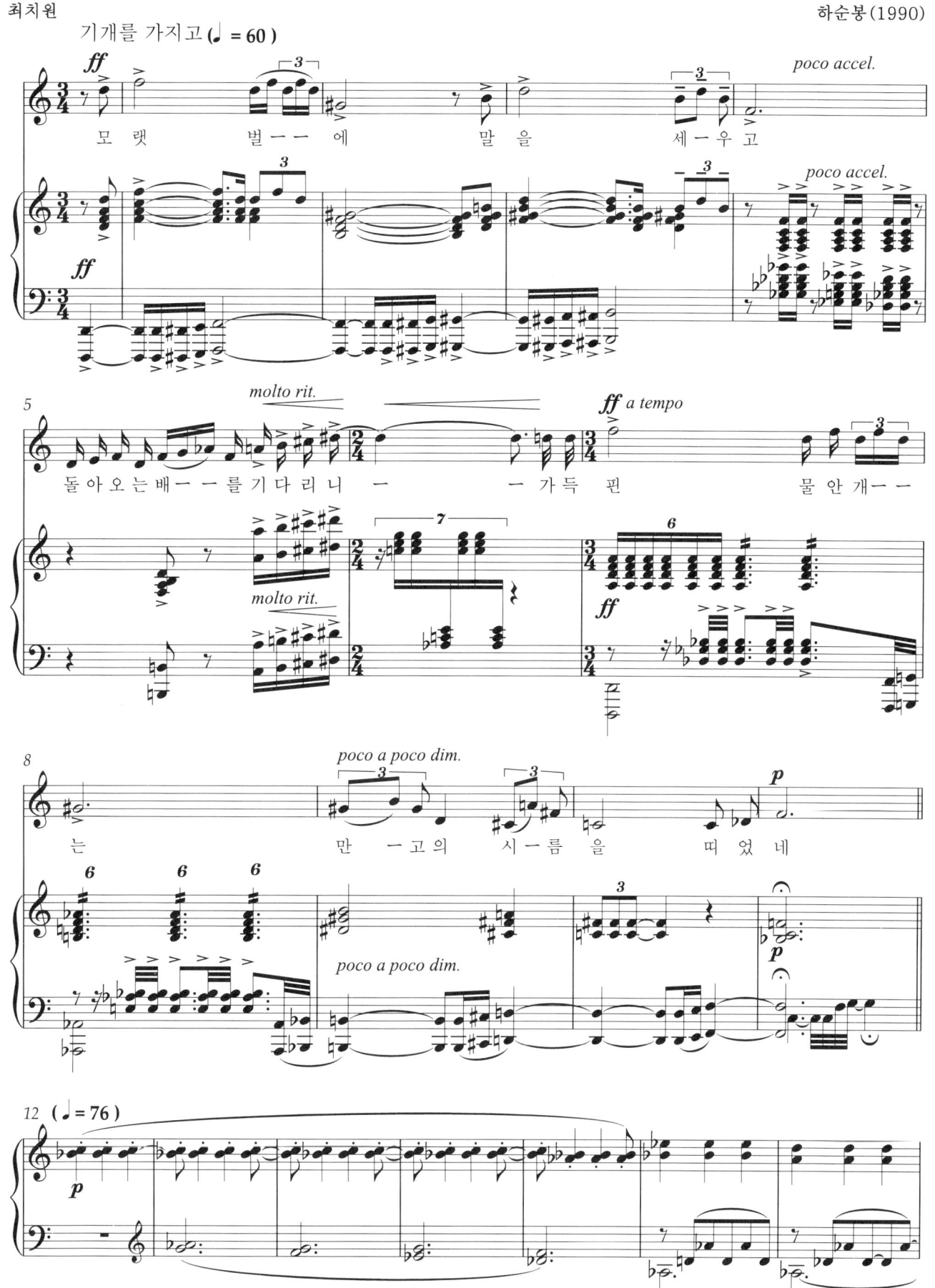

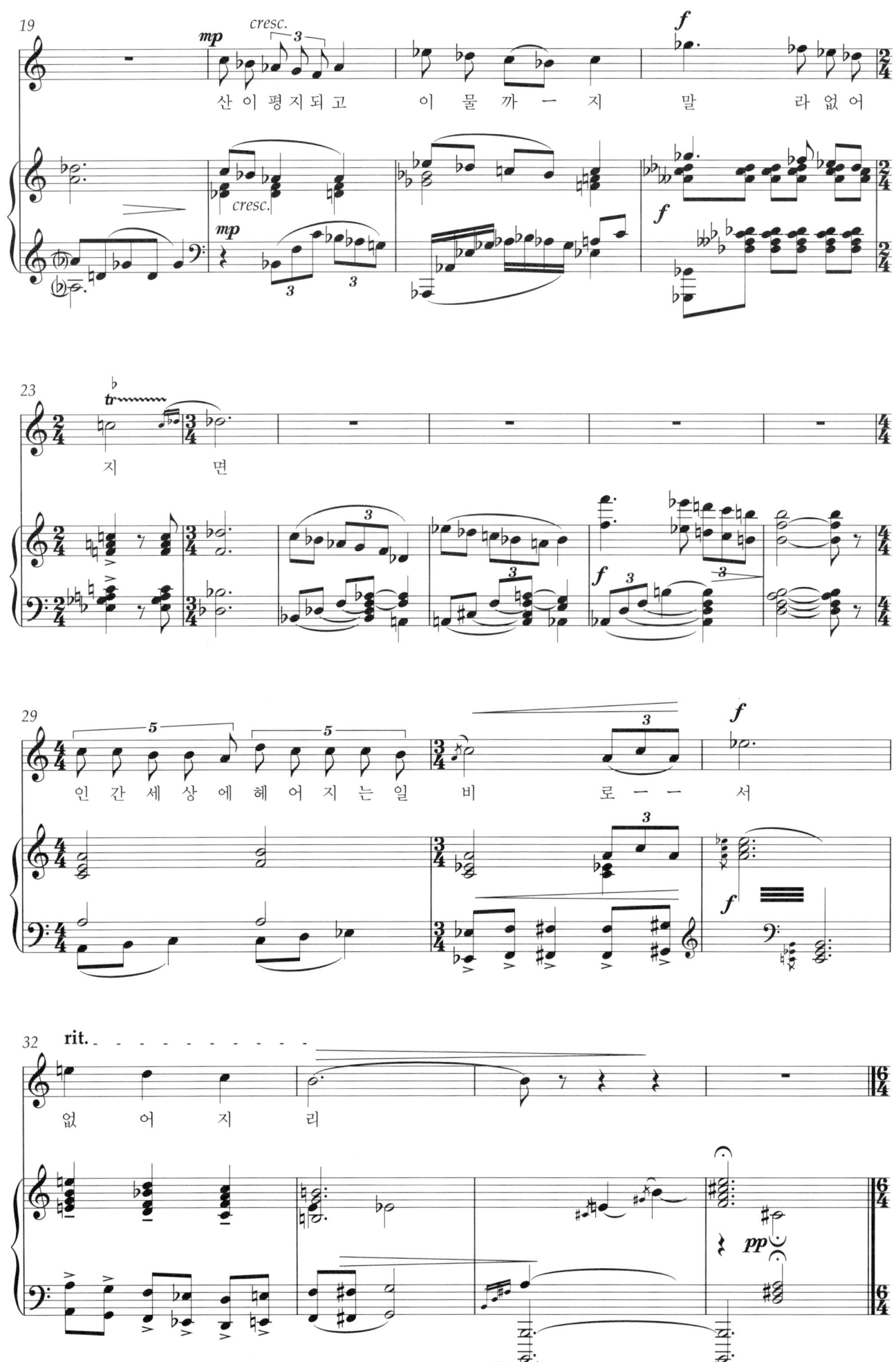

산 이 평 지 되 고   이 물 까 — 지 말 라 없 어

지 면

인 간 세 상 에 헤 어 지 는 일 비   로 — — 서

없 어 지 리

2. 우정야우(郵亭夜雨)

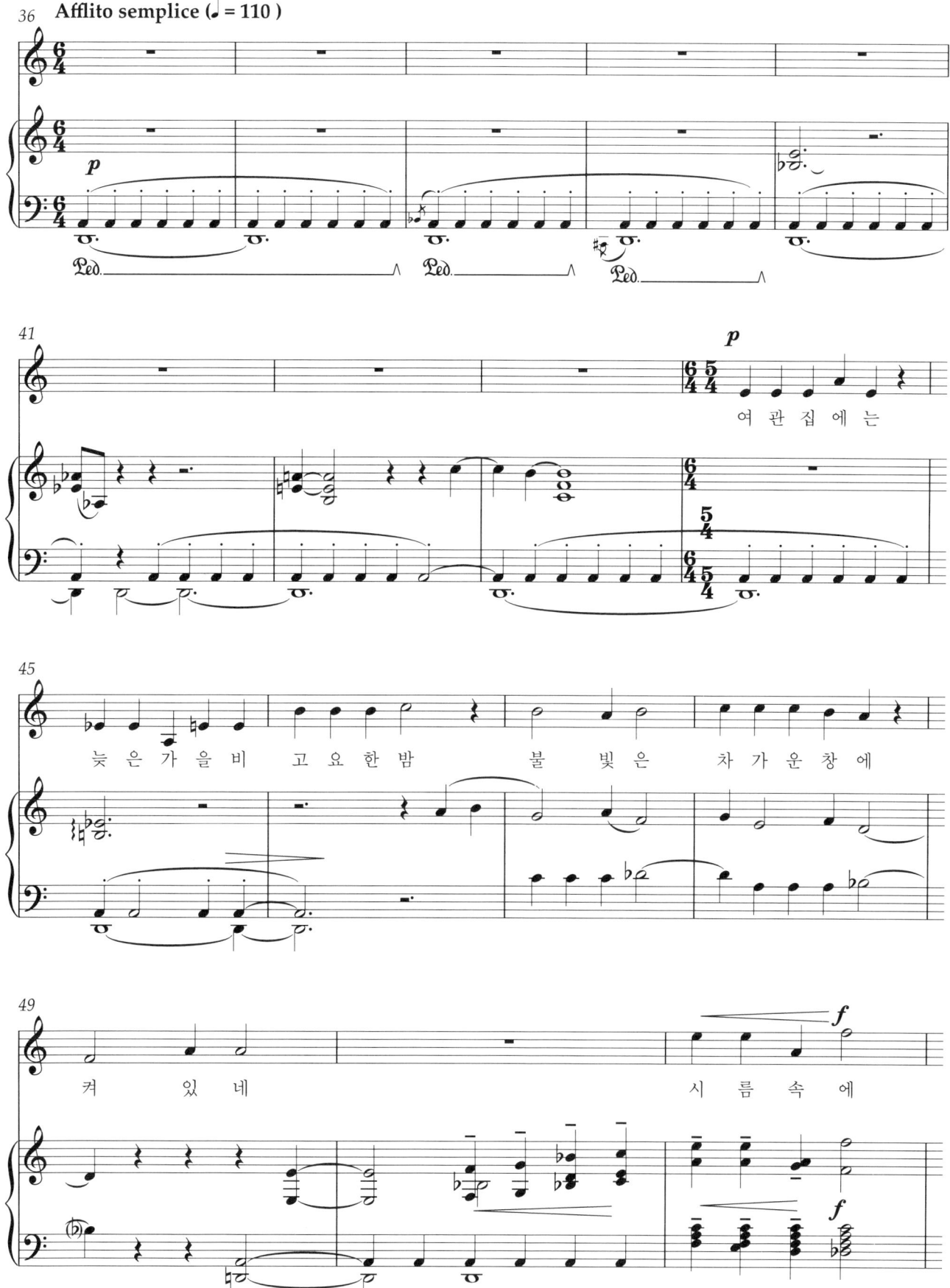

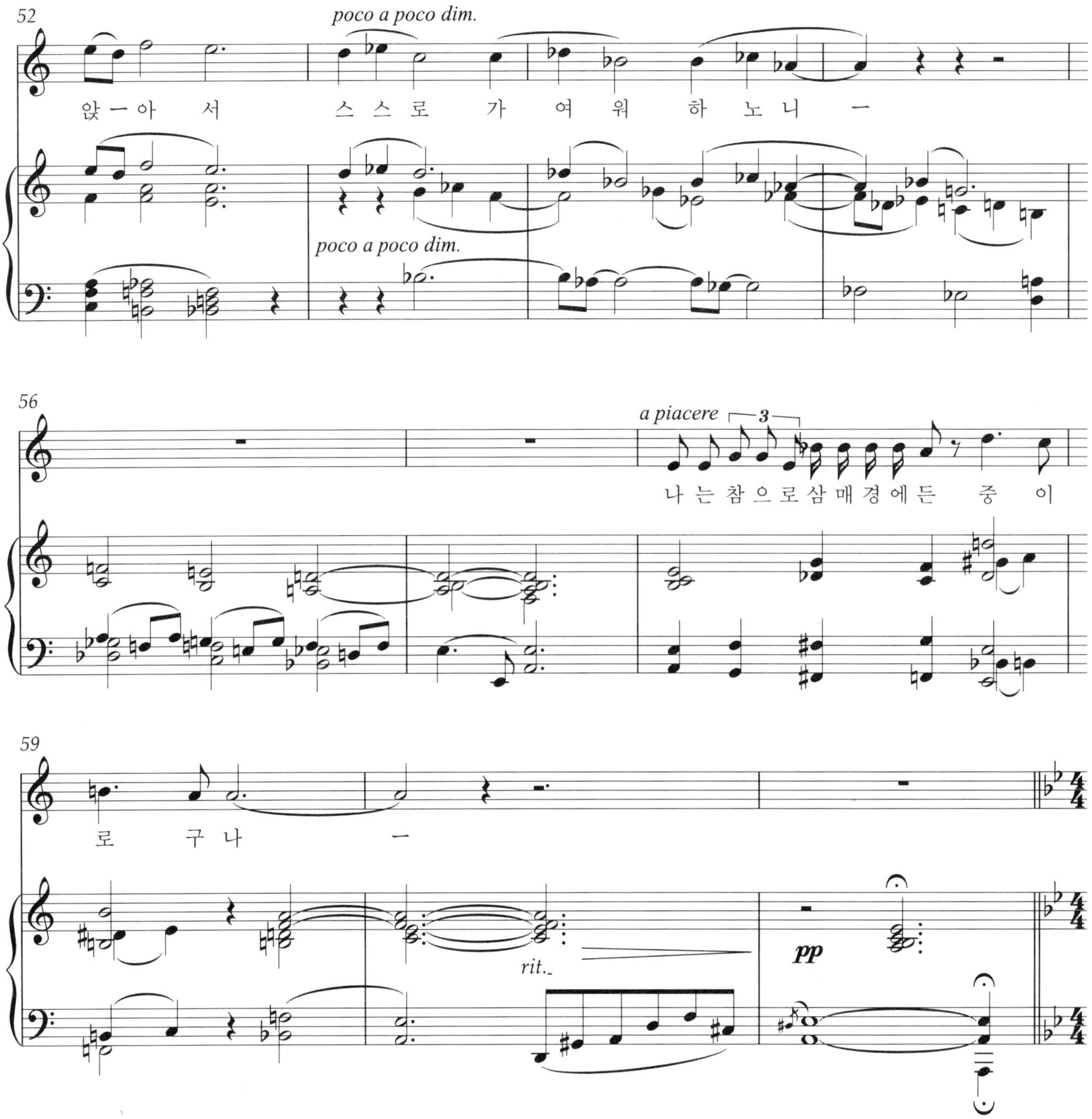

52
poco a poco dim.

앉ー아 서　스 스 로 가 여 워 하 노 니ー

poco a poco dim.

56
a piacere

나 는참으로삼매경에든　중　이

59
로　구 나ー

rit.

pp

3. 추야우중(秋夜雨中)

62
Con sentimento (♩ = 90)

mf *sospirando*

가 을바 람맞 으며

mf

mf

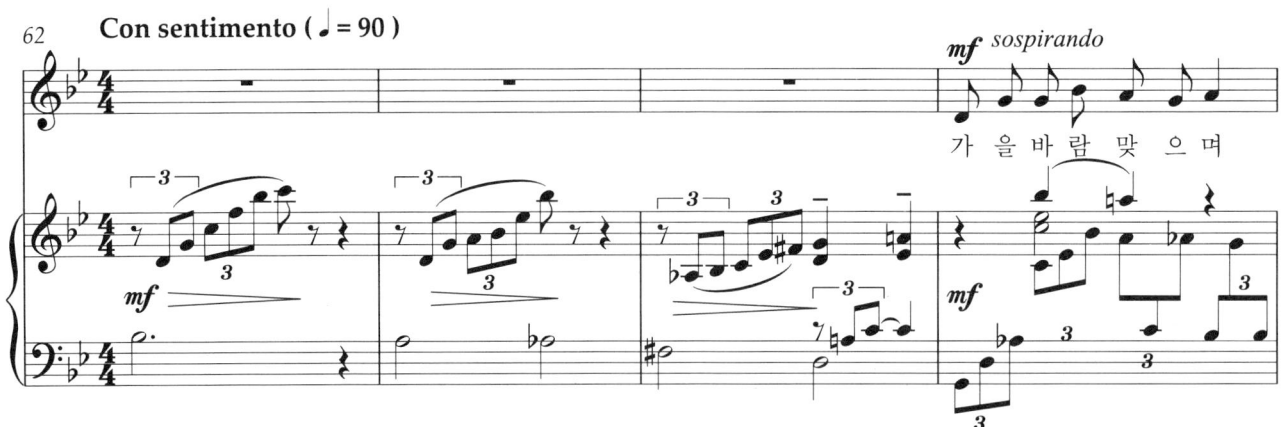

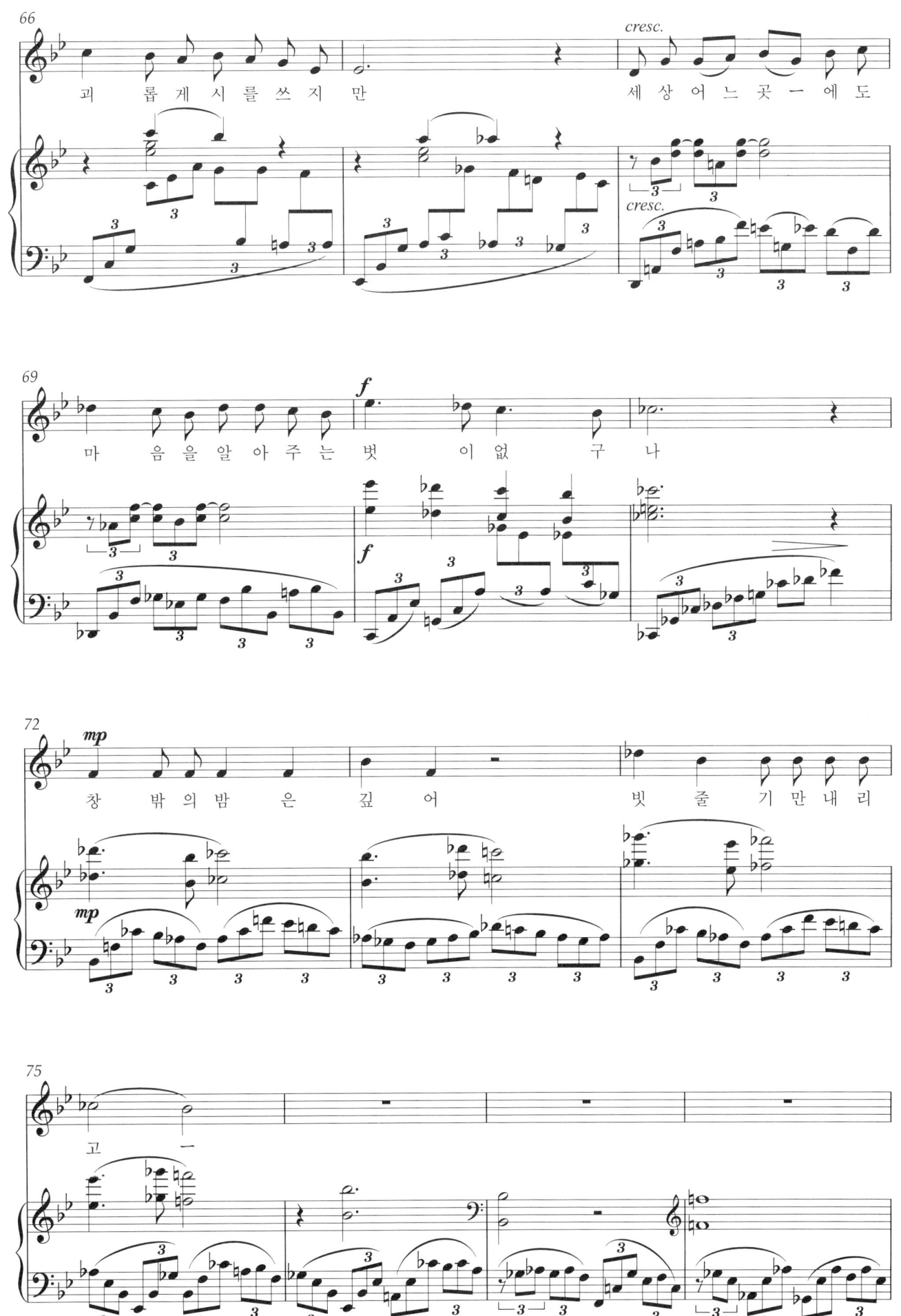

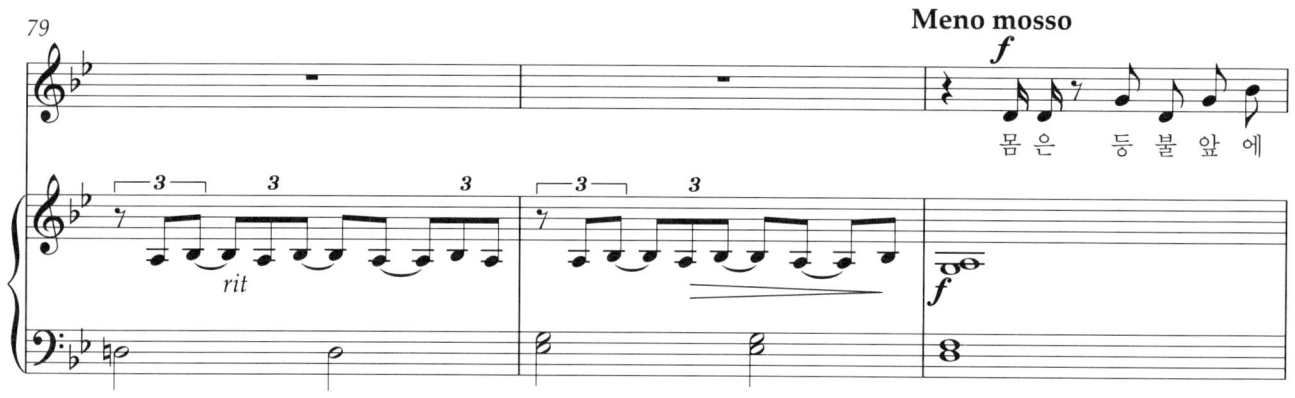

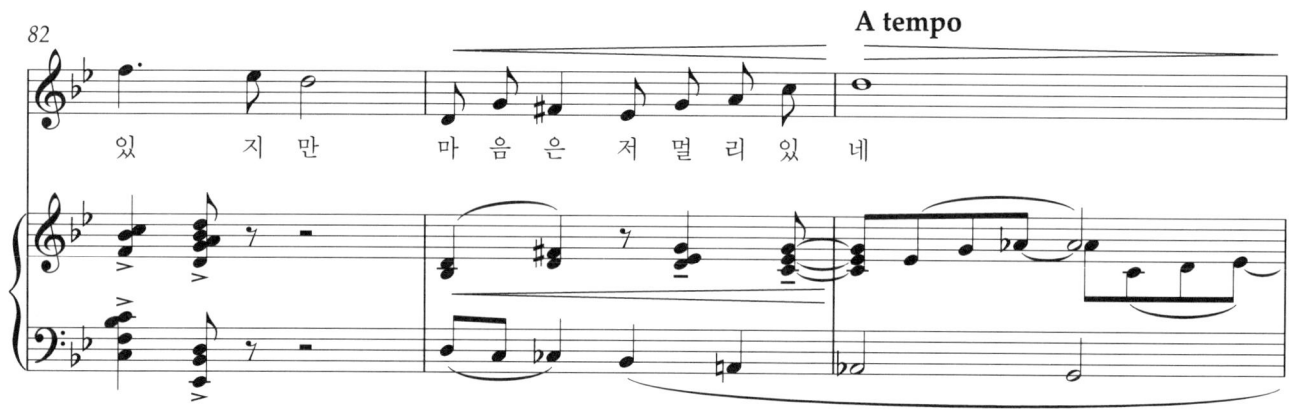

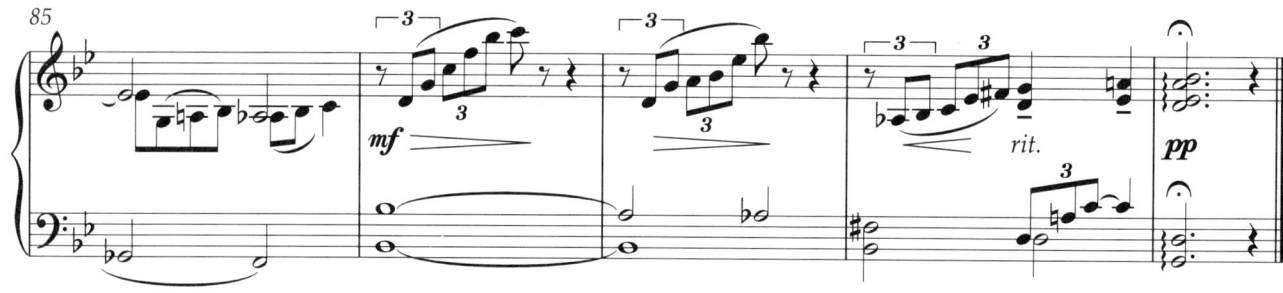

춘향유문(春香遺文)

서정주   하순봉(1998)

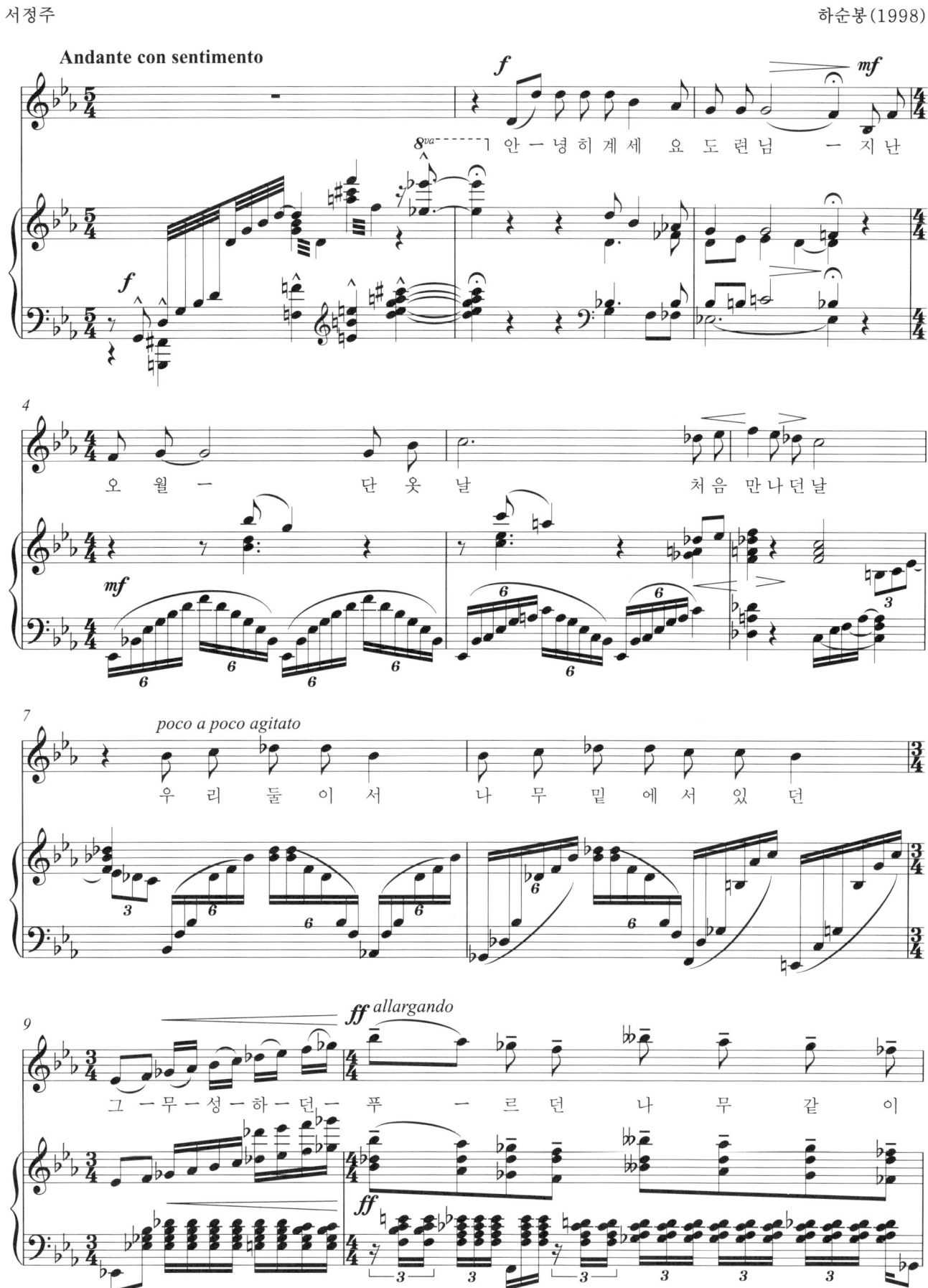

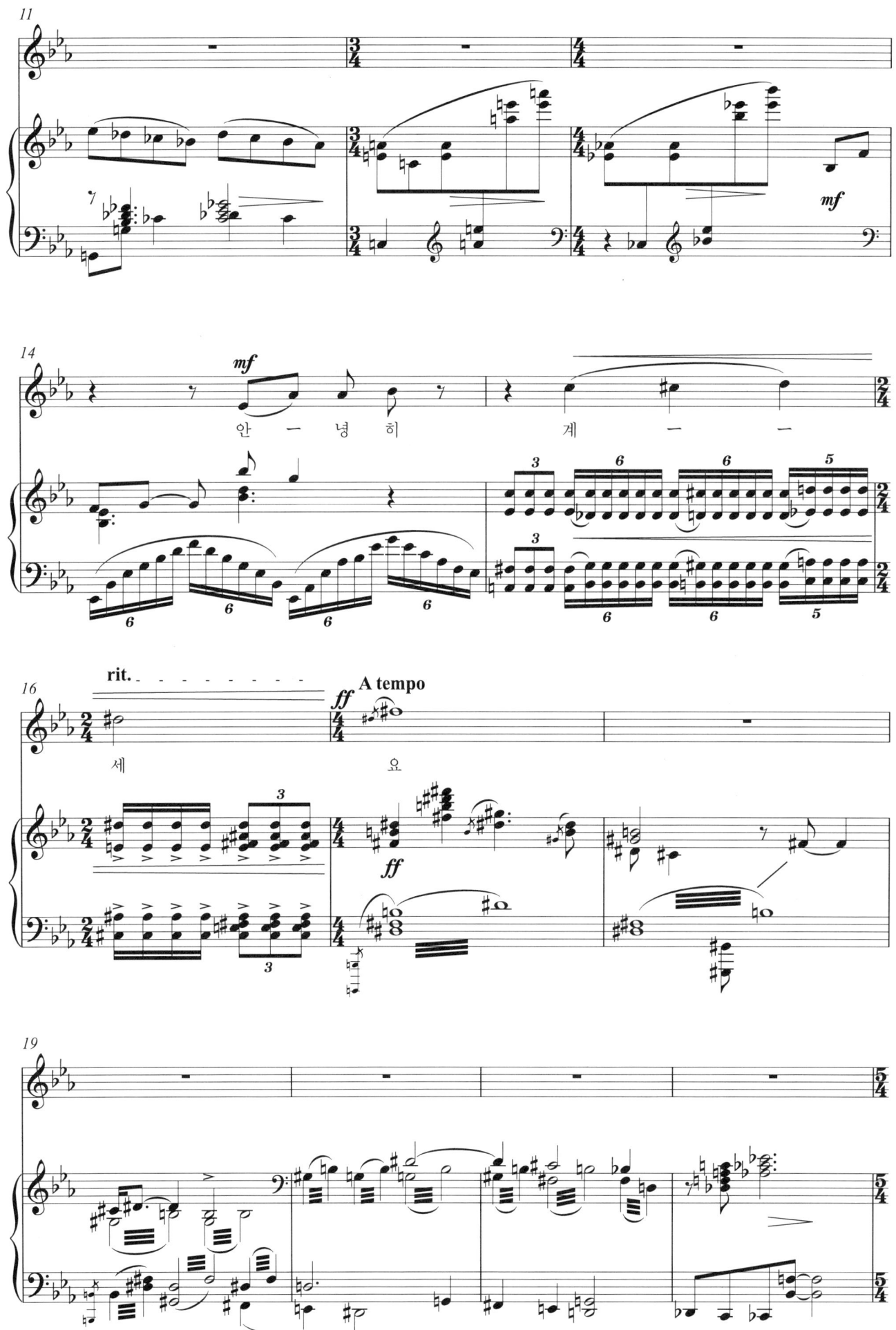

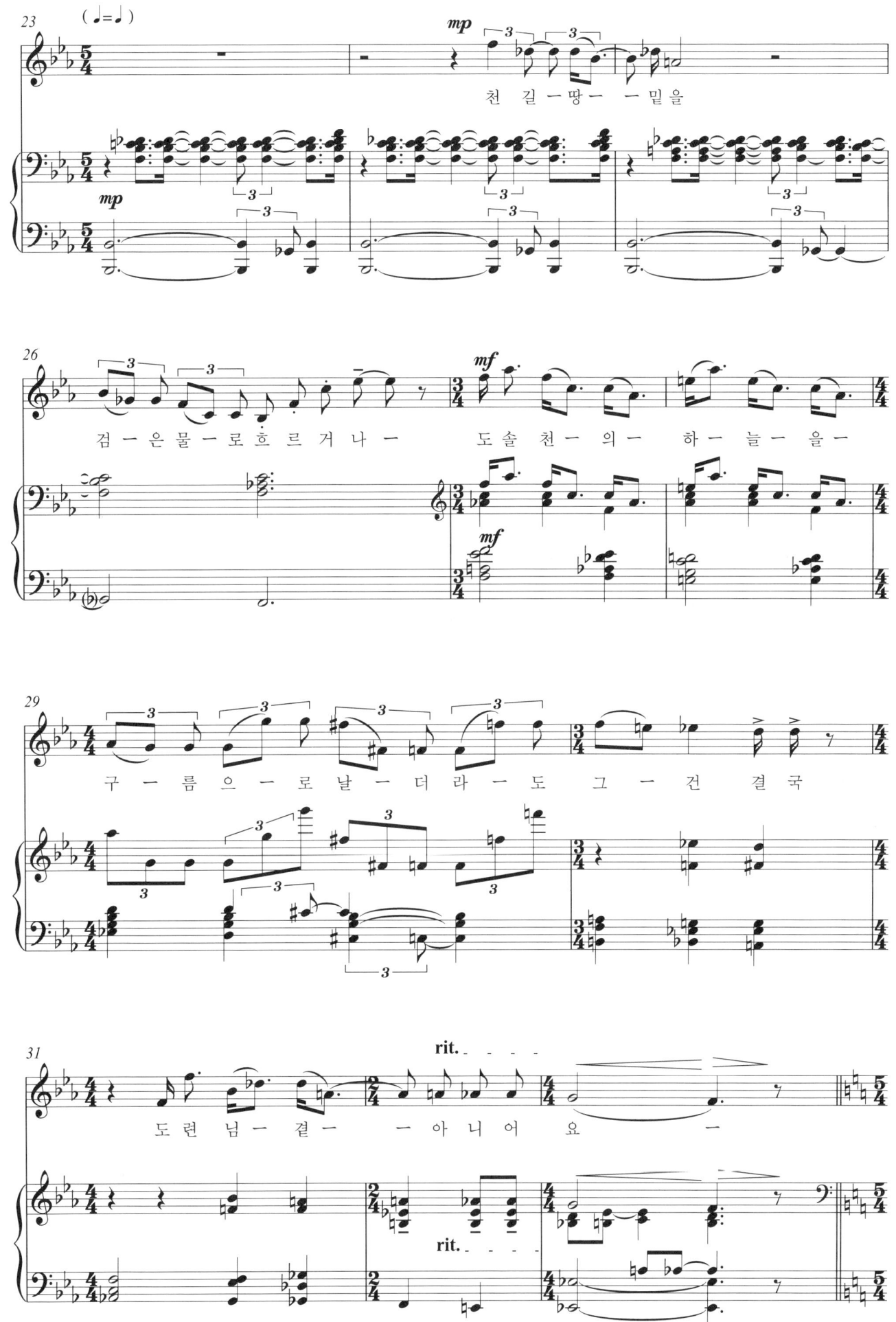

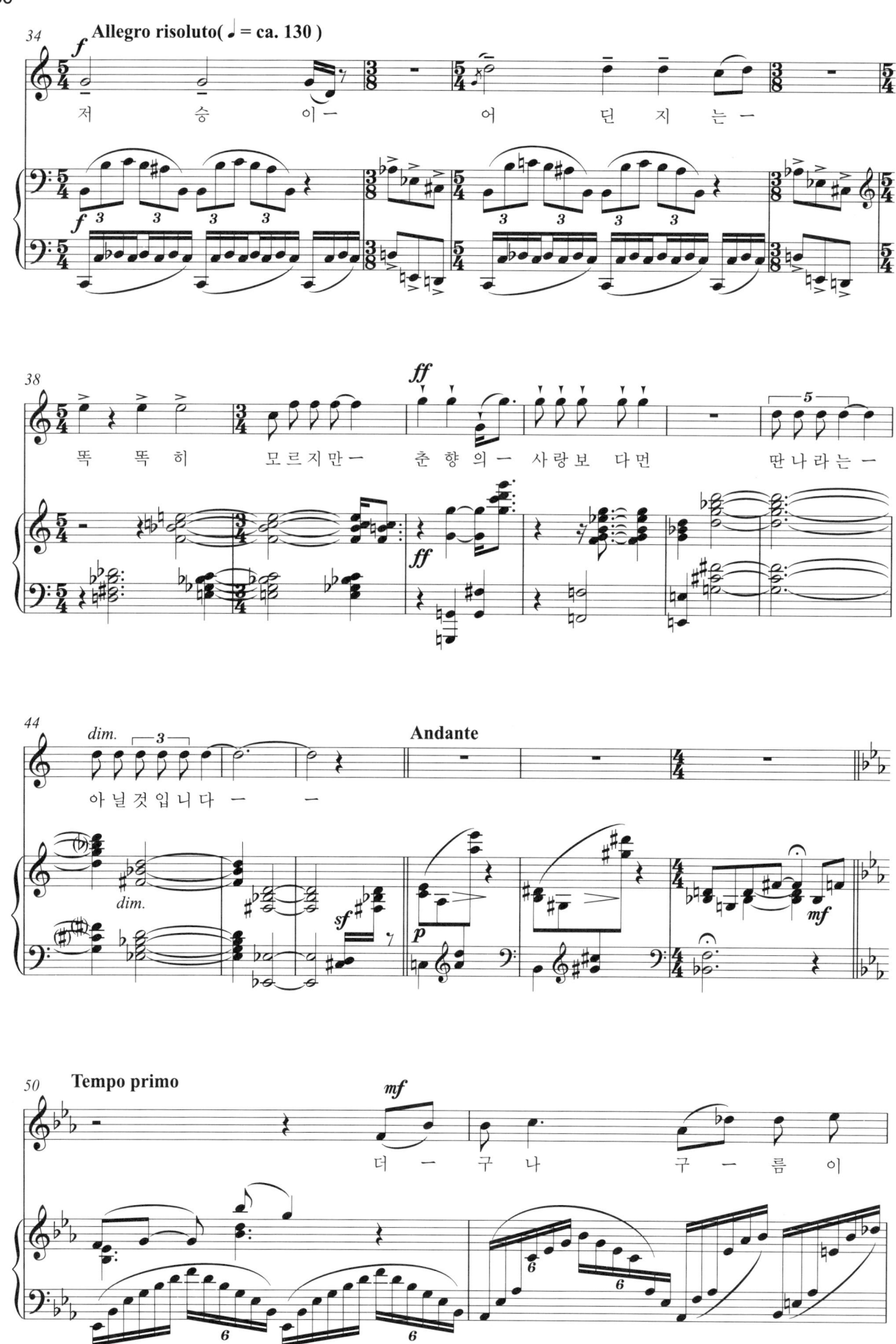

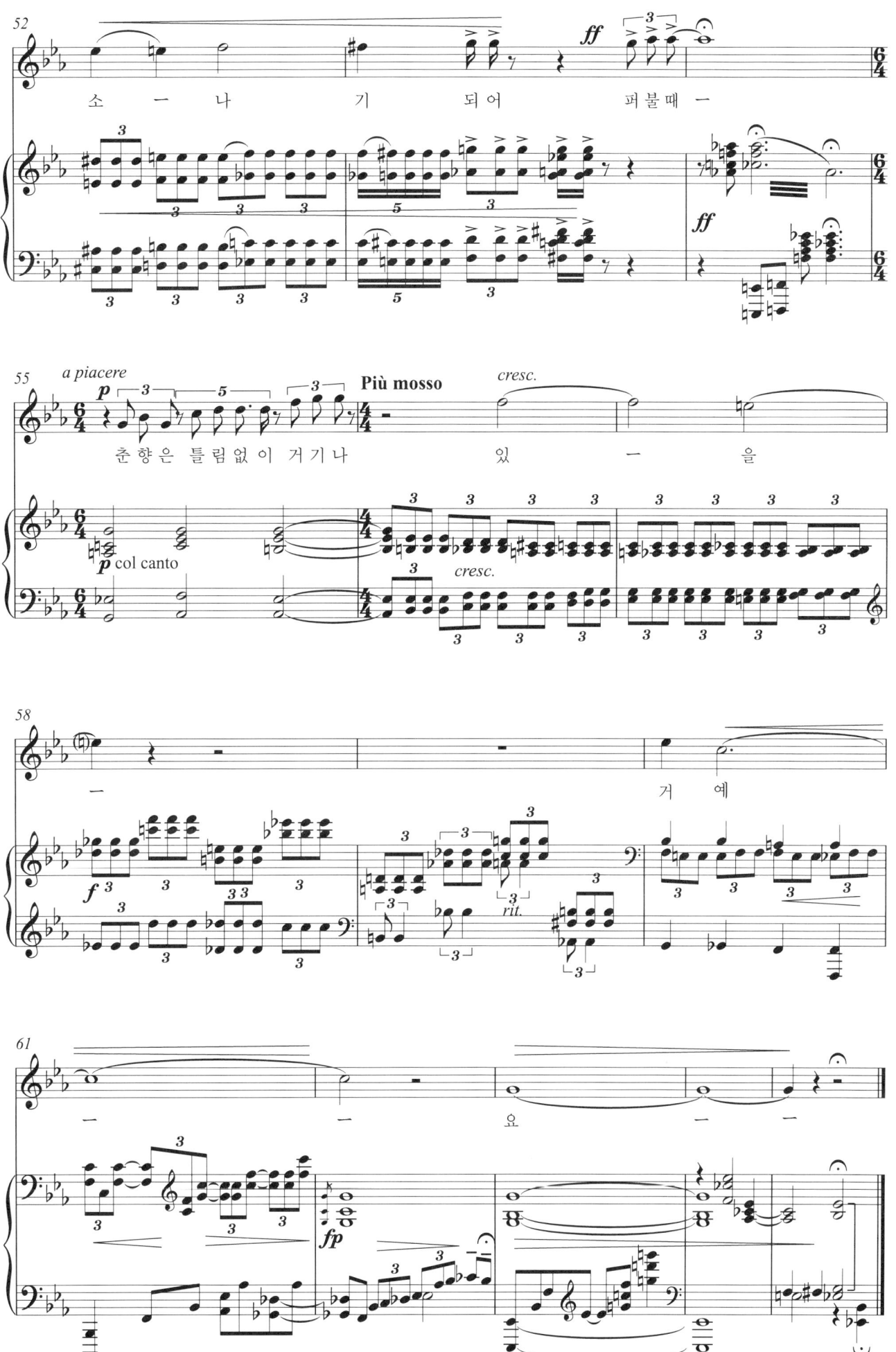

하 순 봉

연가곡 별후기(別後記)

1999

*민립(民笠)김상훈의 시에서 10편을 발췌하여 만든 연가곡임
주로 꽃과 자연에 대한 내용의 시를 선택하였으며
한국적 이미지의 동시와 같은 단순한 시어에 맞게
미니멀 음악적인 진행을 주로 하였고 조성을 유지하면서도
다양한 화음들로서 전체의 현대적 이미지를 의도하였다.

1.춘신(春信)

김상훈

하순봉(1999)

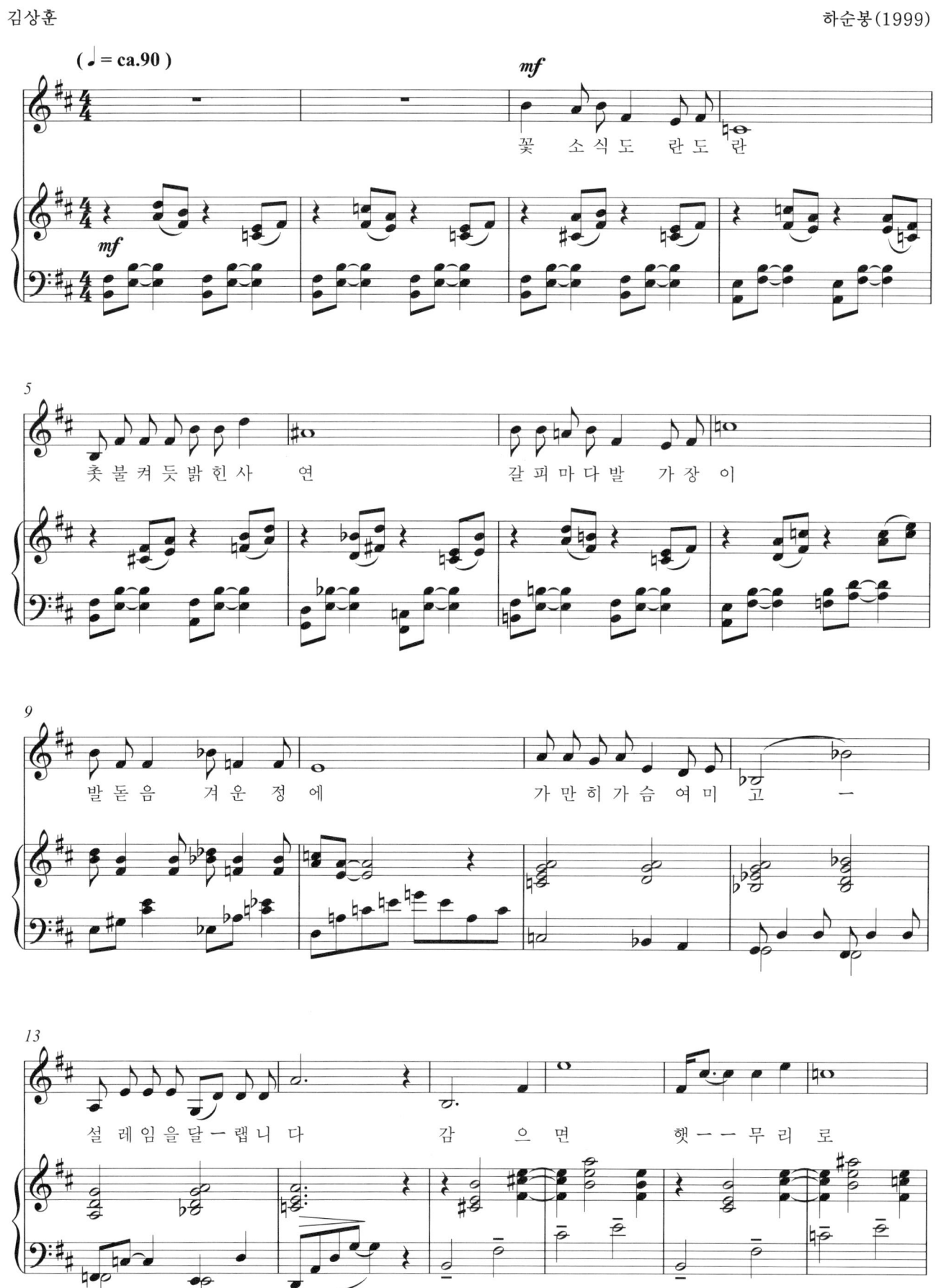

꽃 소 식 도 란 도 란

촛 불 켜 듯 밝 힌 사 연   갈 피 마 다 발 가 장 이

발 돋 음 겨 운 정 에   가 만 히 가 슴 여 미 고 一

설 레 임 을 달 — 랩 니 다   감 으 면   햇 — — 무 리 로

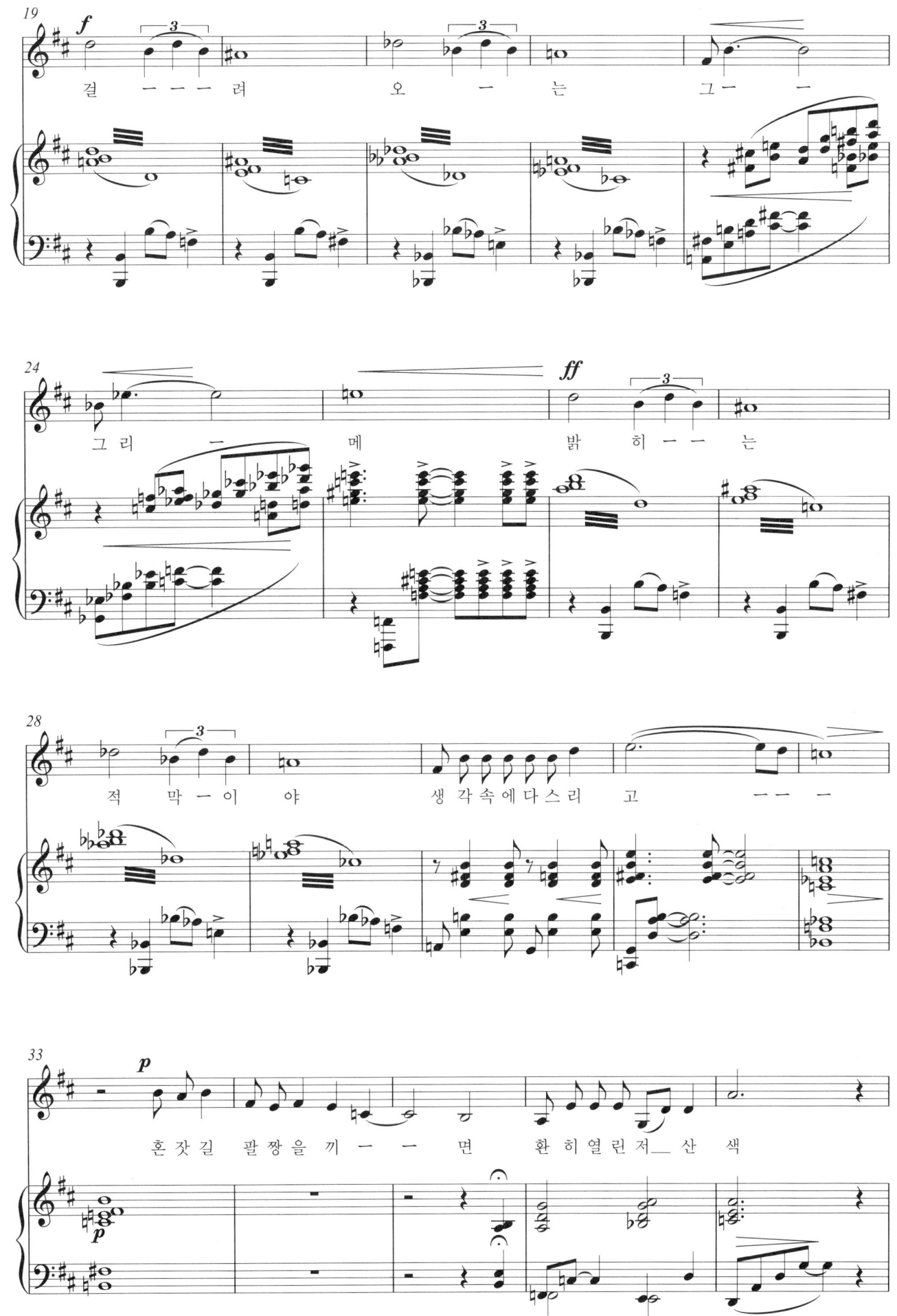

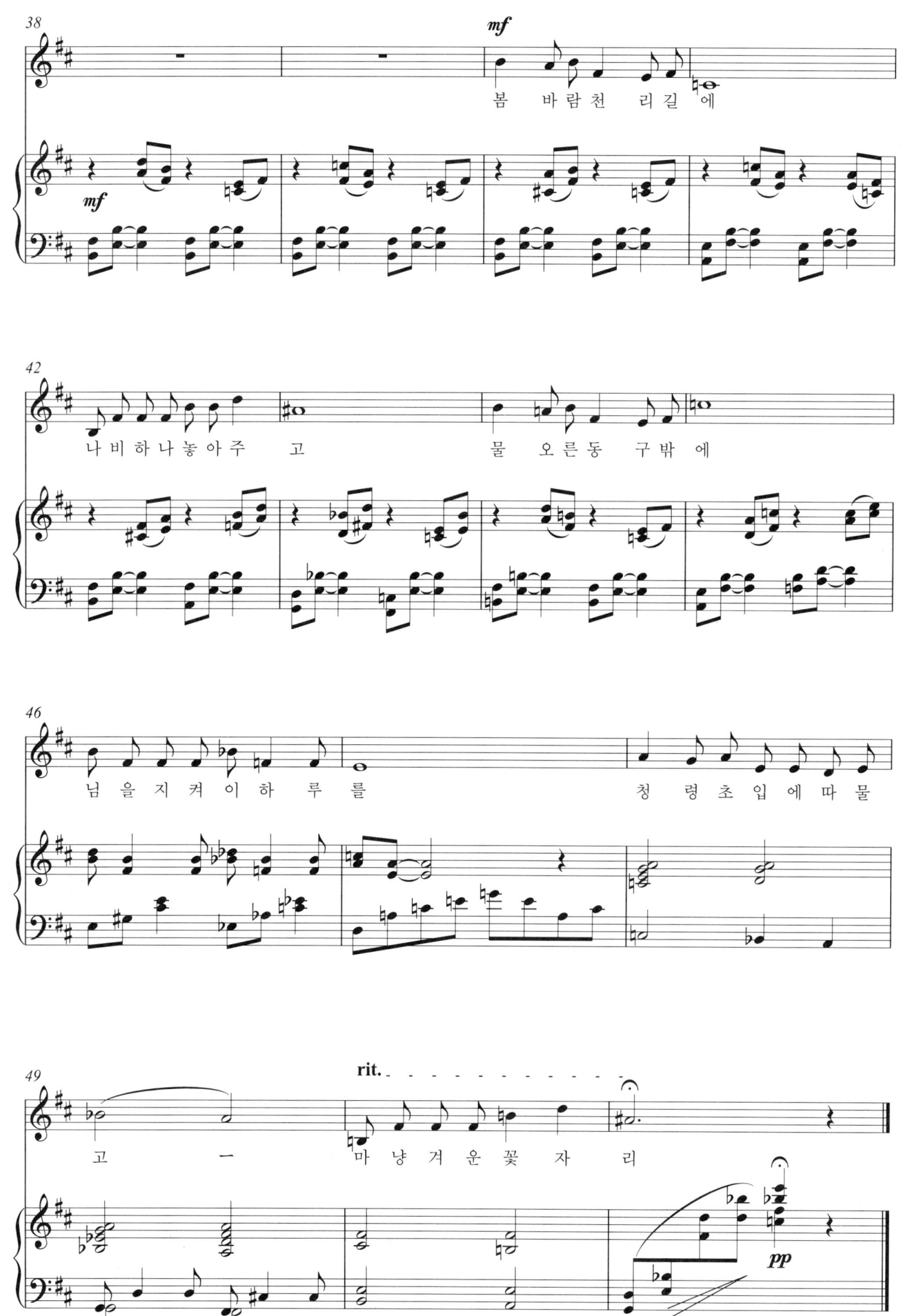

2.엽신(葉信)

김상훈

하순봉(1999)

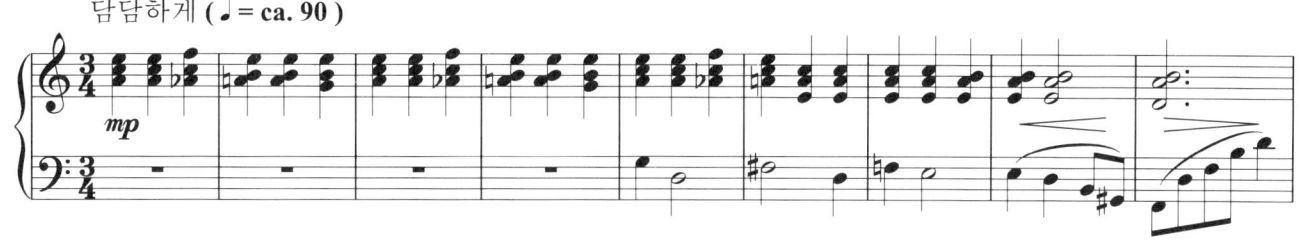

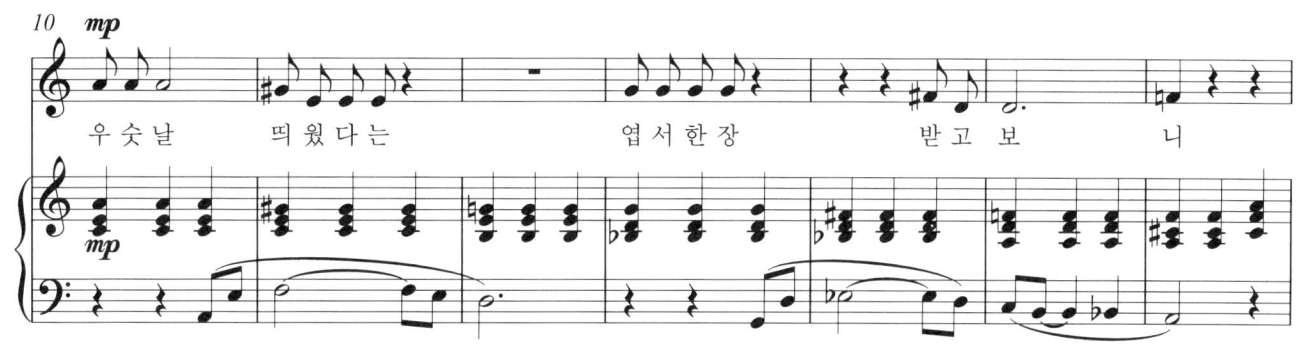

우 숫 날　띄 웠 다 는　엽 서 한 장　받 고 보　니

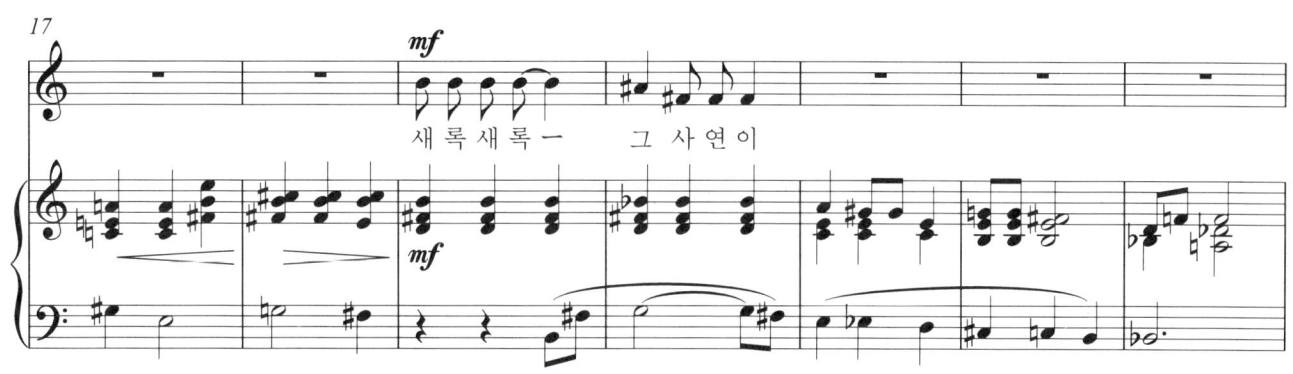

새 록 새 록 ―　그 사 연 이

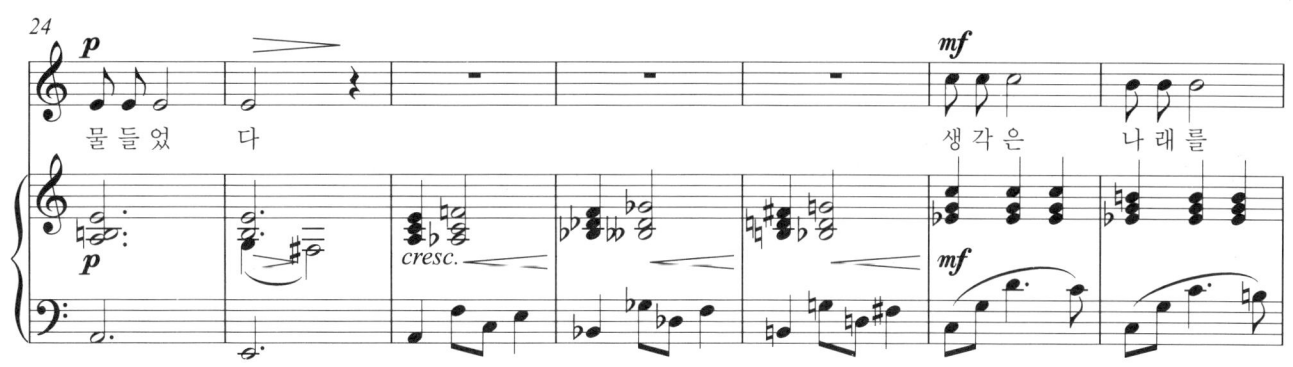

물 들 었　다　생 각 은　나 래 를

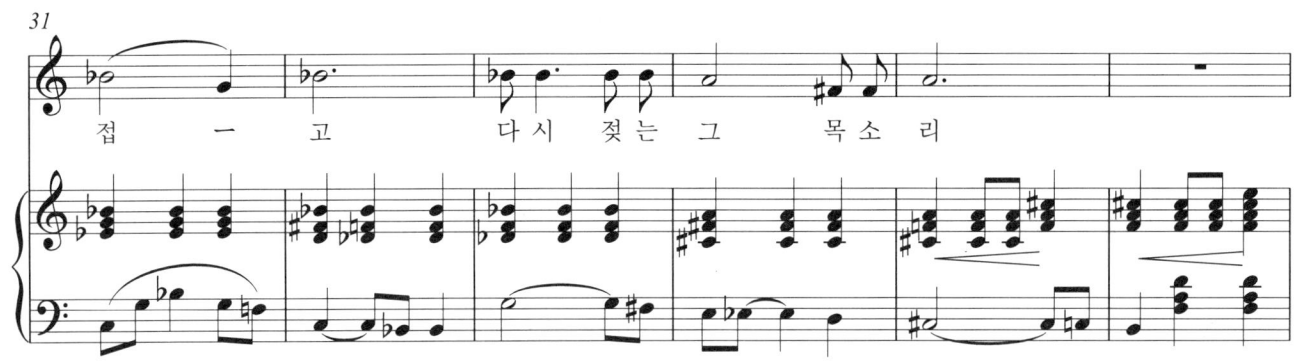

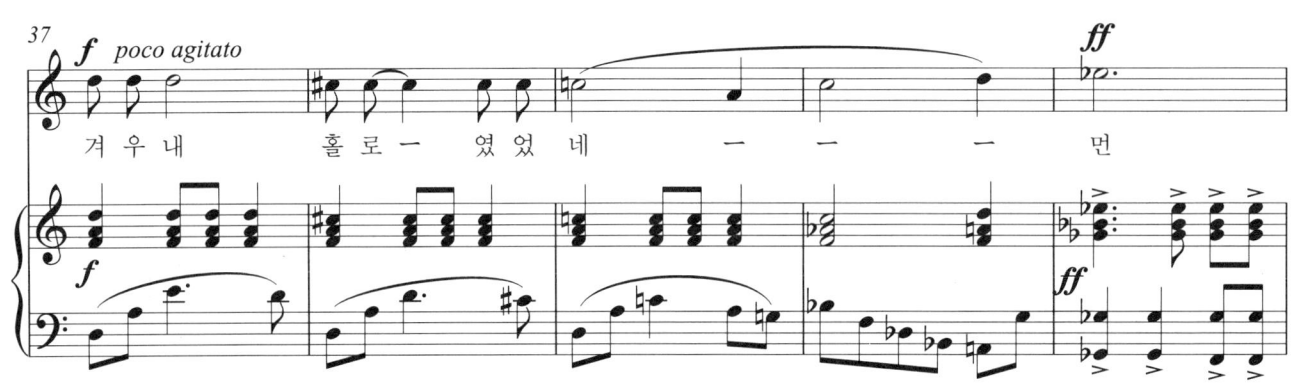

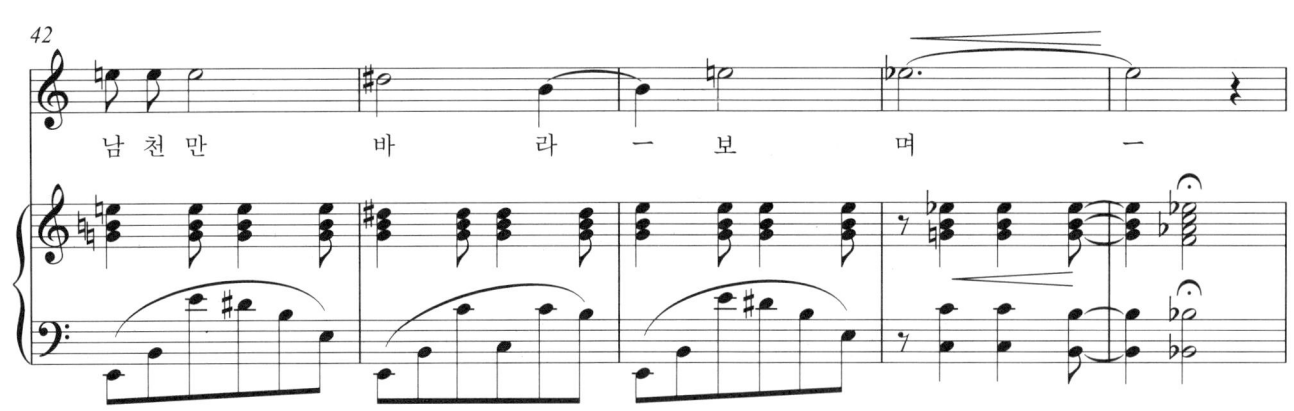

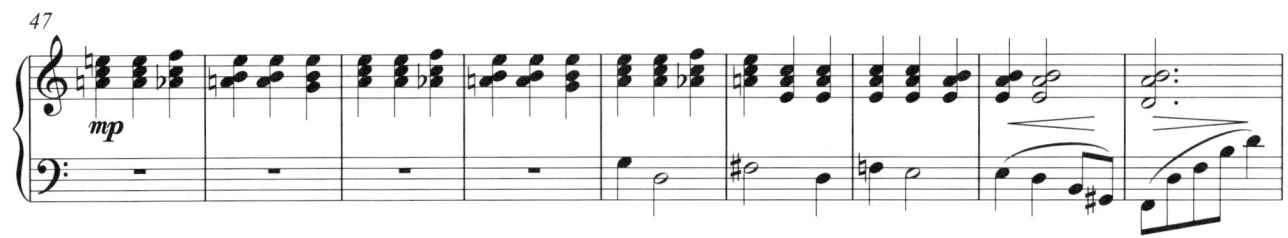

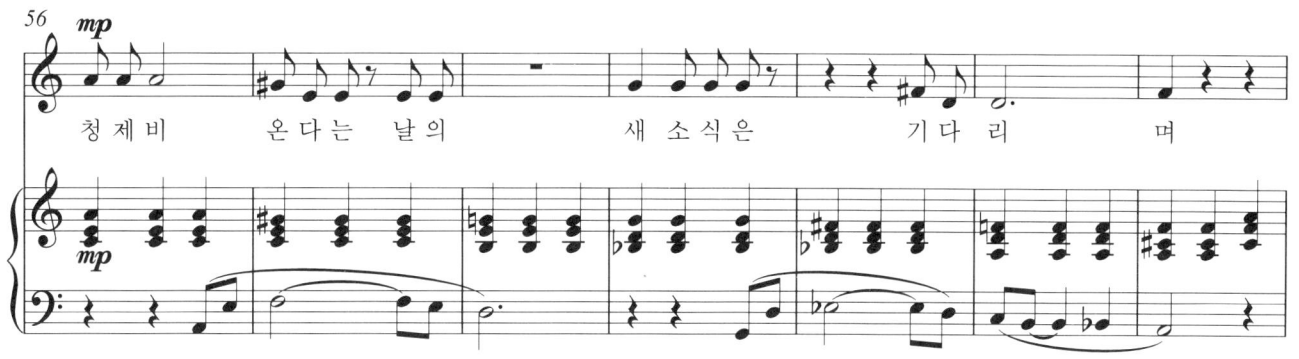

청제비 온다는 날의 새소식은 기다리며

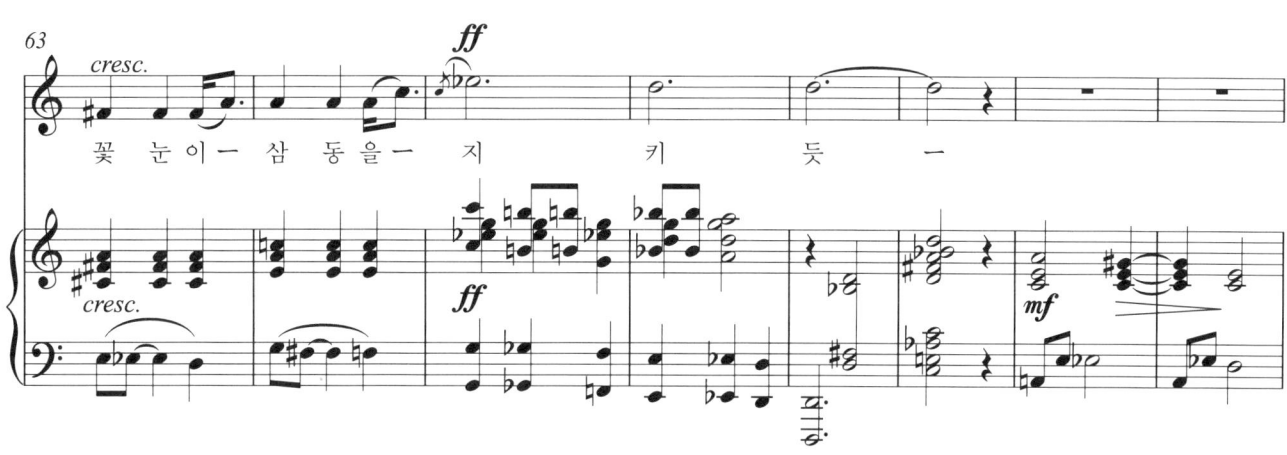

꽃눈이ー삼동을ー지 키 듯ー

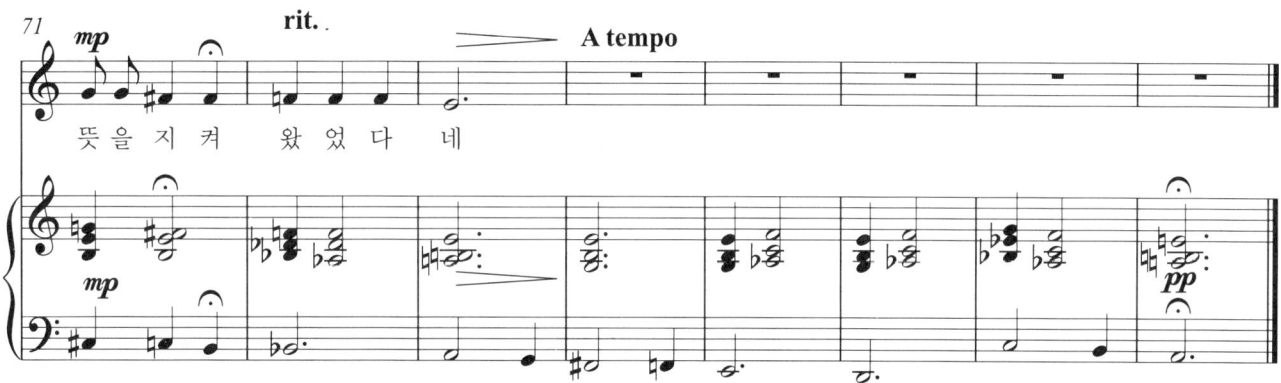

뜻을지켜 왔었다네

3.별후기(別後記)

김상훈

하순봉(1999)

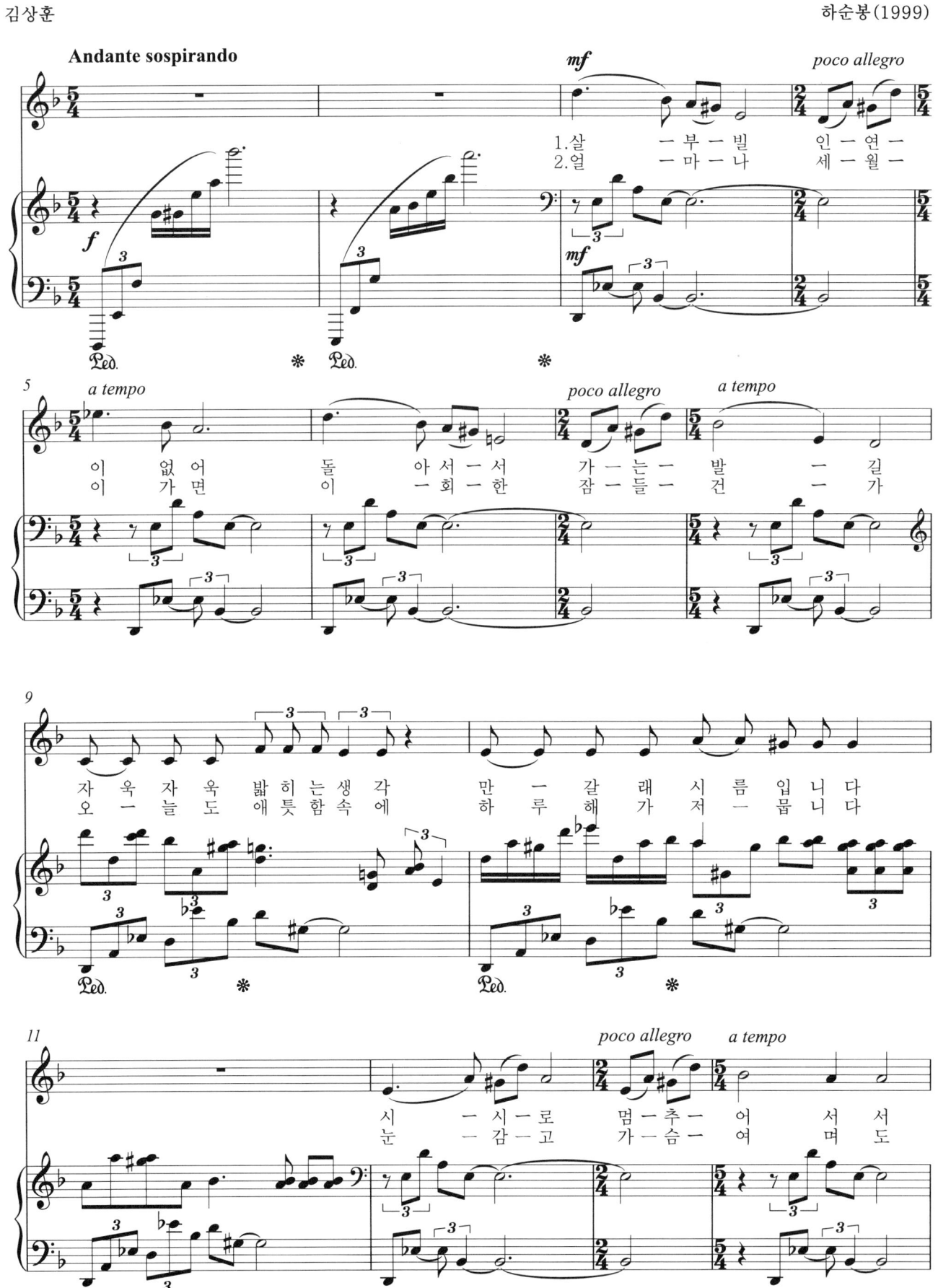

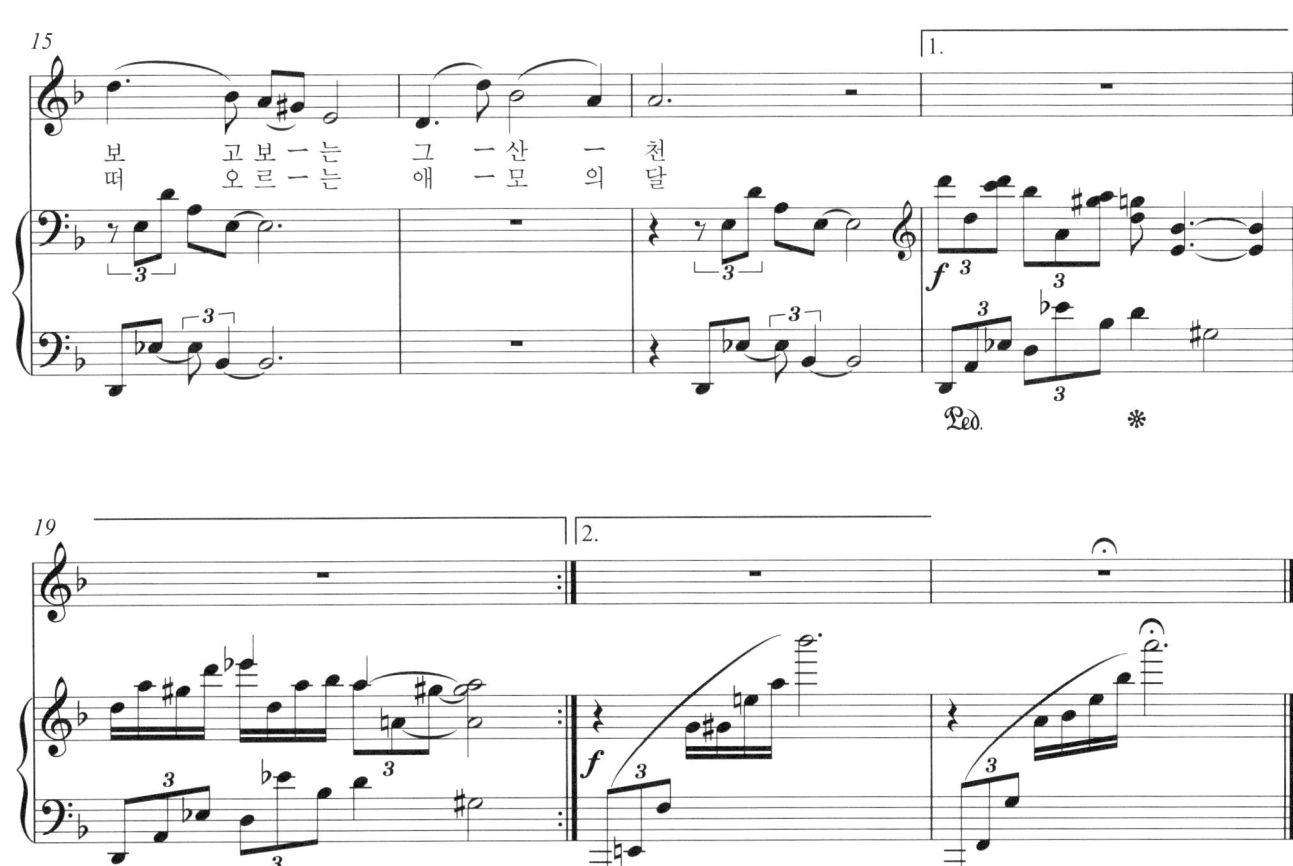

보　　고보ㅡ는　그ㅡ산ㅡ천
떠　　오르ㅡ는　애ㅡ모　의　달

4.행화촌(杏花村)

김상훈

하순봉(1999)

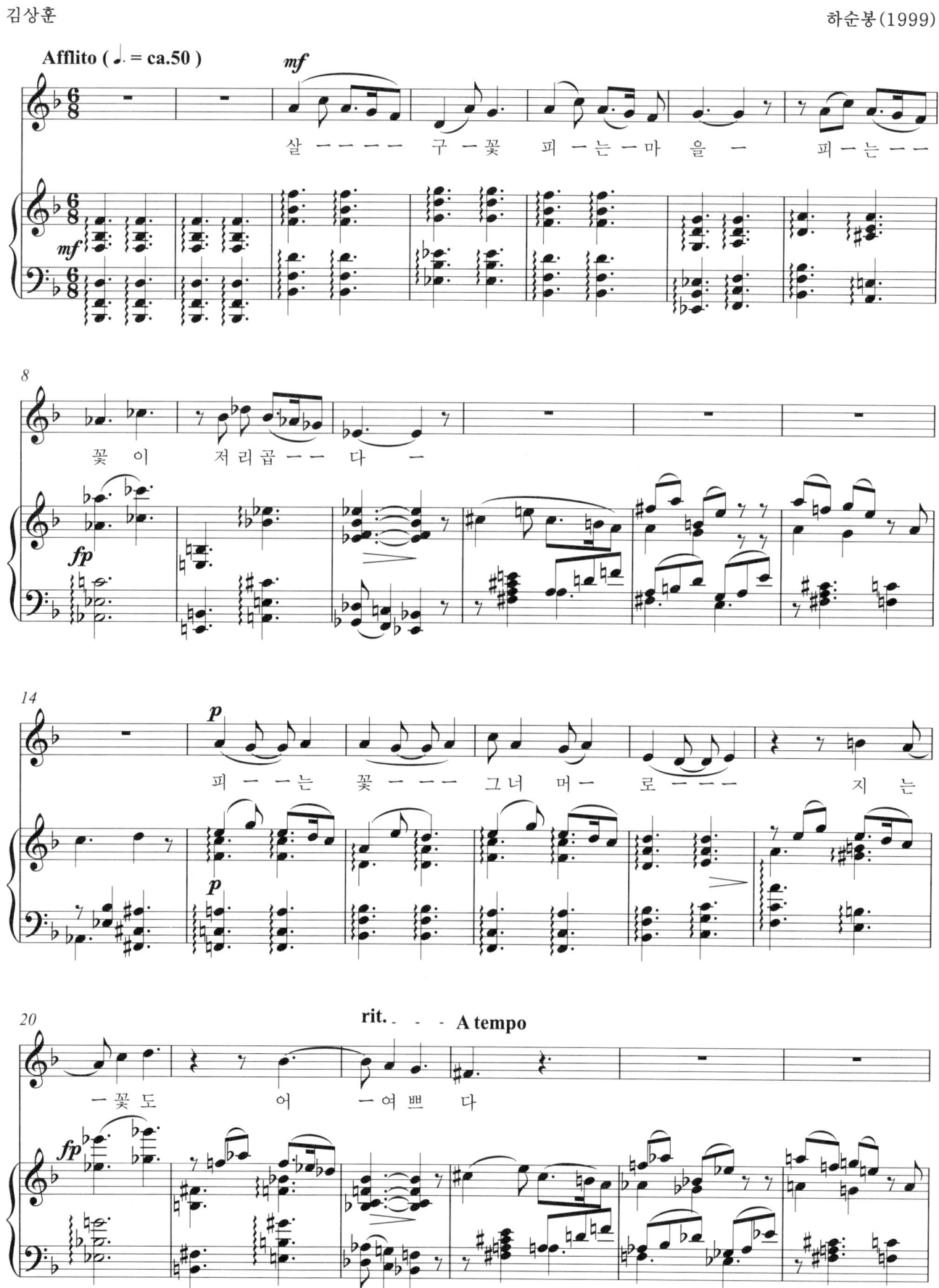

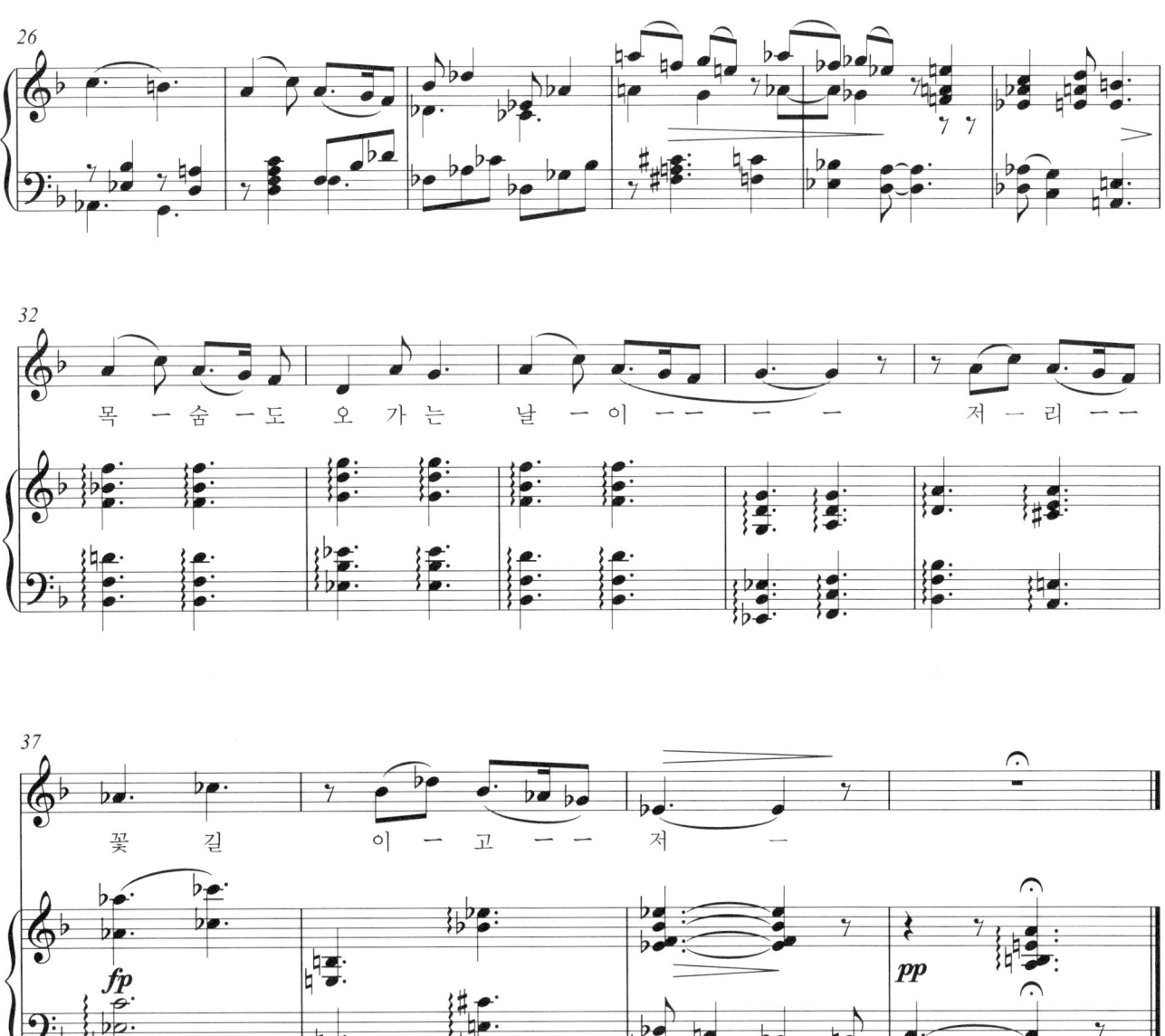

목 ─ 숨 ─ 도 오 가 는 날 ─ 이 ─ ─ ─ ─ 저 ─ 리 ─ ─

꽃 길 이 ─ 고 ─ ─ 저 ─

5.찔레꽃

김상훈

하순봉(1999)

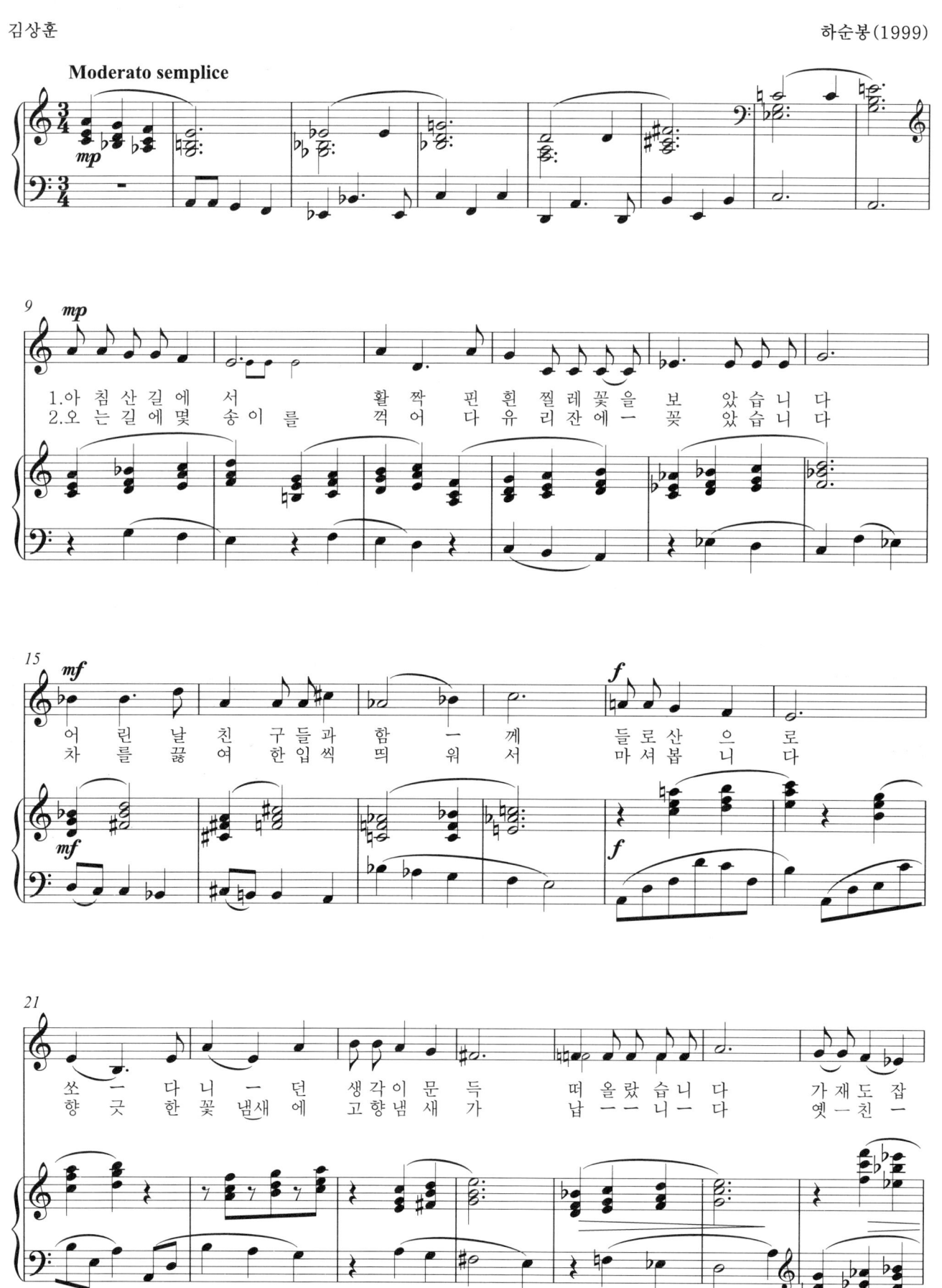

1.아침산길에서 활짝 핀 흰 찔레꽃을 보 았습니다
2.오는길에 몇 송이를 꺾어 다 유리잔에一 꽂 았습니다

어 린 날 친 구 들 과 함 一 께 들로산 으 로
차 를 끓 여 한입씩 띠 워 서 마 셔 봅 니 다

쏘 一 다 니 一 던 생각이문 득 떠 올랐 습 니 다 가 재 도 잡
향 긋 한 꽃 냄새에 고 향 냄 새 가 납 一 一 니 一 다 옛 一 친 一

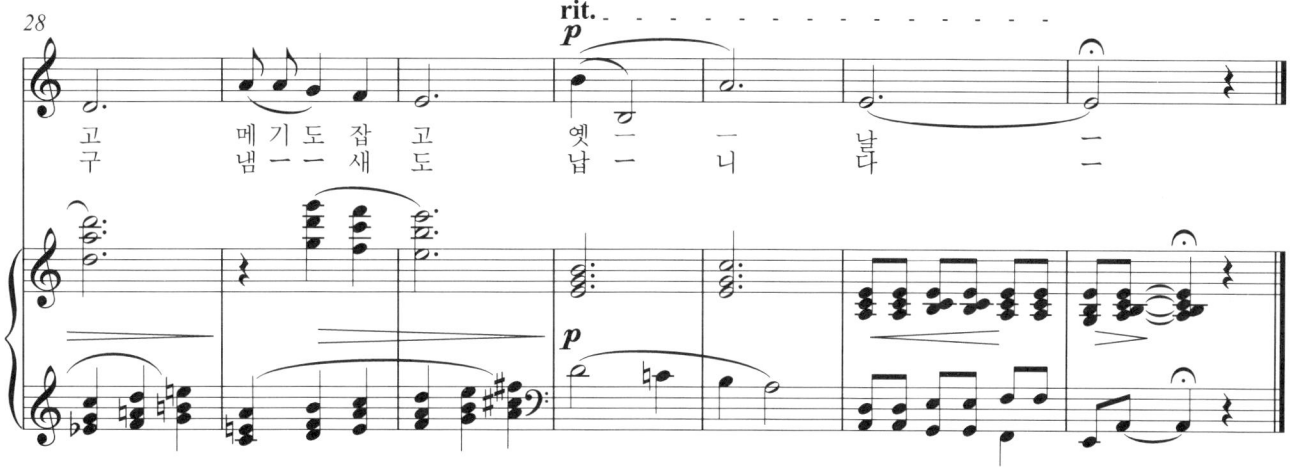

6.감꽃

김상훈

하순봉(1999)

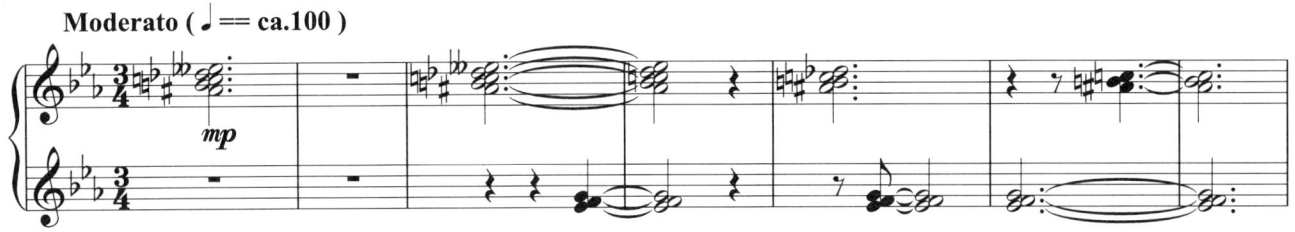

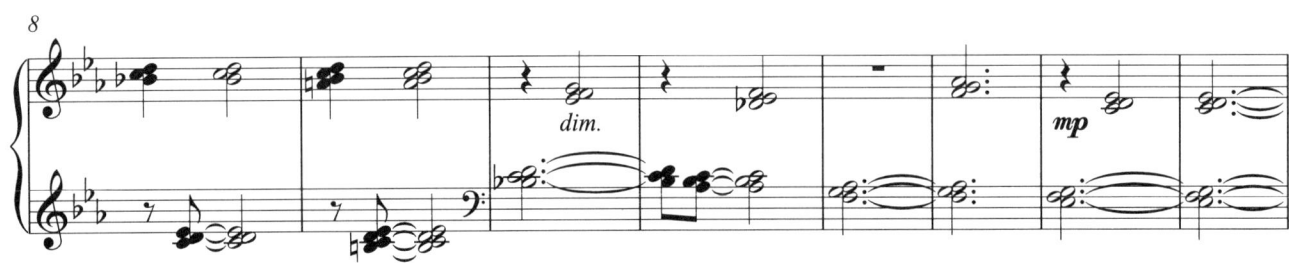

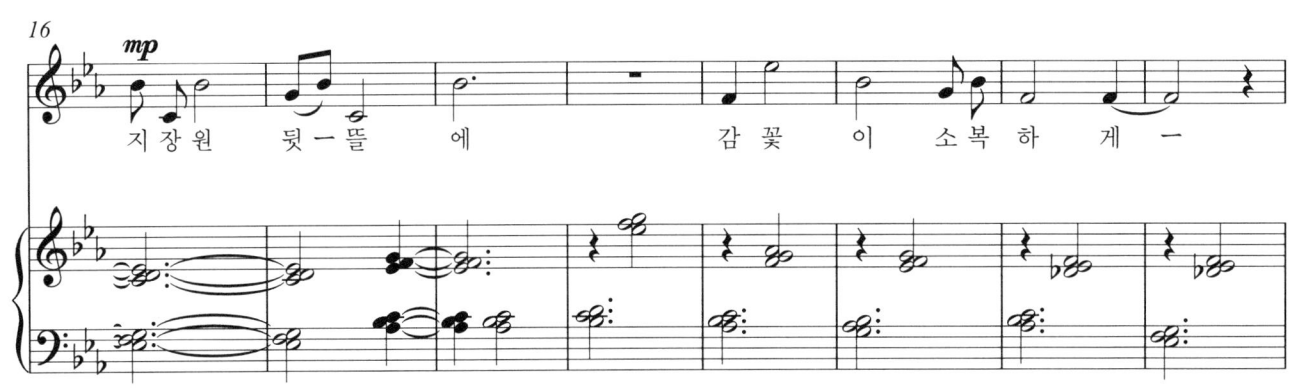

지 장 원 뒷 — 뜰 에　　감 꽃 이 소 복 하 게 —

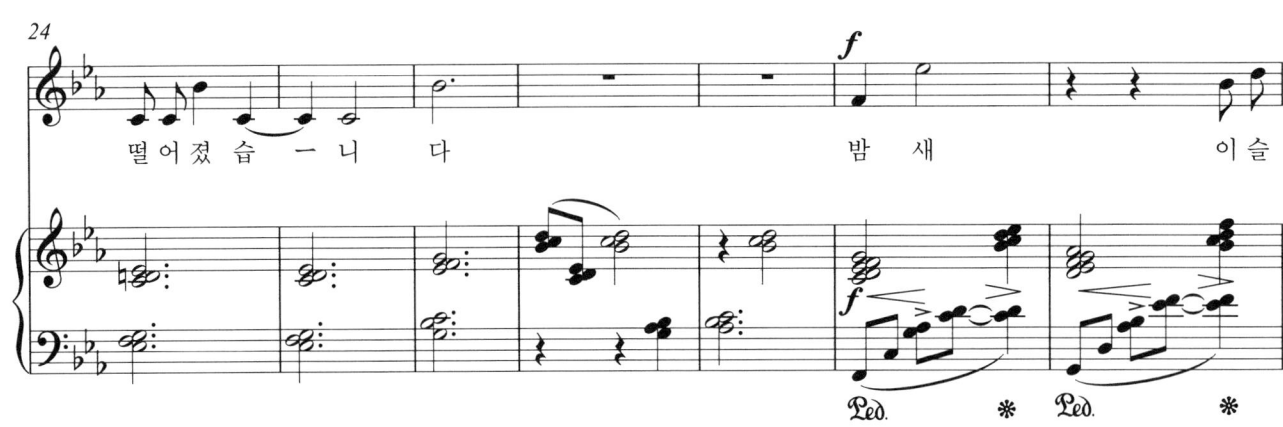

떨 어 졌 습 — 니 다　　밤 새　　이 슬

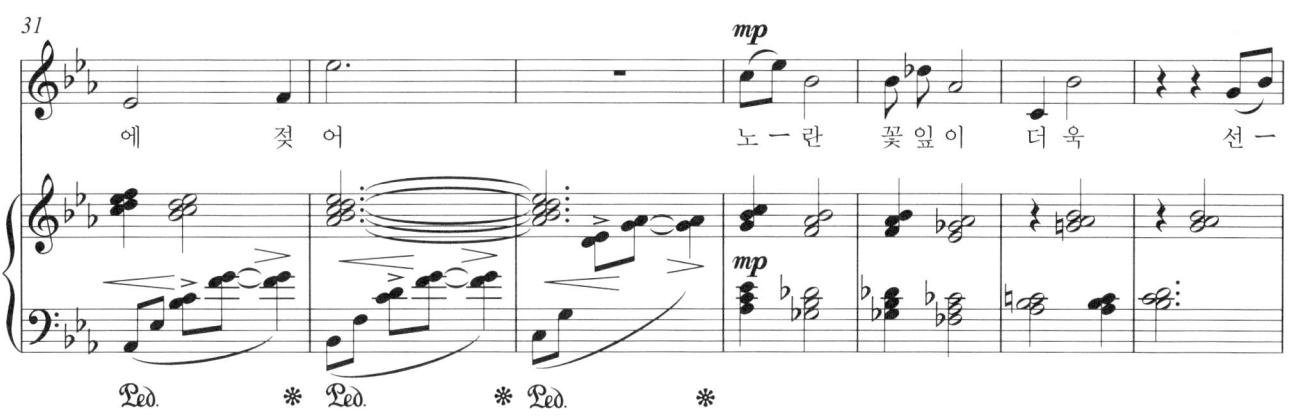
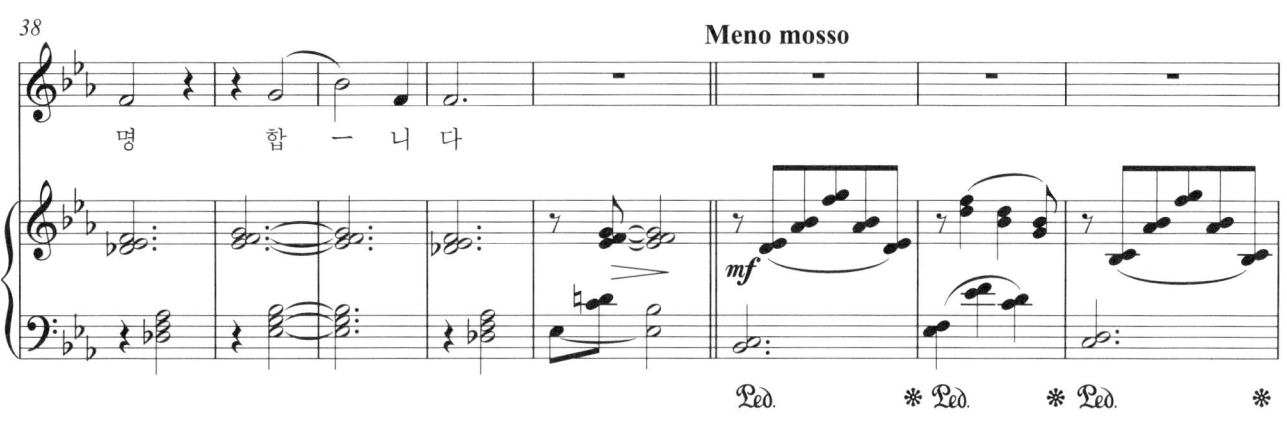
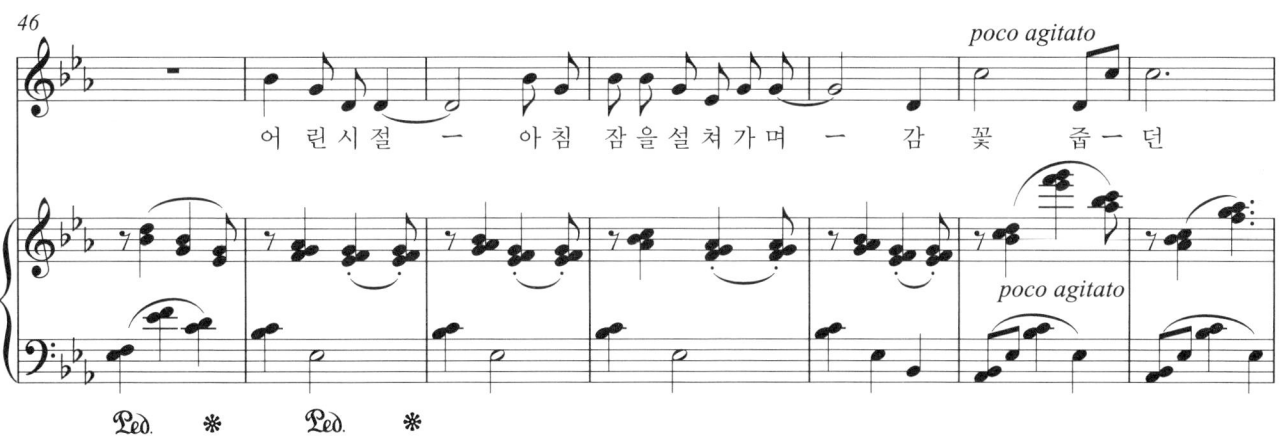
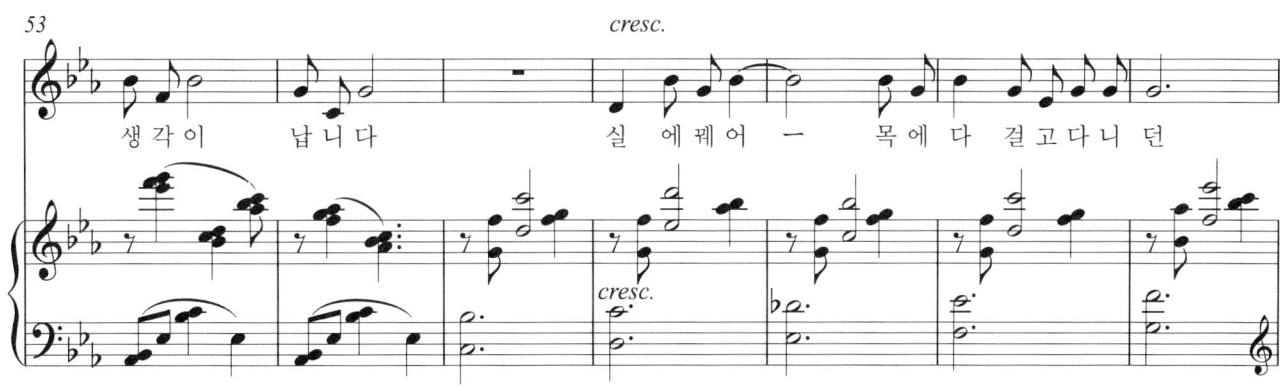

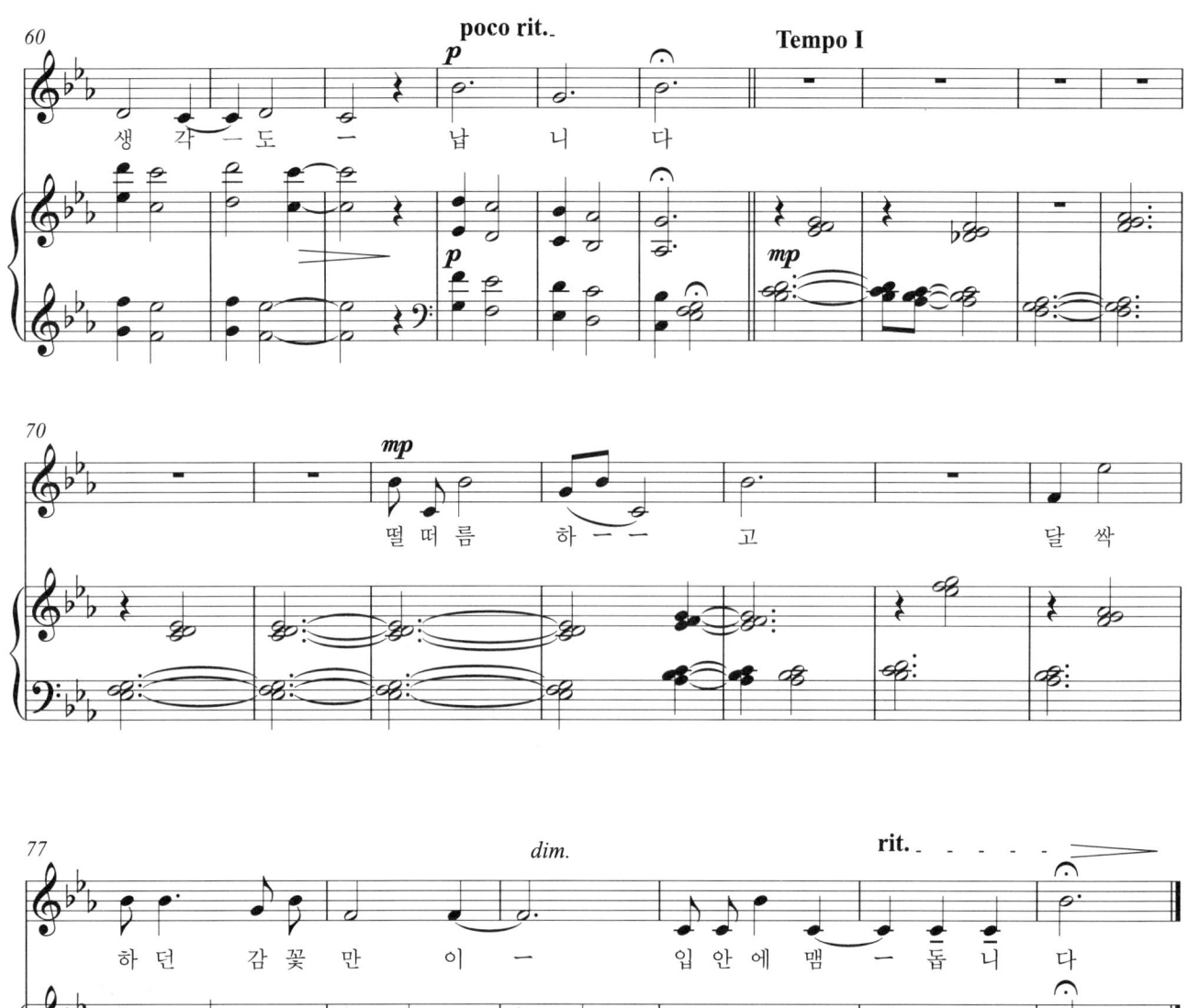

7.코스모스

김상훈

하순봉(1999)

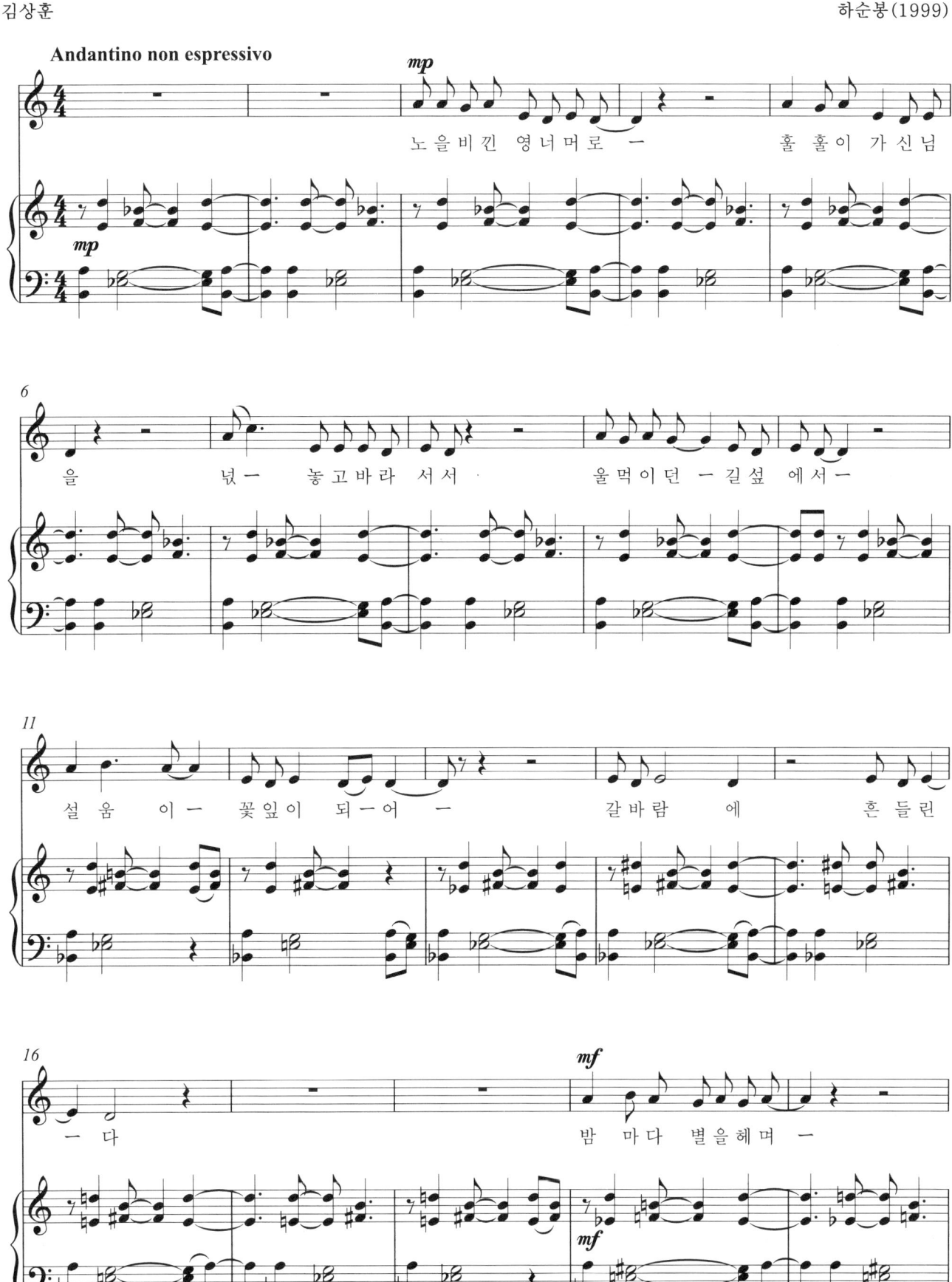

노을비낀 영너머로 ─ 훌훌이 가신님

을 넋─ 놓고바라 서서 울먹이던 ─ 길섶 에서─

설움 이─ 꽃잎이 되─어 ─ 갈바람 에 흔들린

─ 다 밤 마다 별을헤며 ─

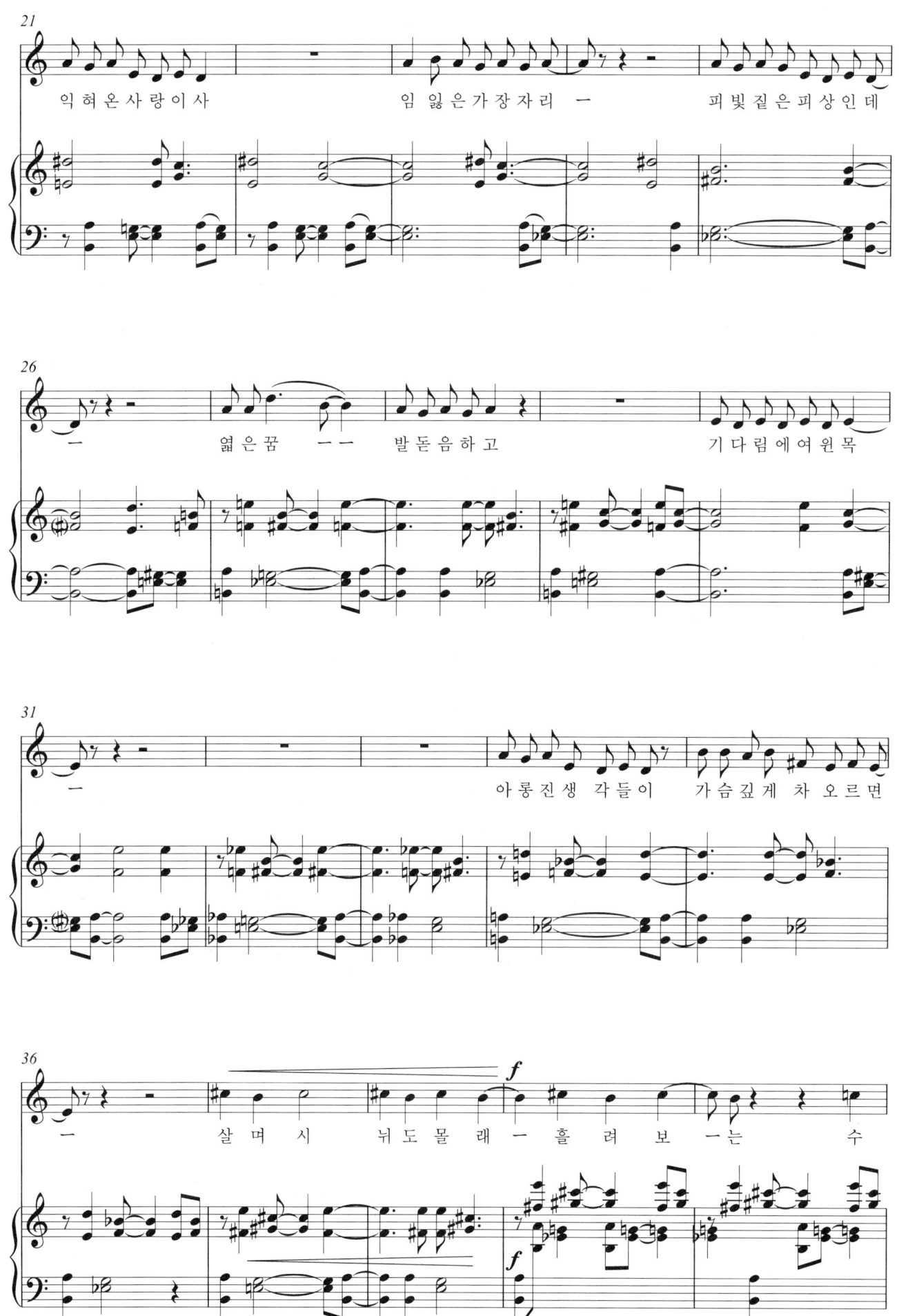

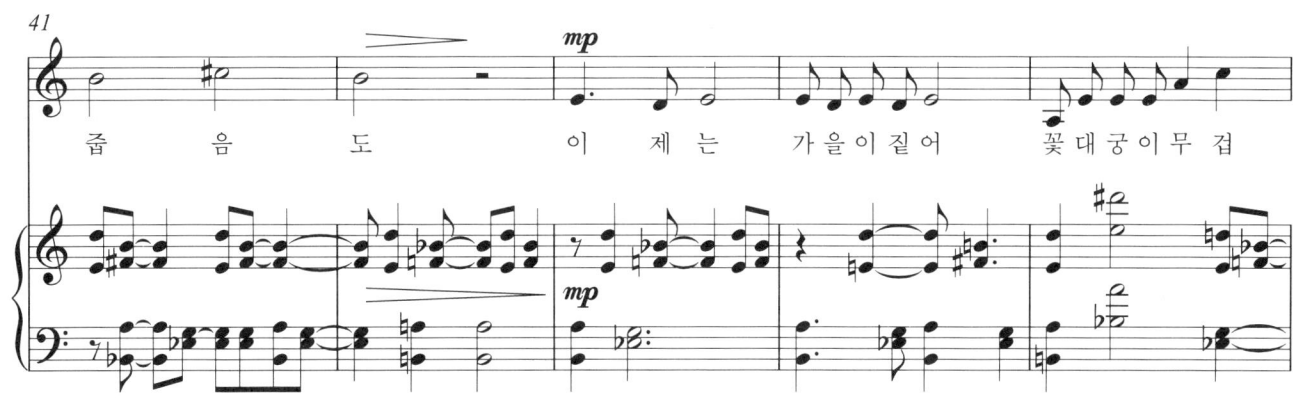

줍 음 도　　이 제 는　가 을 이 짙 어　꽃 대 궁 이 무 겁

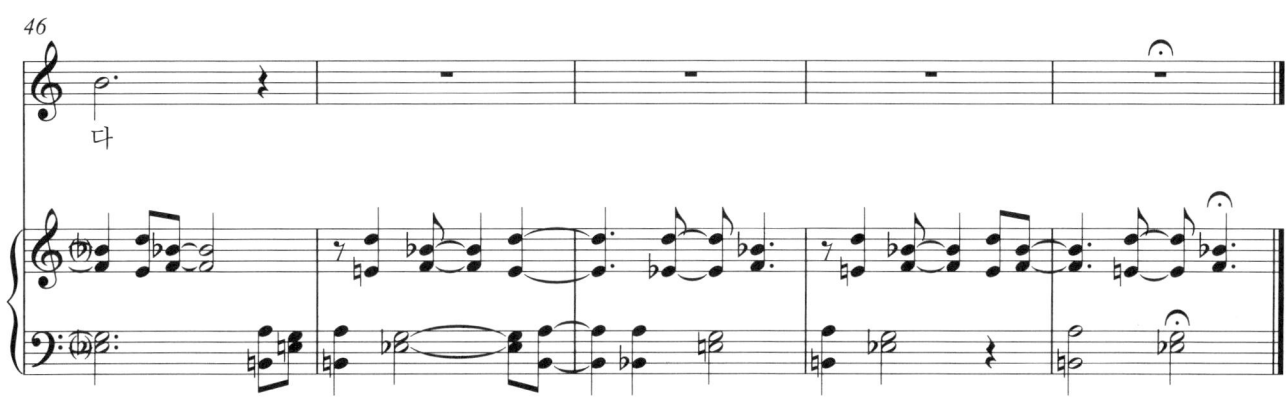

다

8.안개

김상훈

하순봉(1999)

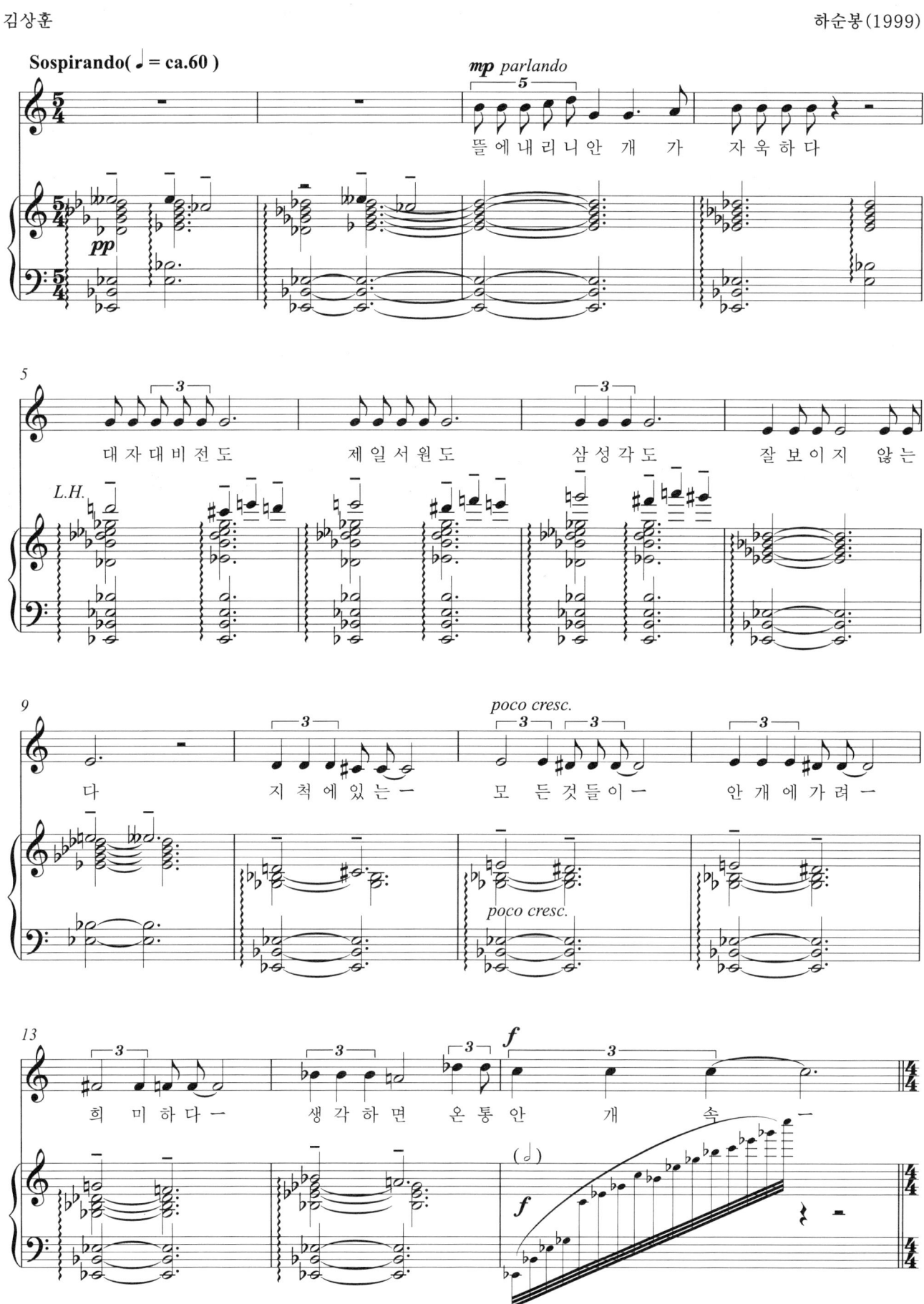

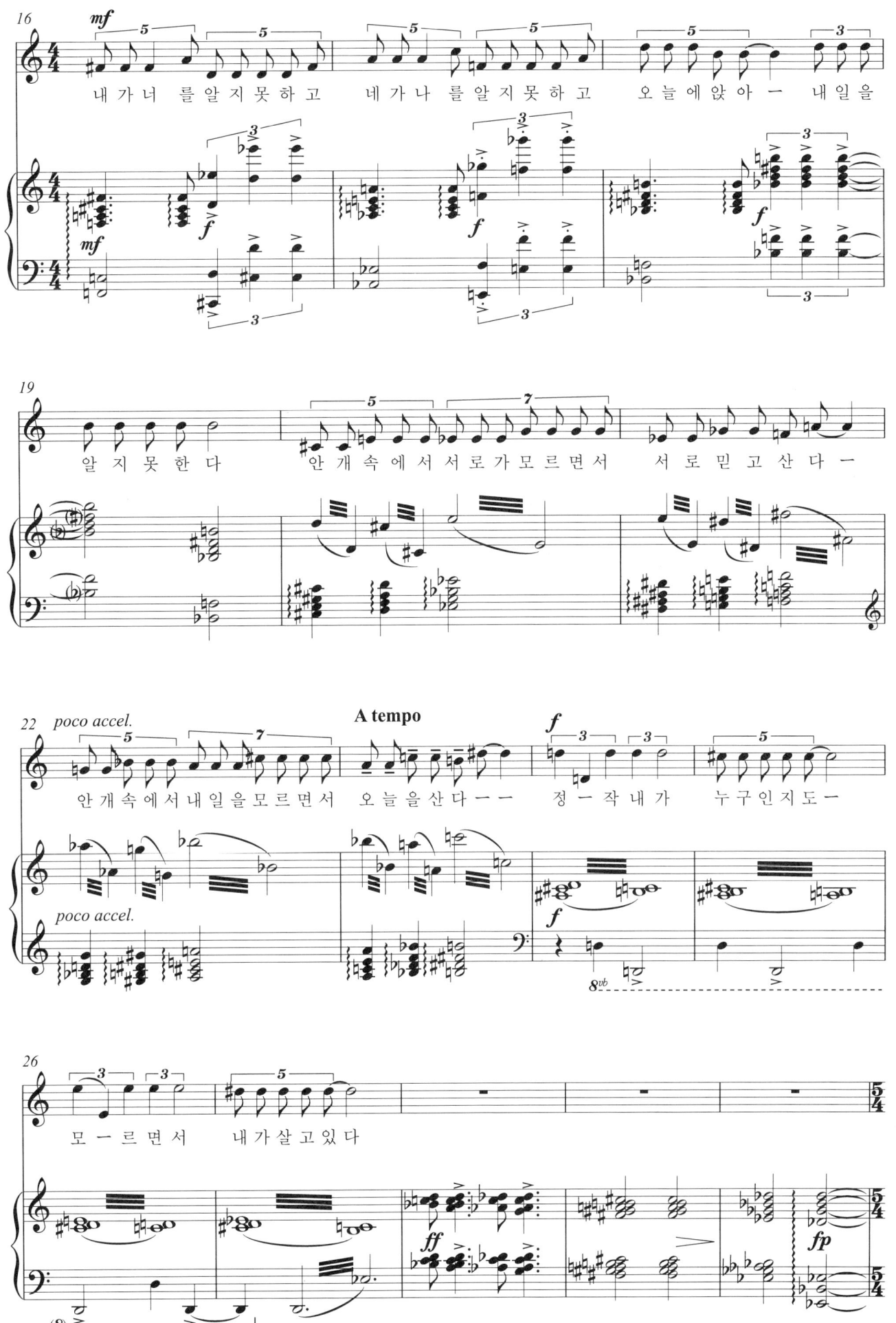

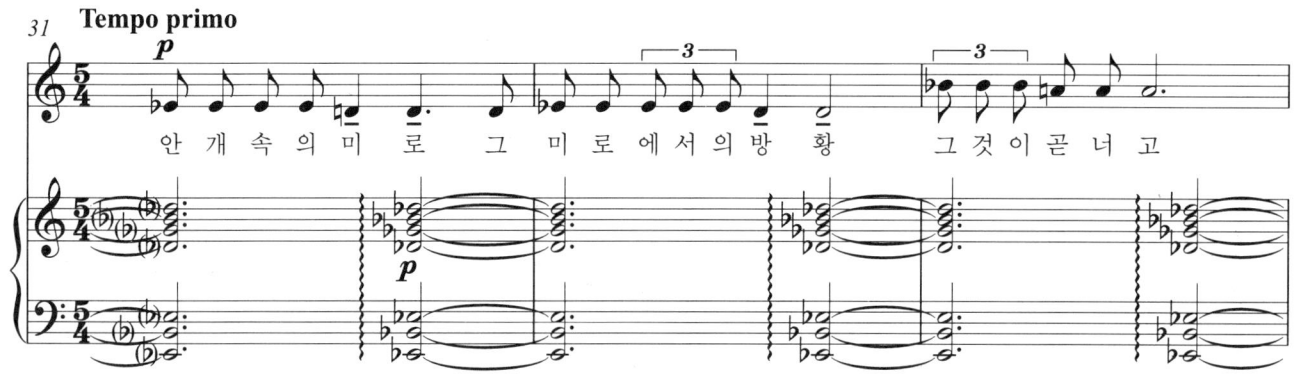

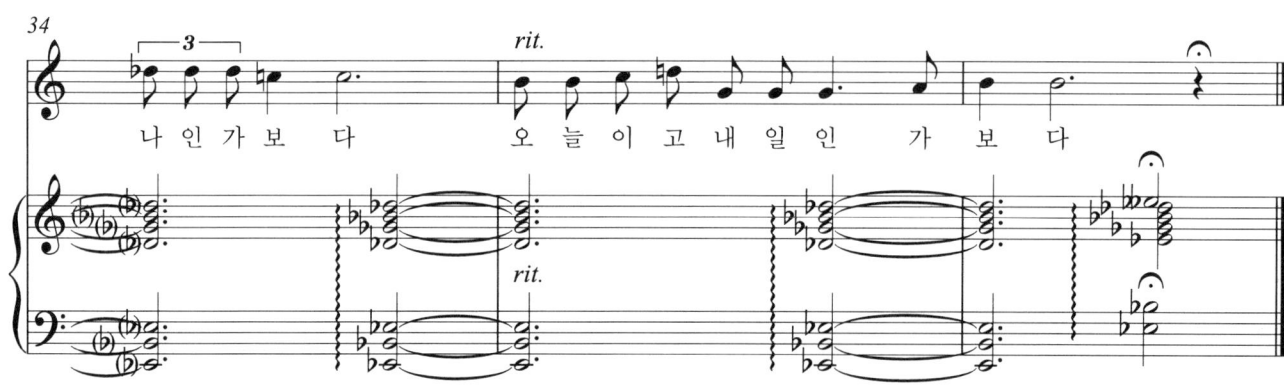

9.춘소우(春小雨)

김상훈

하순봉(1999)

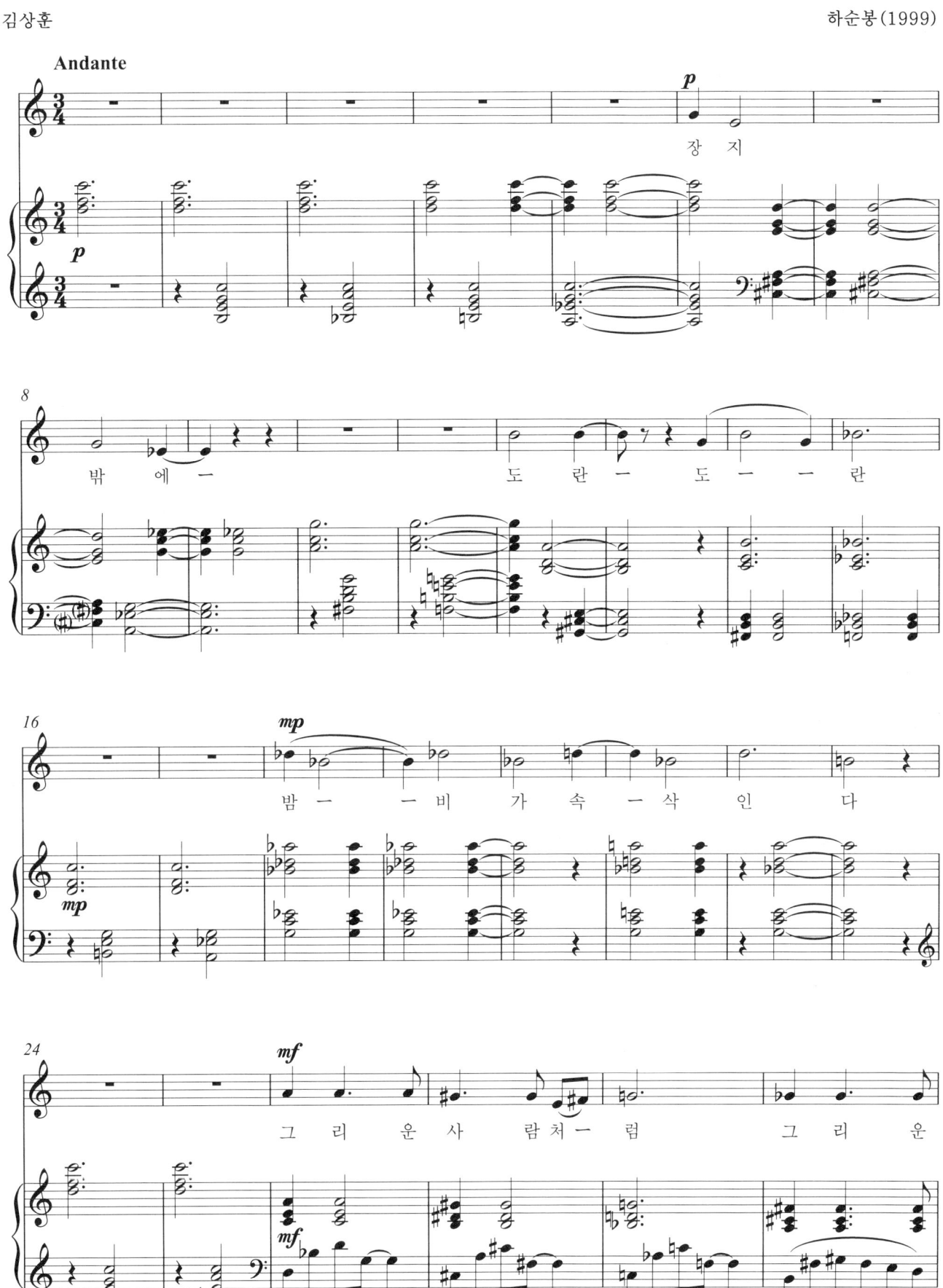

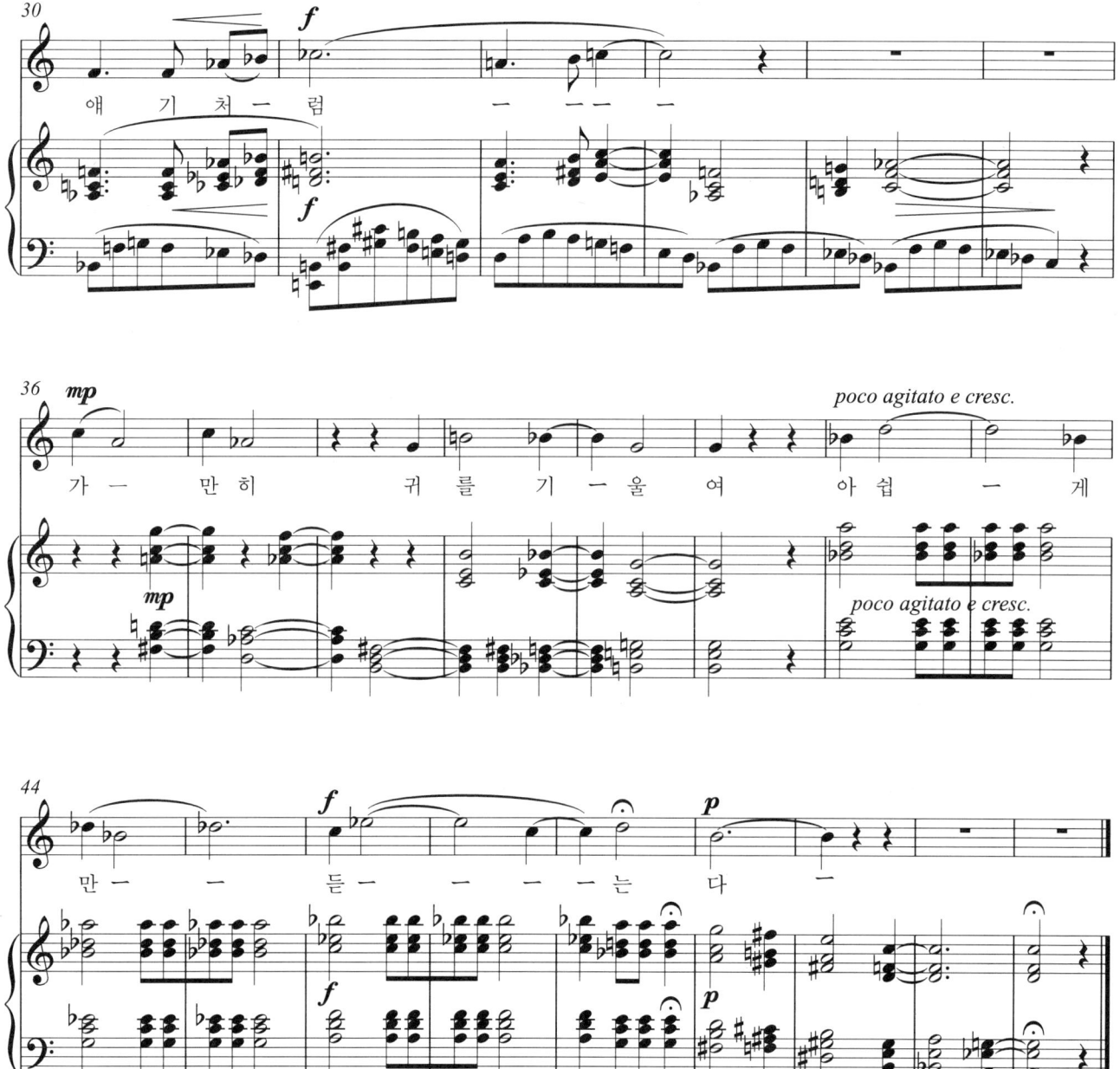

10.밤비.밤바람

김상훈

하순봉(1999)

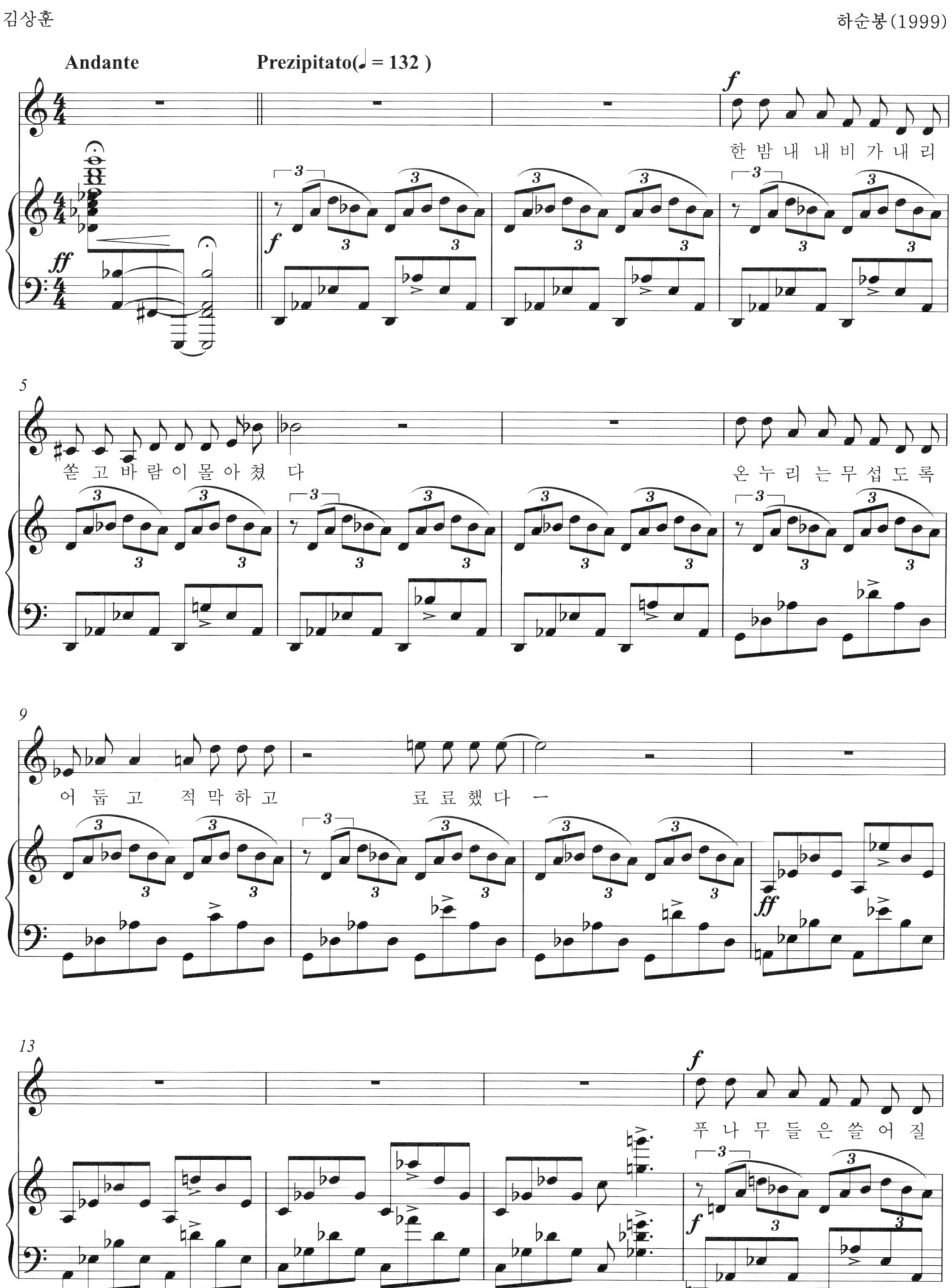

한밤내 내비가내리 쏟고 바람이몰아쳤 다 온누리 는무섭도록 어둡고 적막하고 료료했다— 푸나무들은쓸어질

58

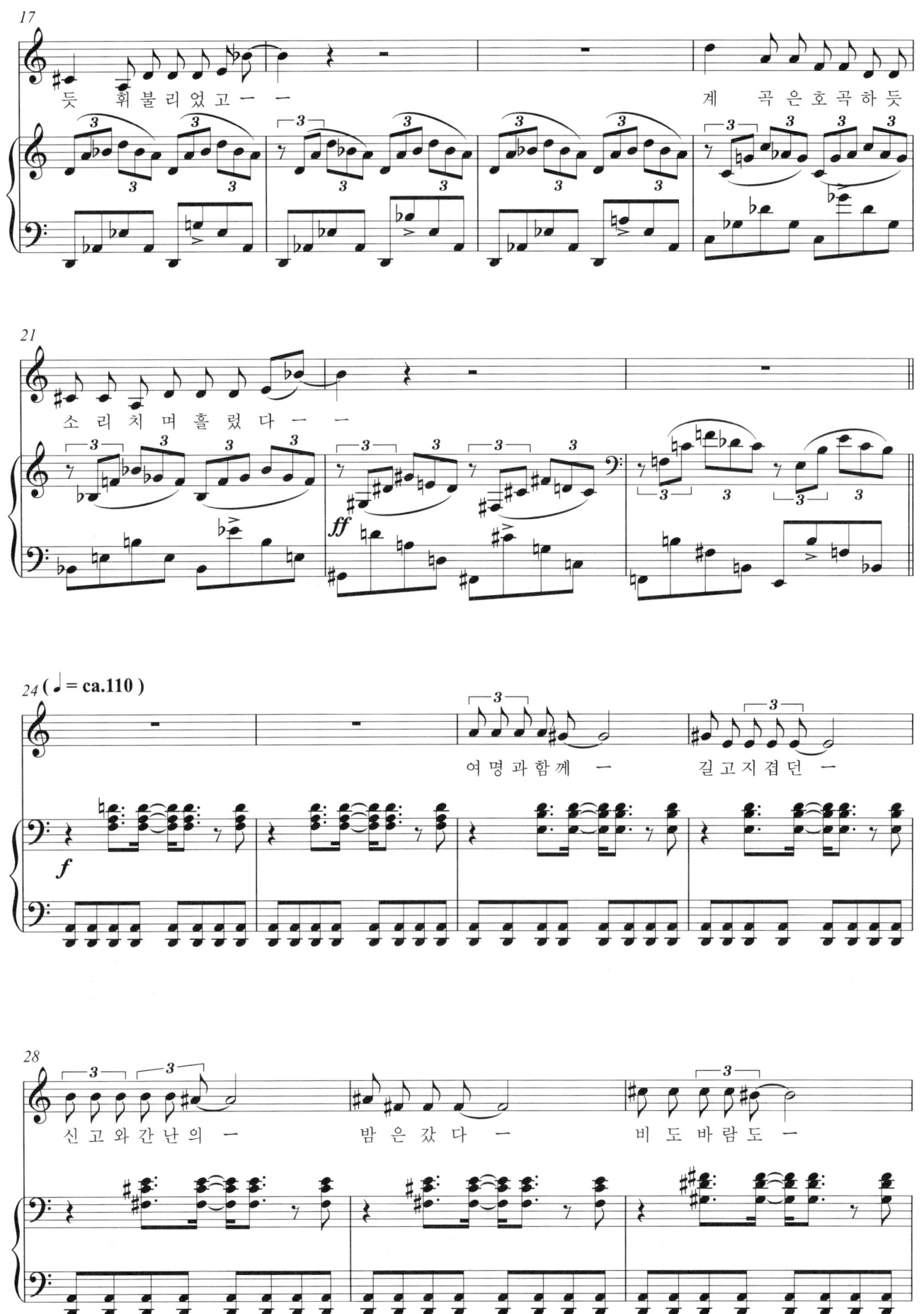

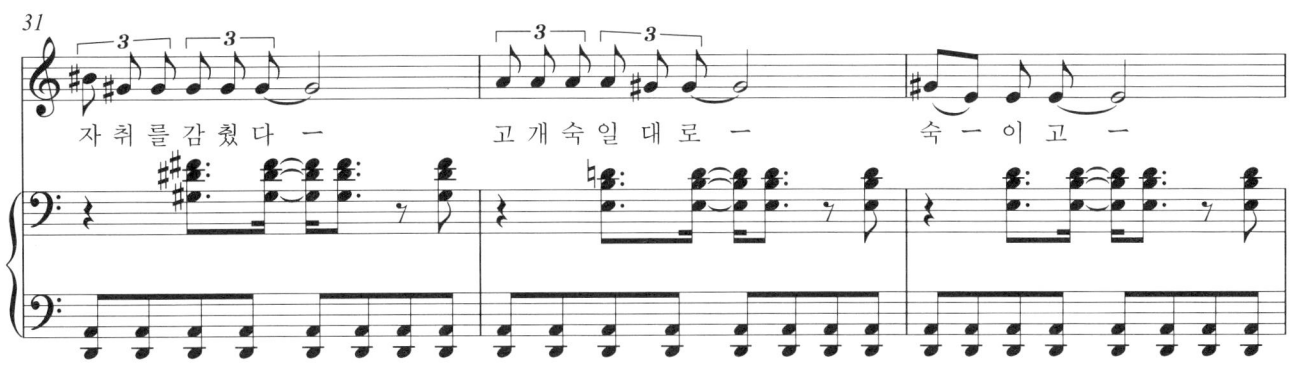

자취를감췄다 — 고개숙일대로 — 숙 — 이고 —

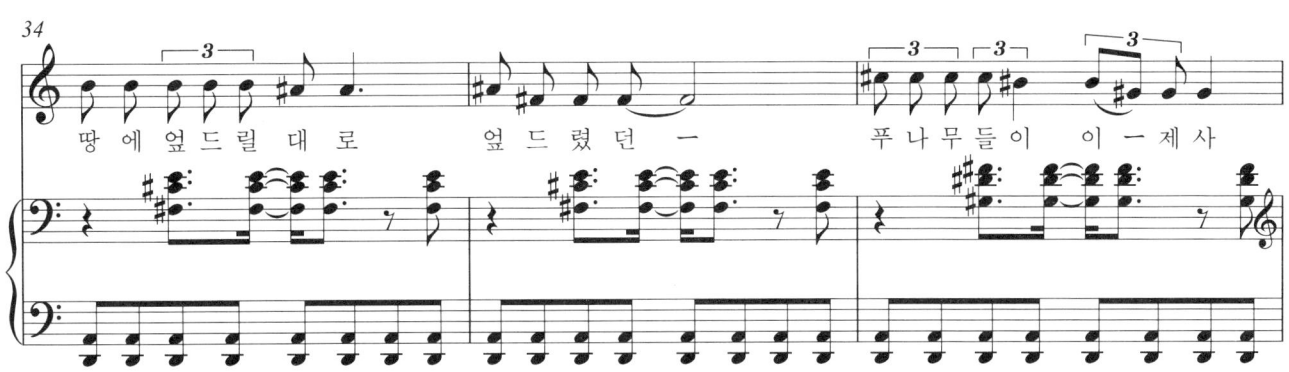

땅에엎드릴대로 엎드렸던 — 푸나무들이 이 — 제사

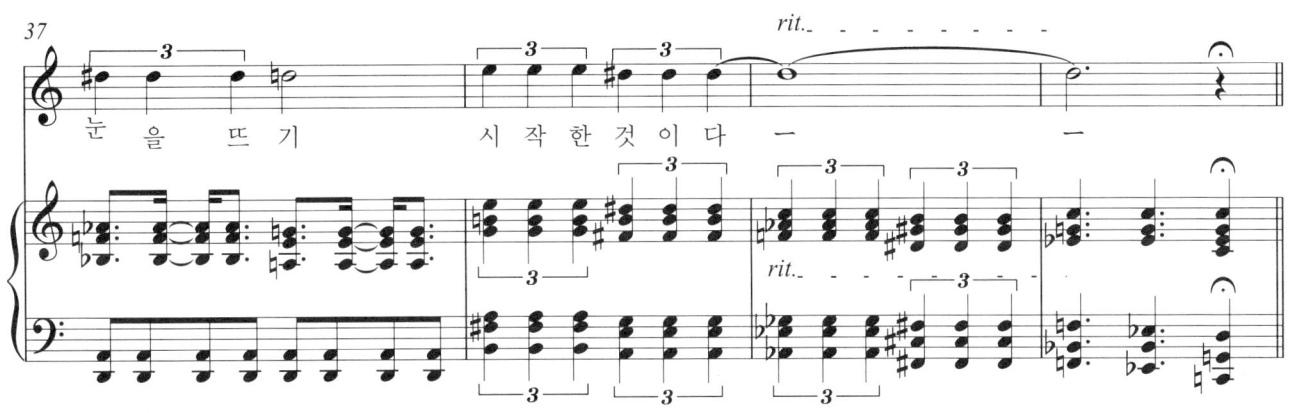

눈 을 뜨기 시 작한것이다 — —

Meno mosso (♩ = 92)

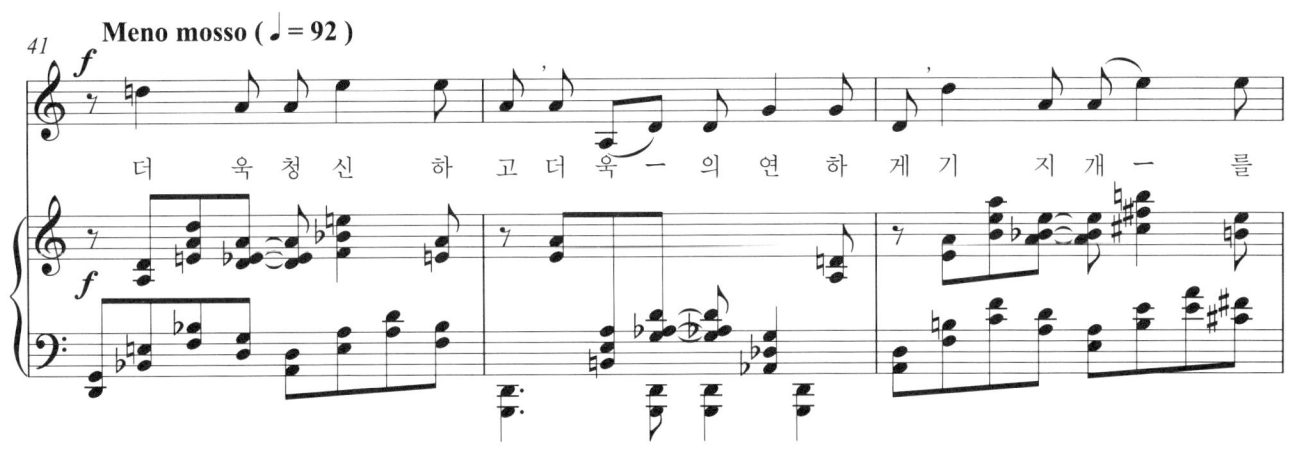

더 욱청신 하 고더욱 — 의연하게기 지개 — 를

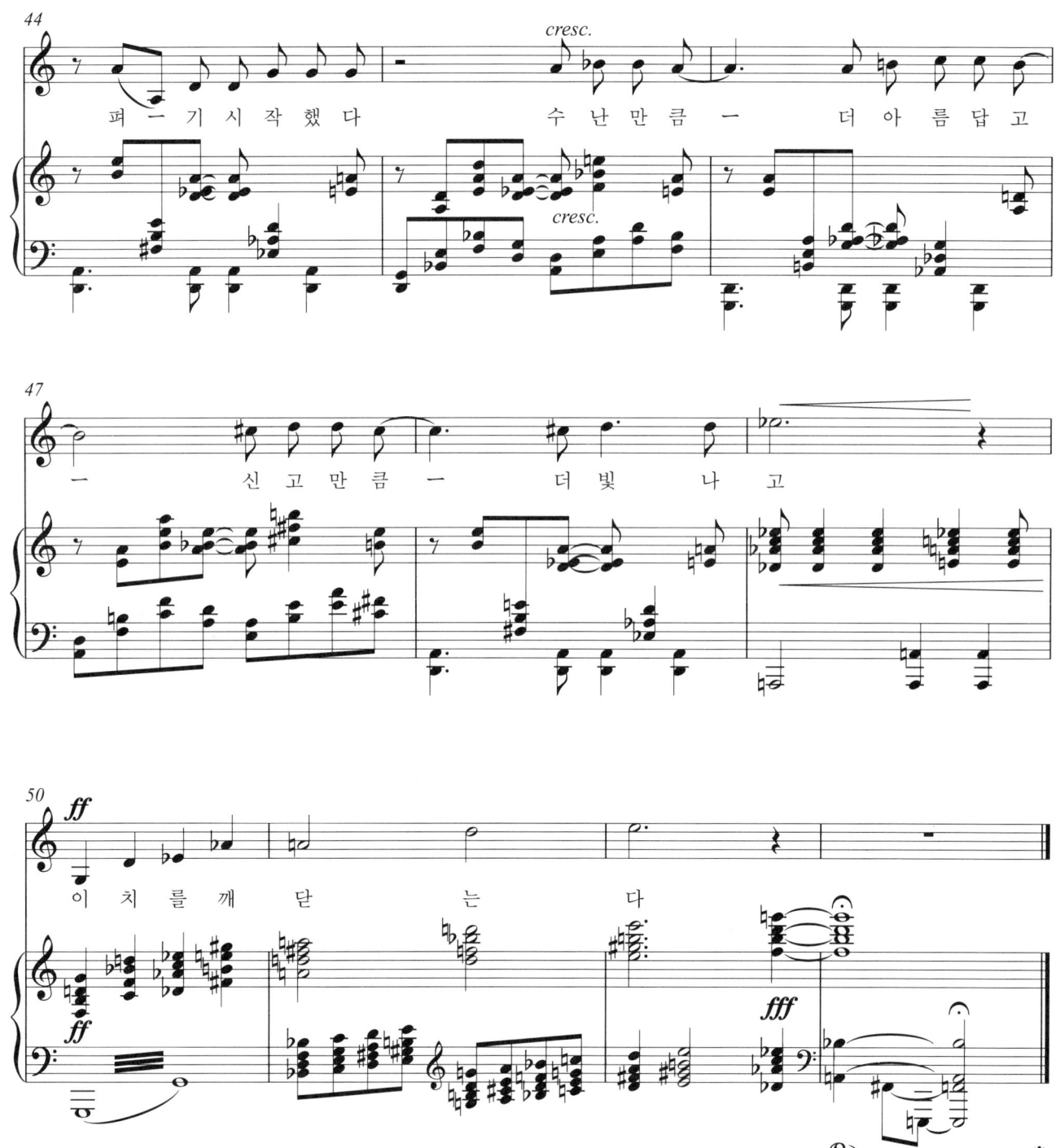

가을의 시

강은교

하순봉(2004)

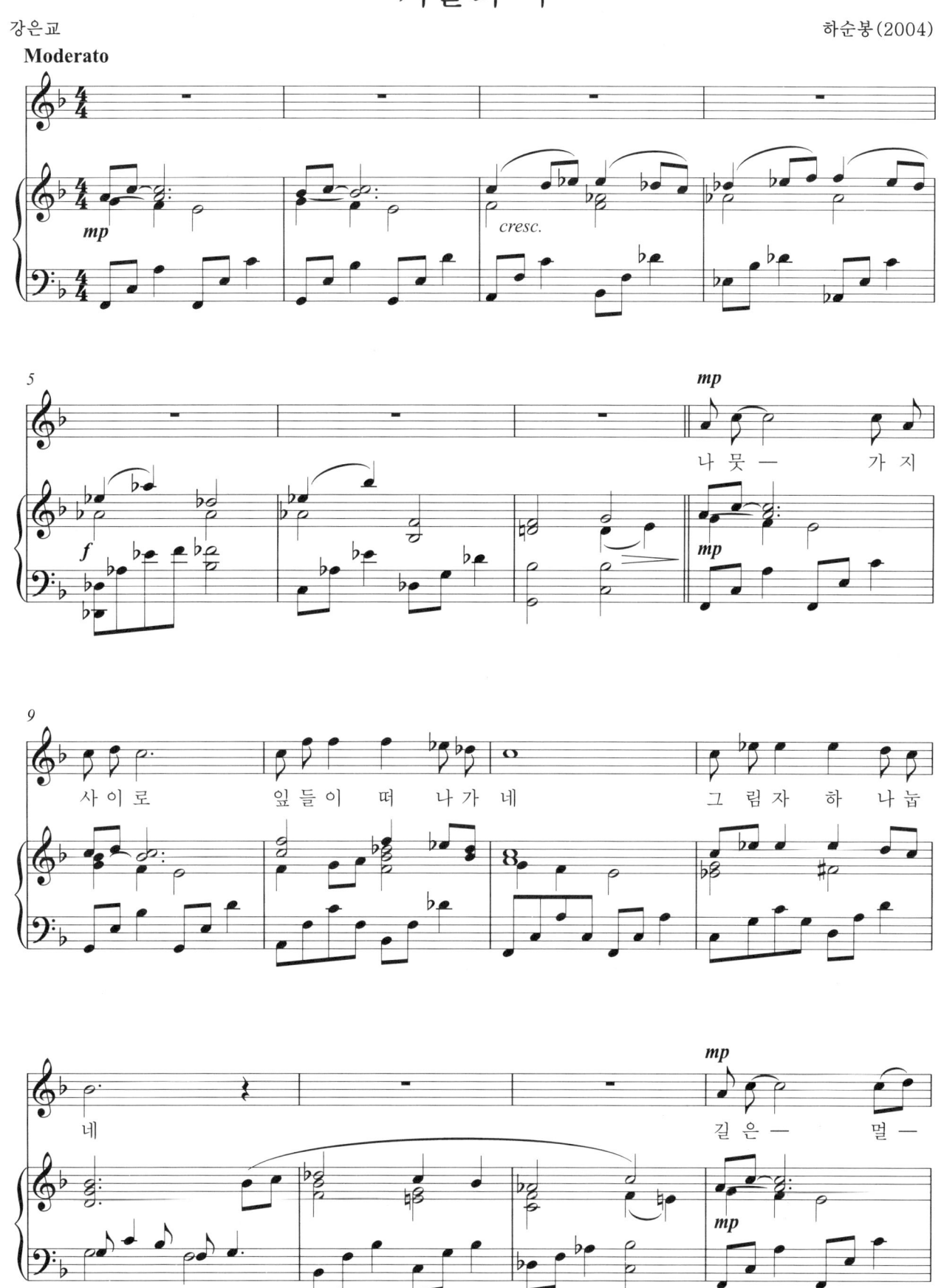

나뭇— 가지 사이로 잎들이 떠나가네 그림자하나눕네 길은— 멀—

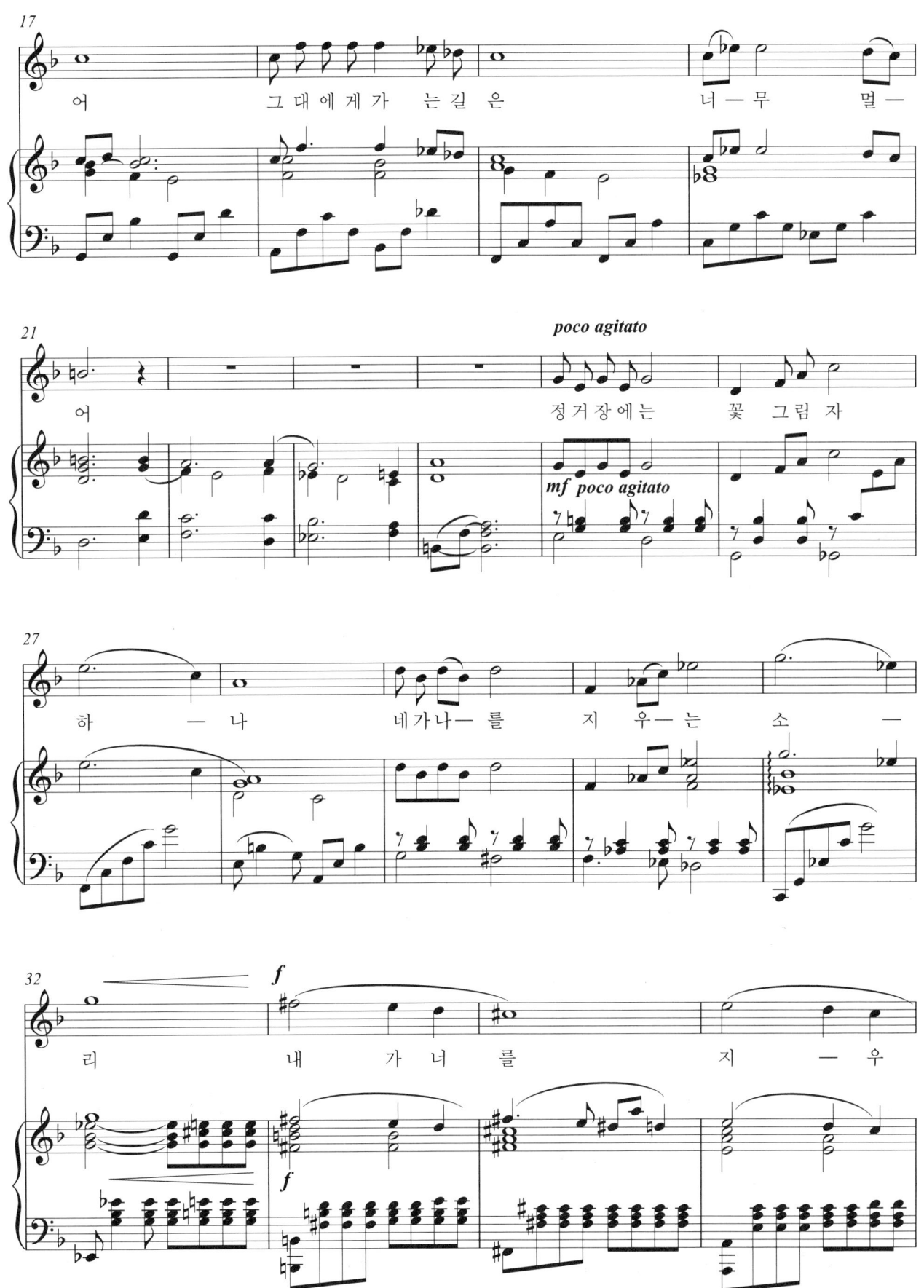

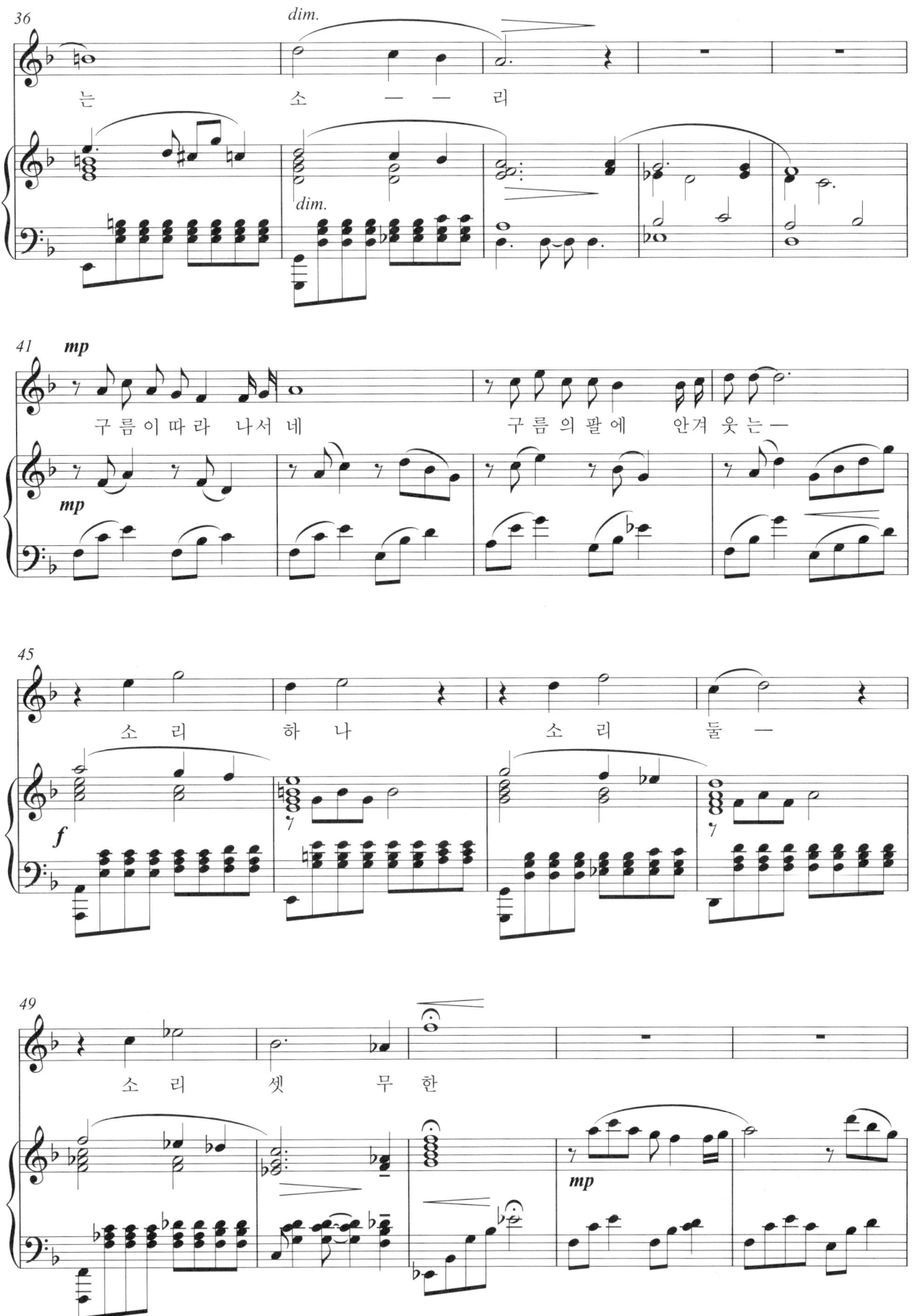

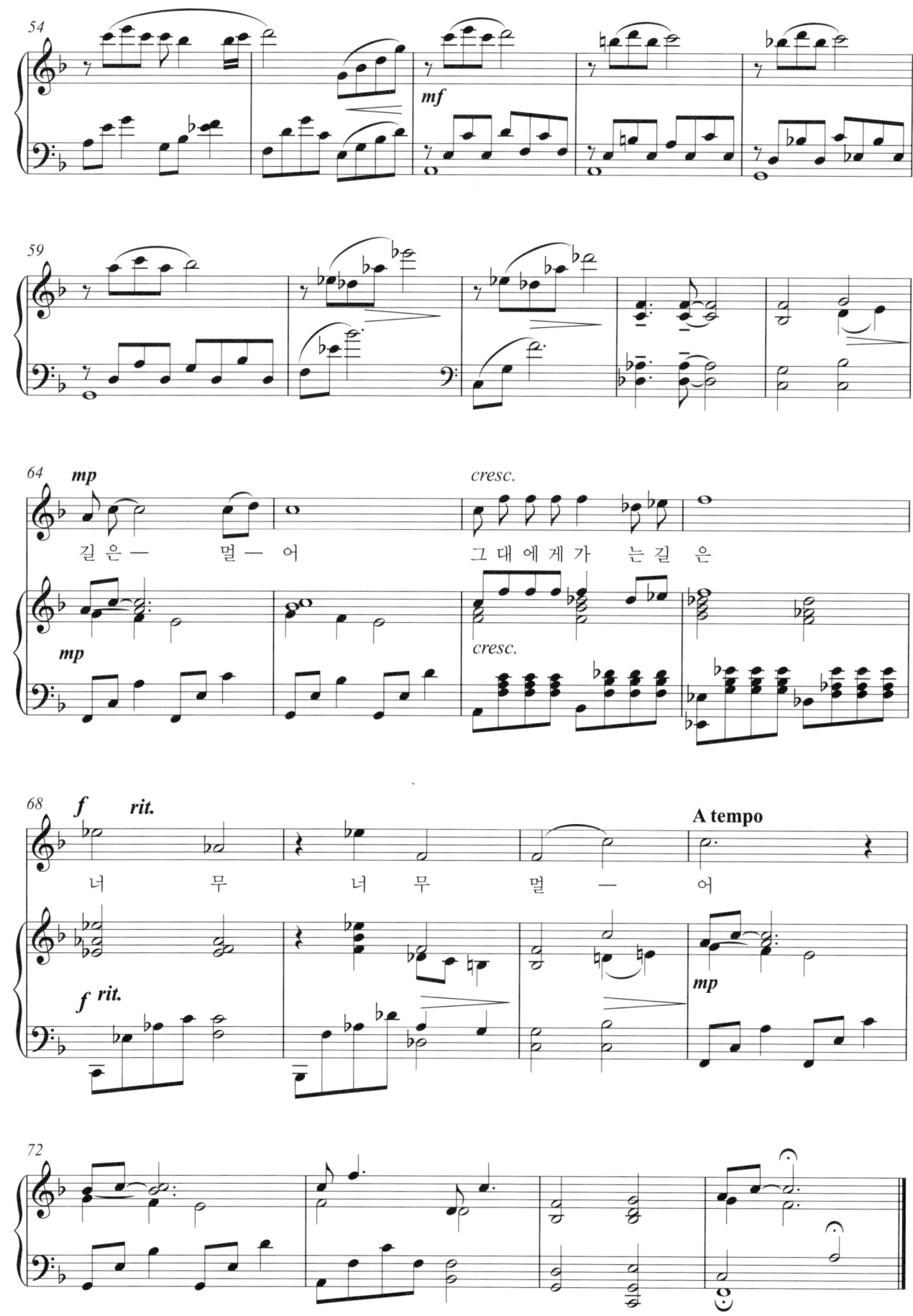

길은— 멀—어 그대에게가 는길은

너 무 너무 멀—어

능소화 연가

gewidmet H. Hwajung(2006.8.25)

이해인

하순봉(2006)

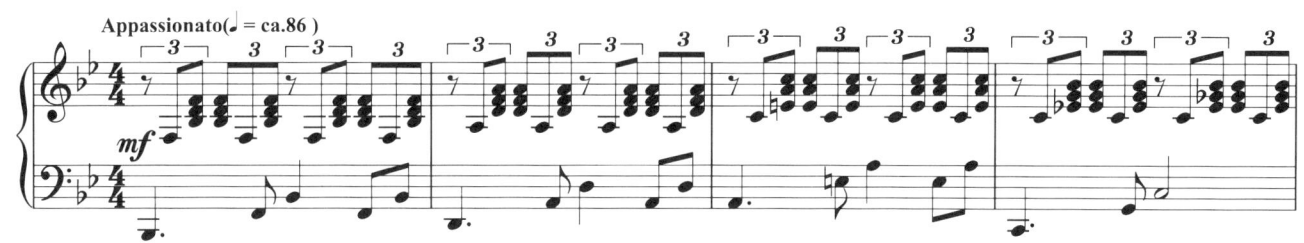

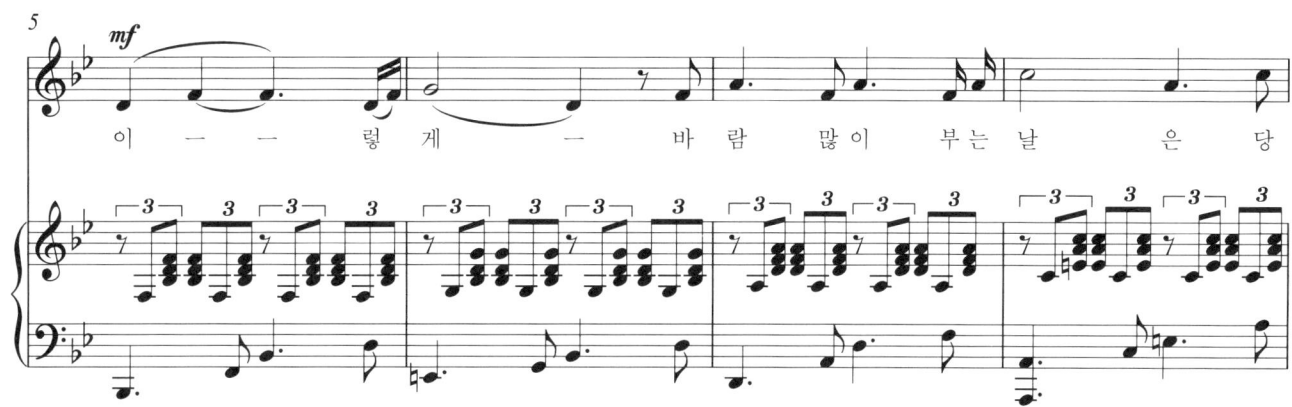

이 ― ― 렇게 ― 바 람 많 이 부 는 날 은 당

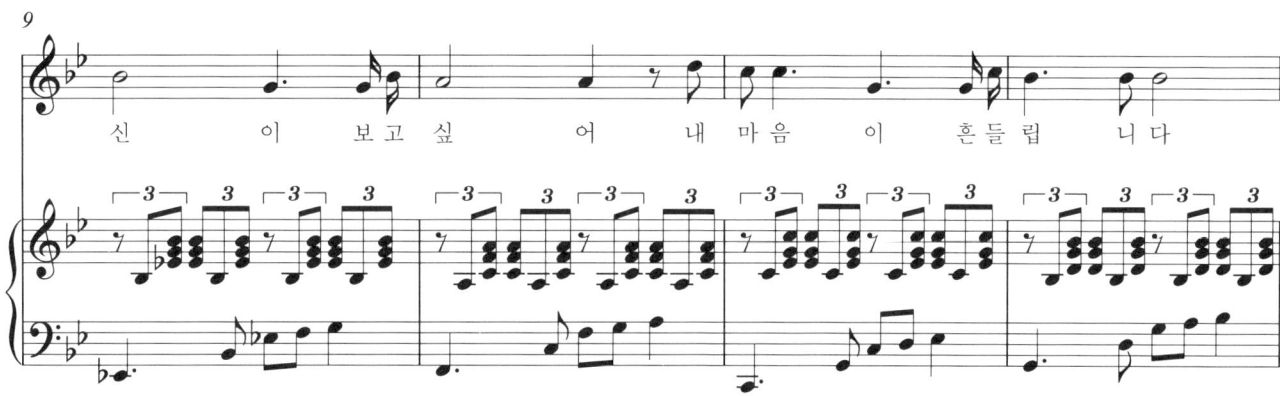

신 이 보 고 싶 어 내 마 음 이 흔 들 립 니 다

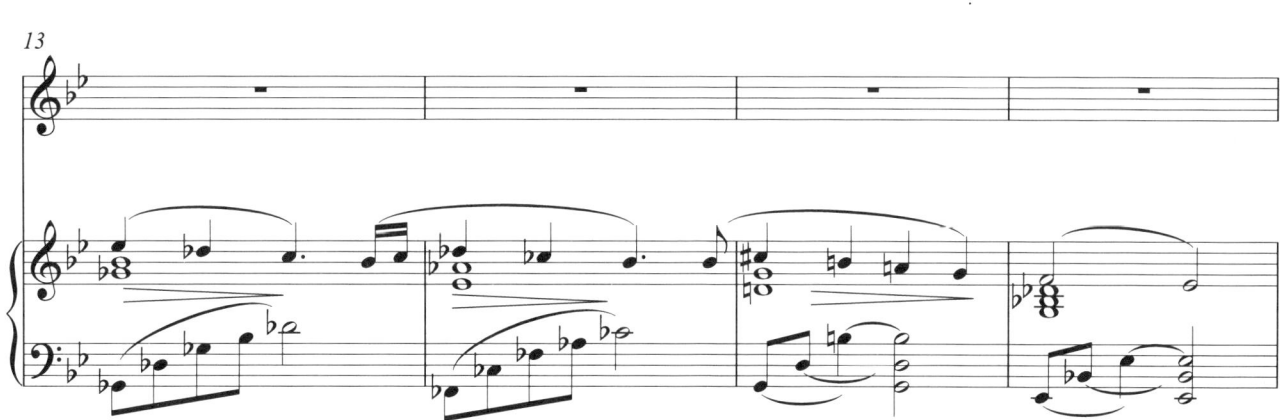

66

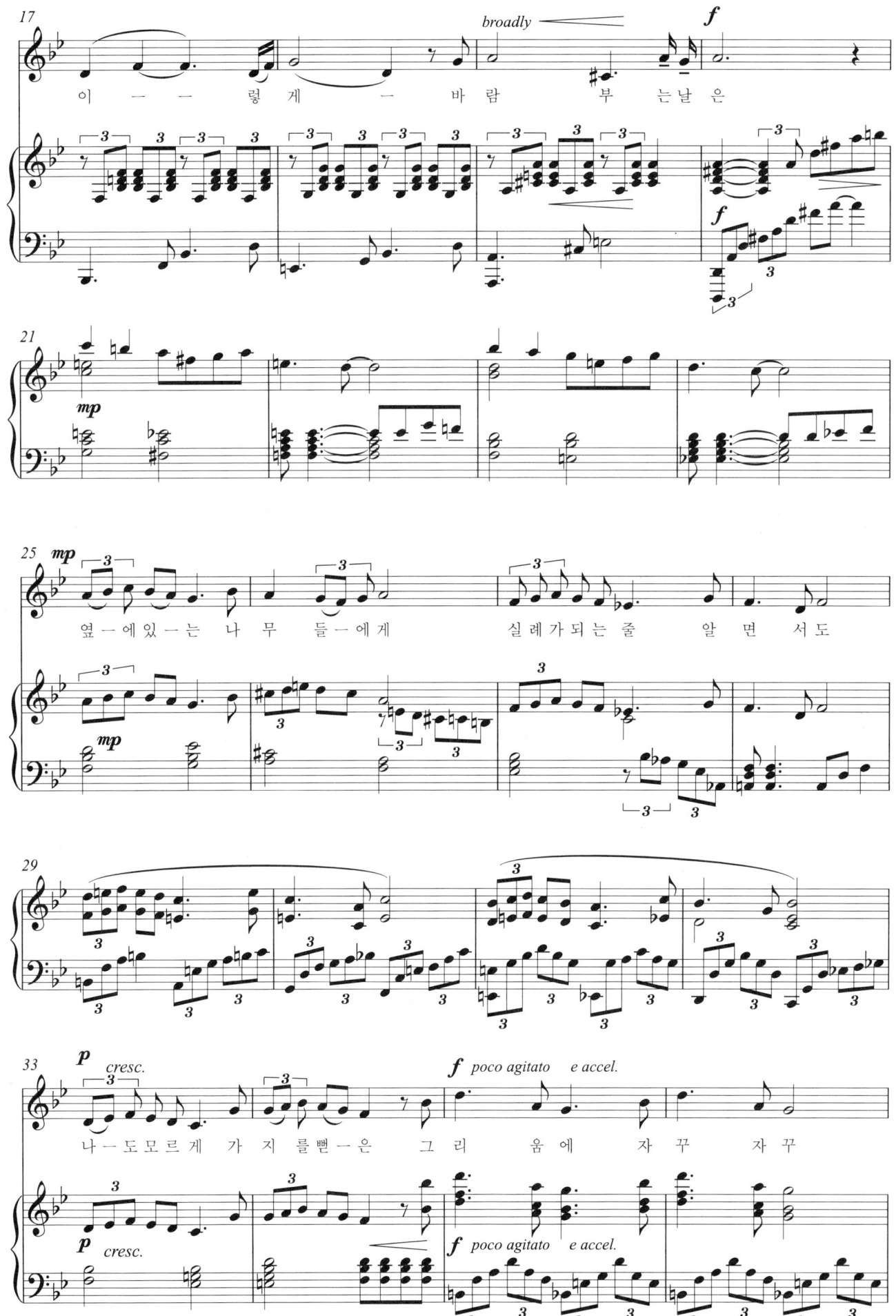

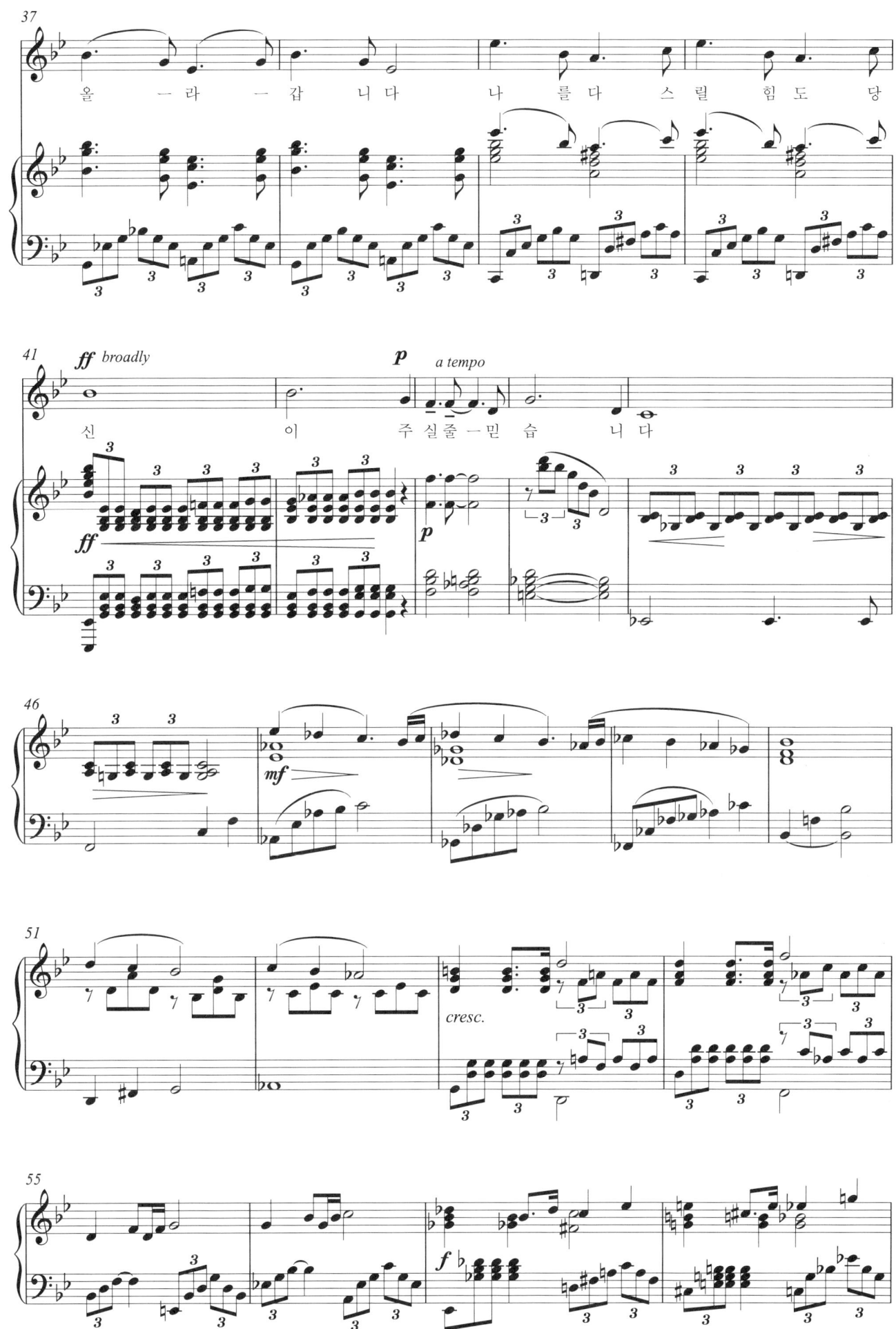

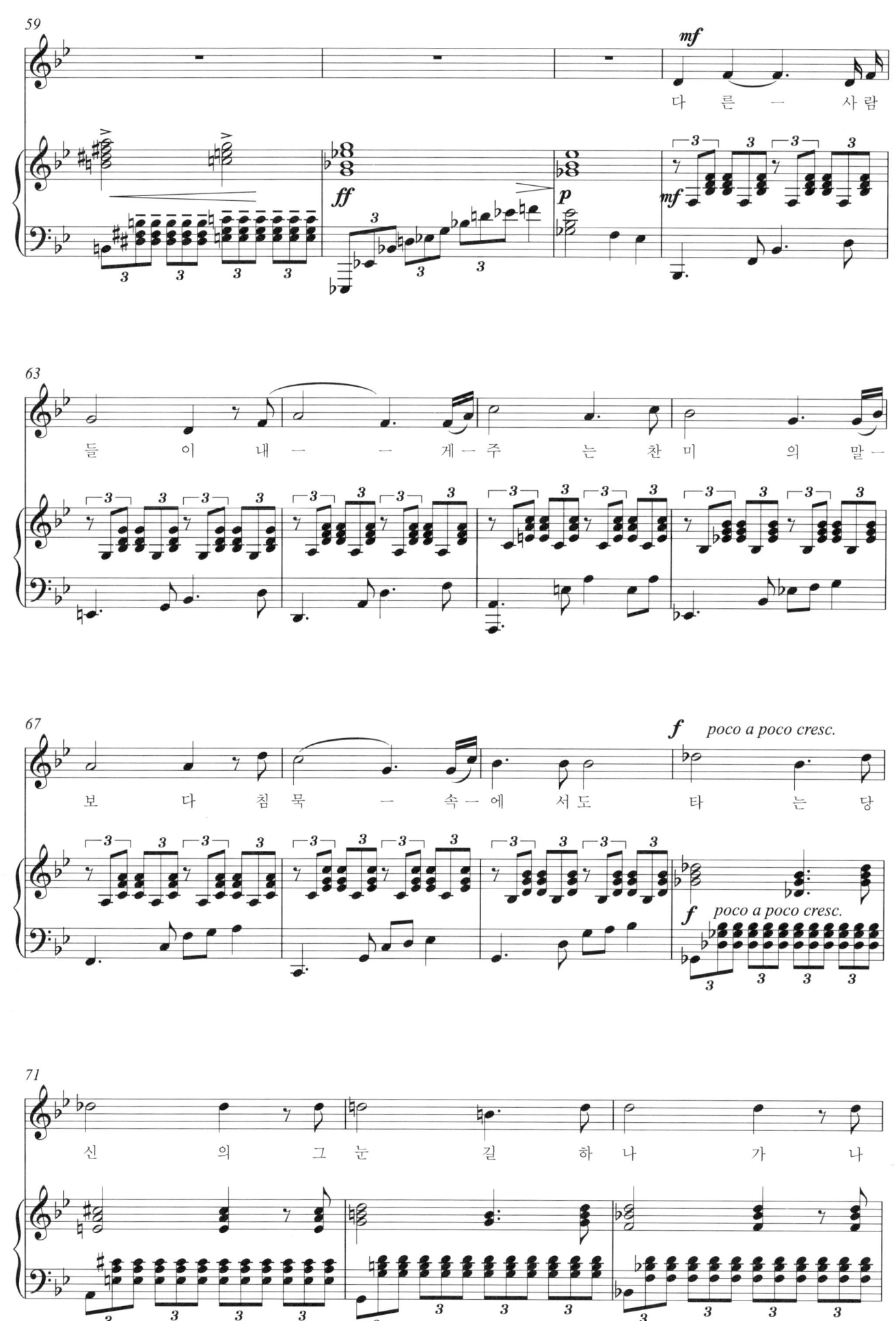

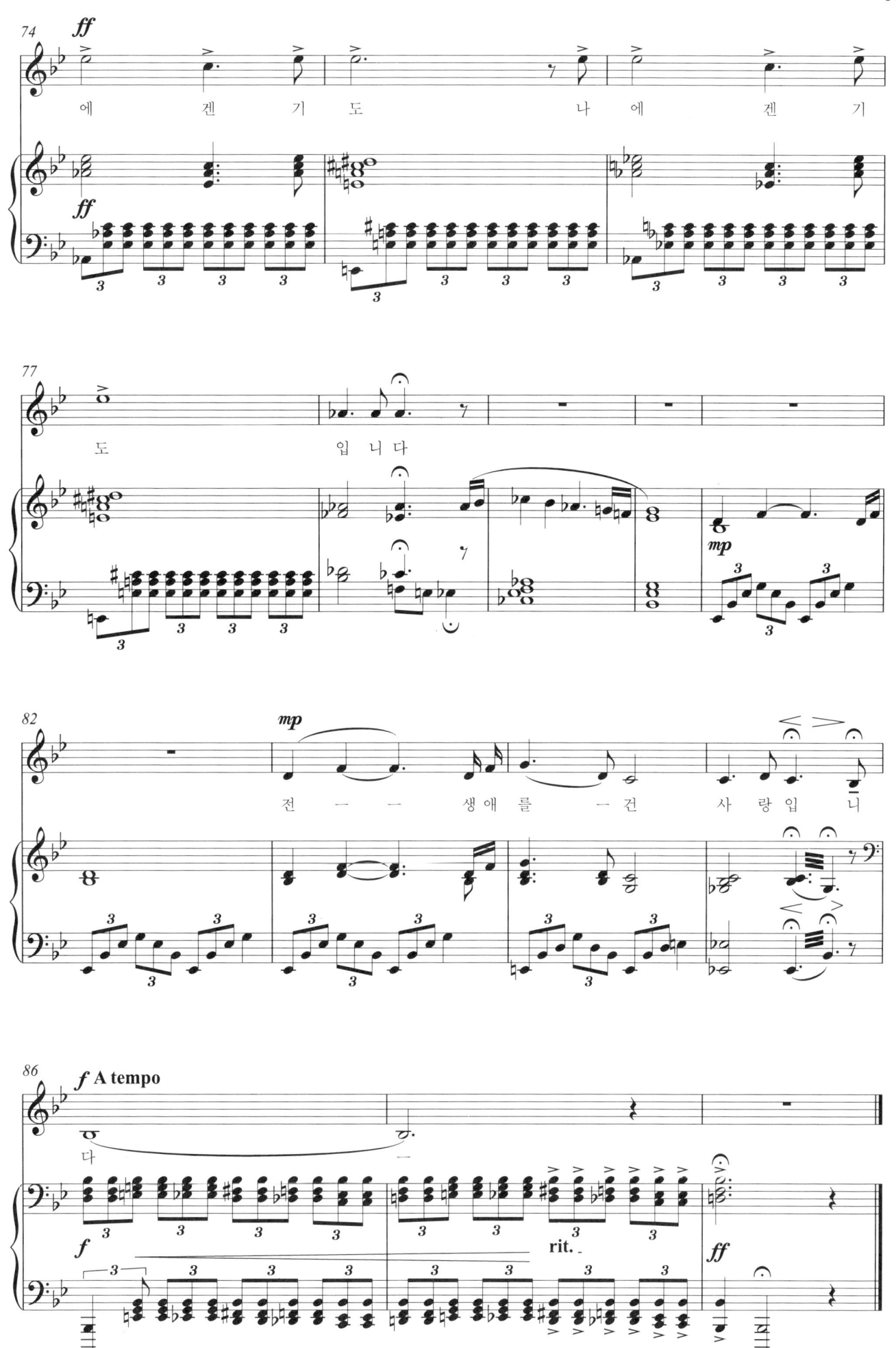

노유섭

복수초

하순봉 (2008)

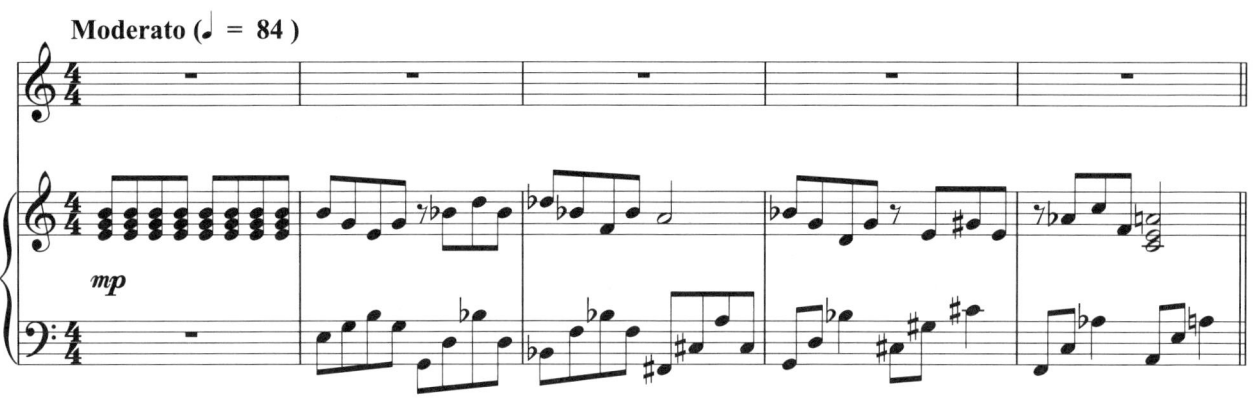

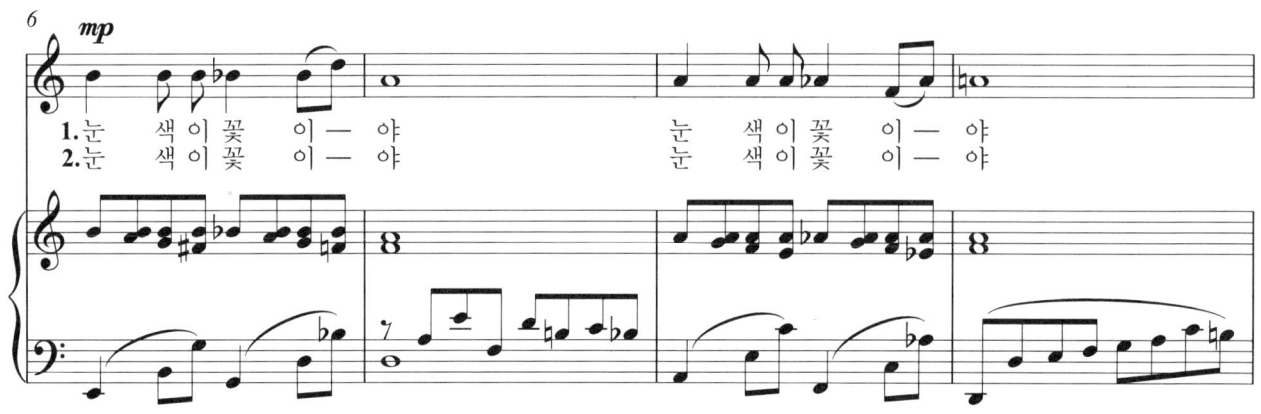

1.눈 색이 꽃 이 — 야   눈 색이 꽃 이 — 야
2.눈 색이 꽃 이 — 야   눈 색이 꽃 이 — 야

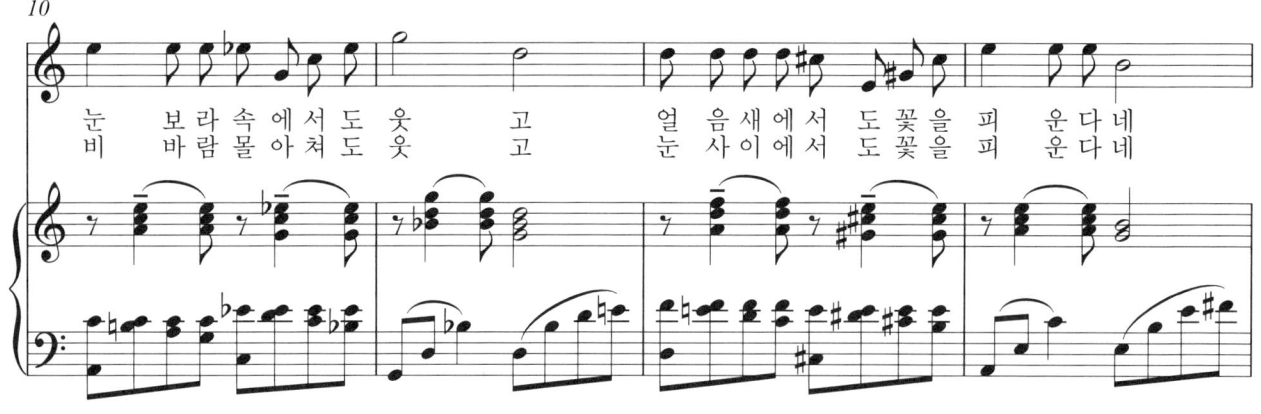

눈 보라 속에 서도 웃 고   얼 음 새에 서도 꽃을 피 운 다네
비 바람 몰아 쳐도 웃 고   눈 사이 에서 도 꽃을 피 운 다네

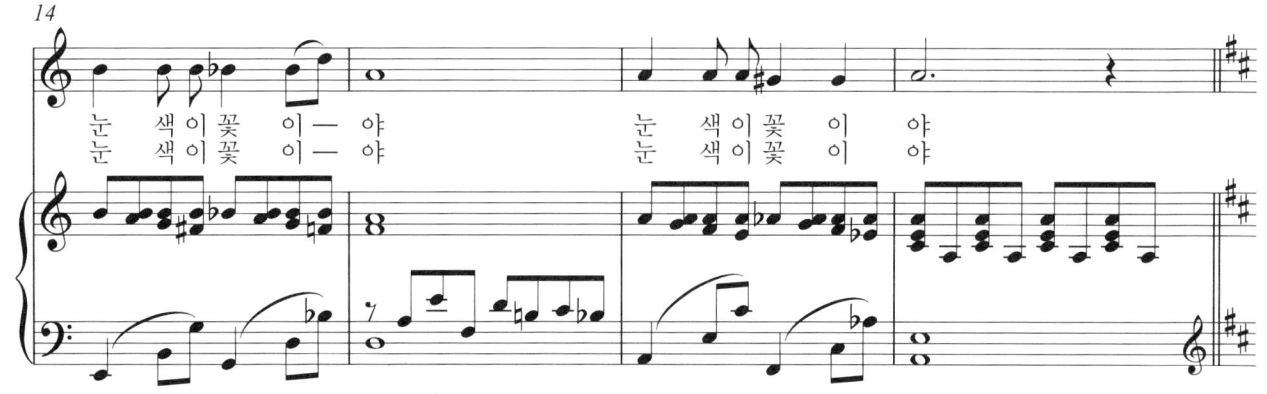

눈 색이 꽃 이 — 야   눈 색이 꽃 이 야
눈 색이 꽃 이 — 야   눈 색이 꽃 이 야

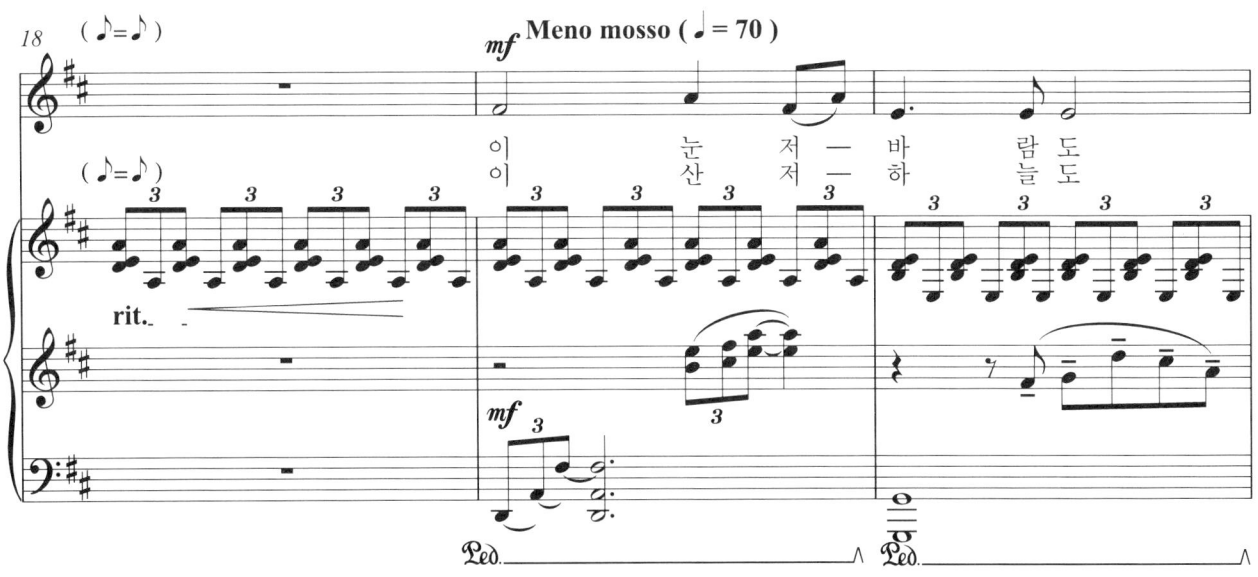

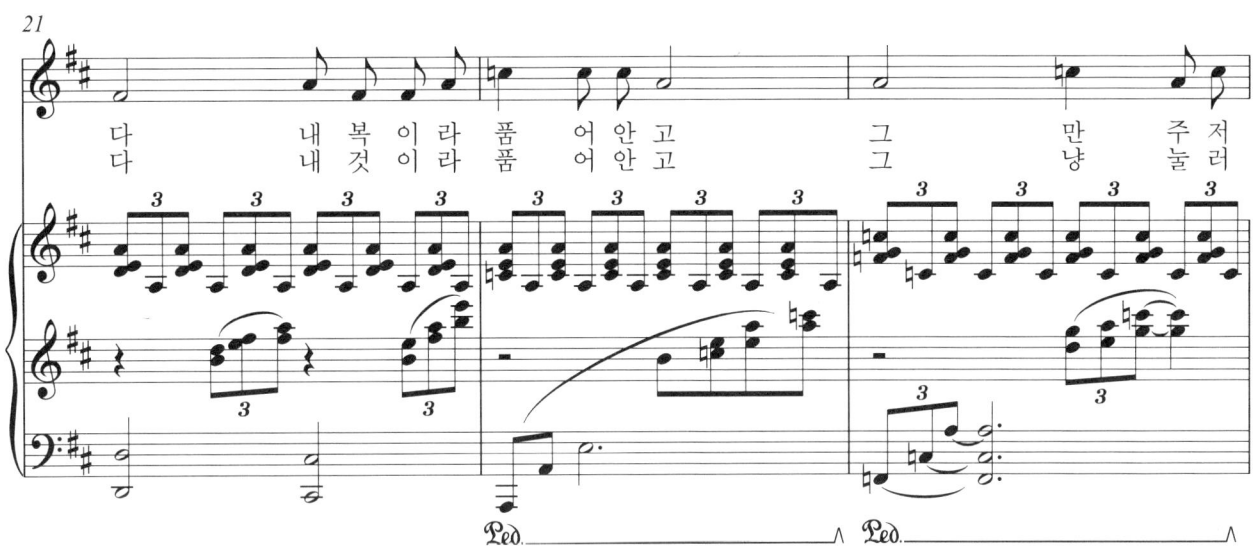

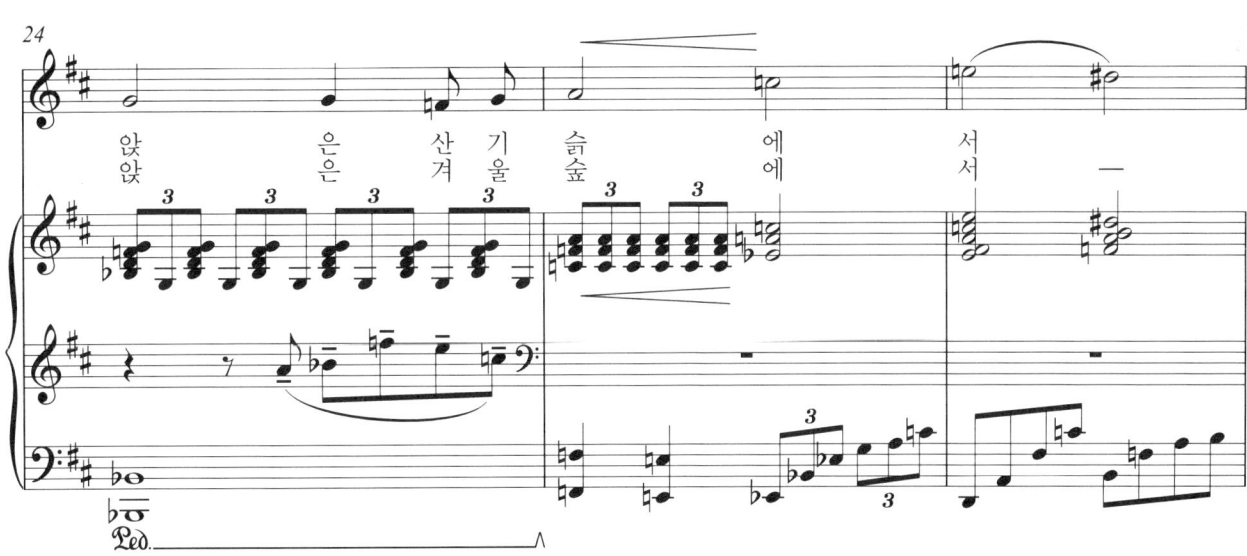

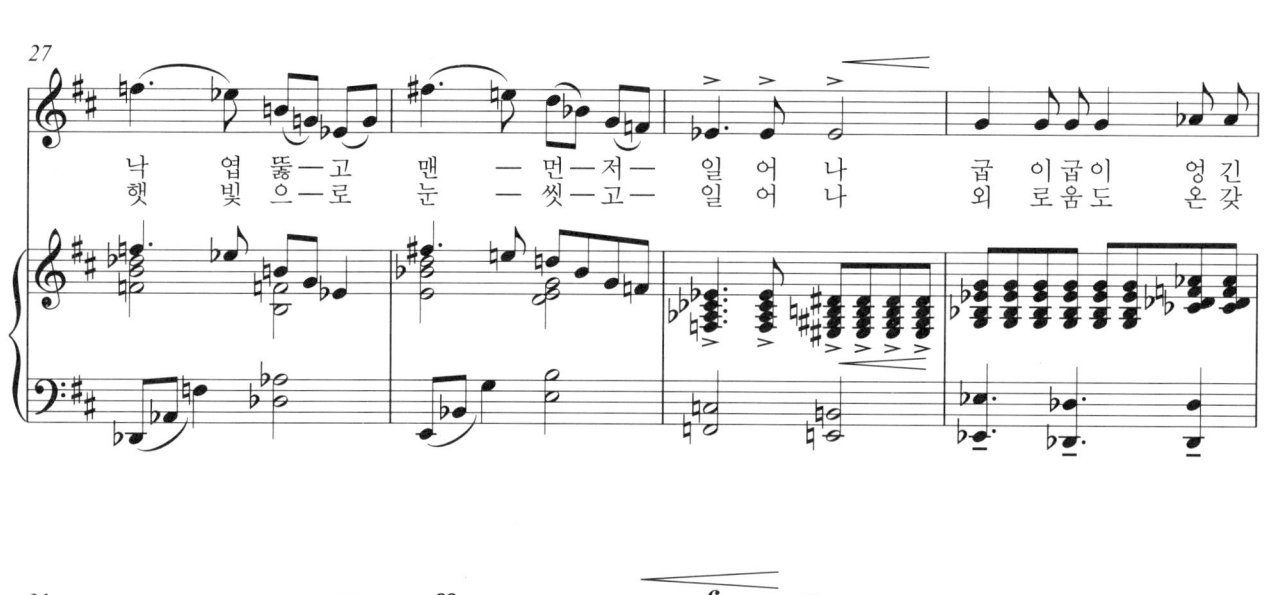

낙 엽 뚫—고 맨 — 먼—저— 일 어 나 굽 이굽이 엉긴
햇 빛으—로 눈 — 씻—고— 일 어 나 외 로움도 온 갖

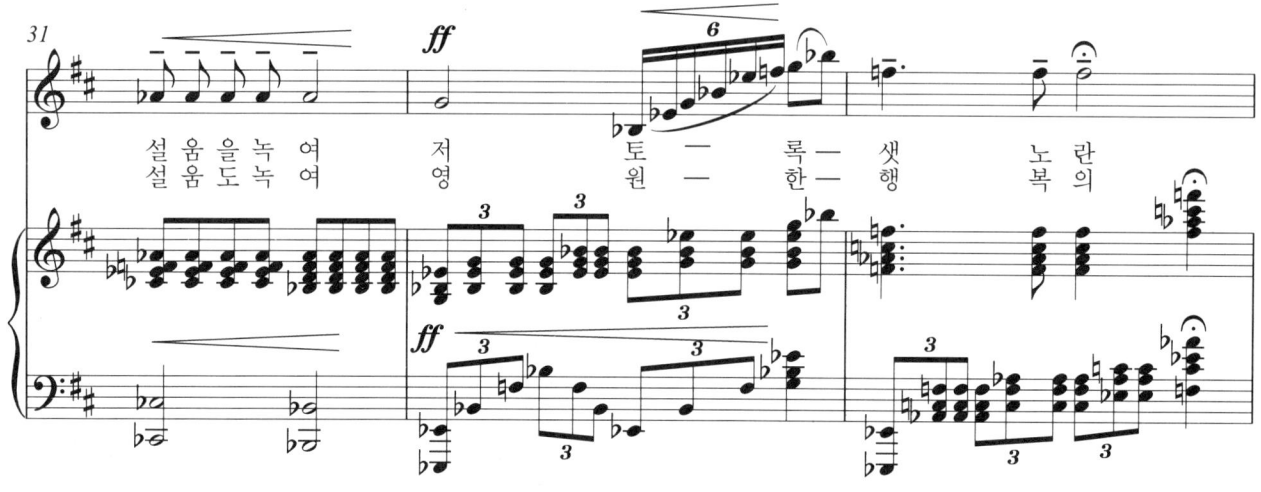

설 움을 녹 여 저 토 — 록— 샛 노 란
설 움도 녹 여 영 원 — 한— 행 복의

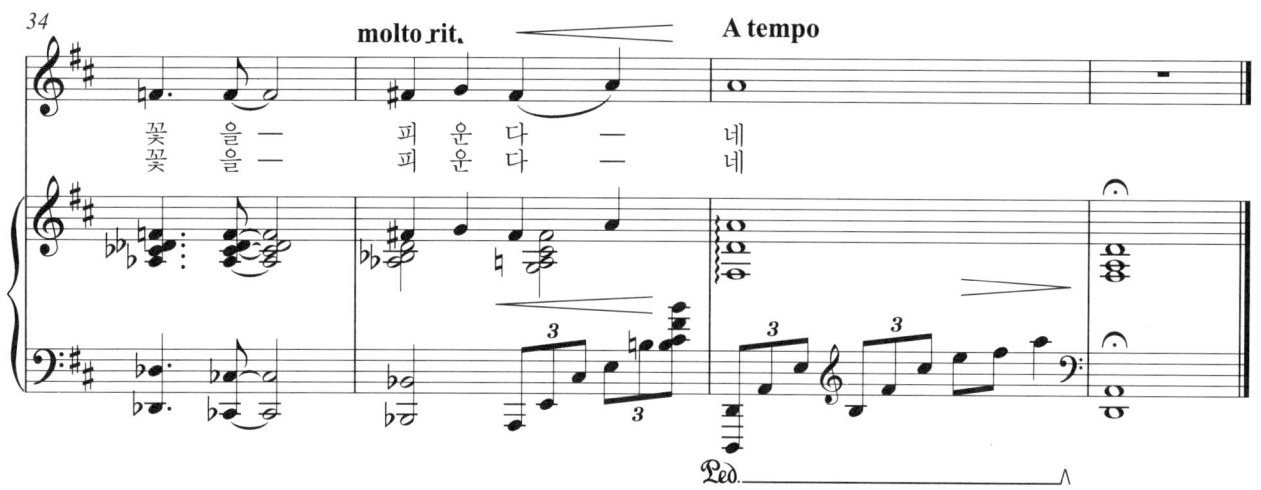

꽃 을— 피 운 다 — 네
꽃 을— 피 운 다 — 네

동백꽃이 피네

전경애

하순봉 (2008)

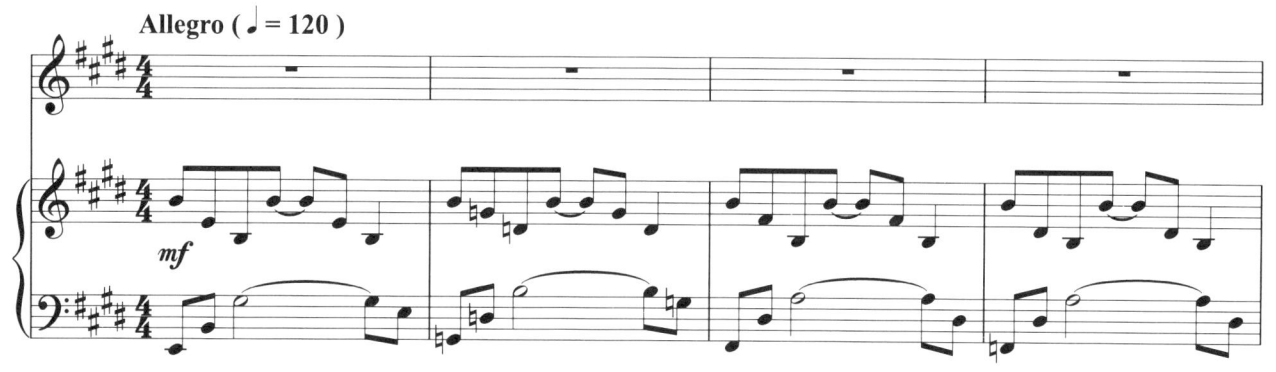

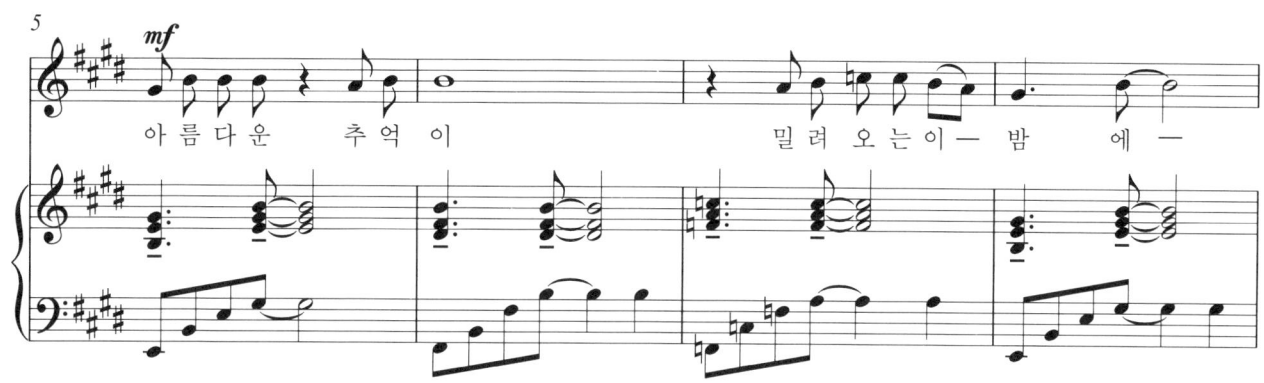

아름다운 추억이　　밀려오는이 — 밤 에 —

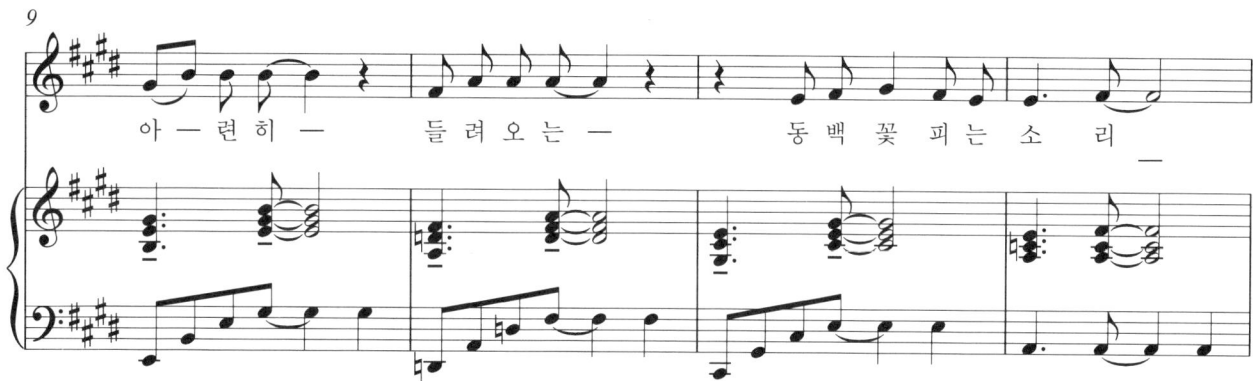

아 — 런히 — 들려오는 — 동백꽃피는소 리 —

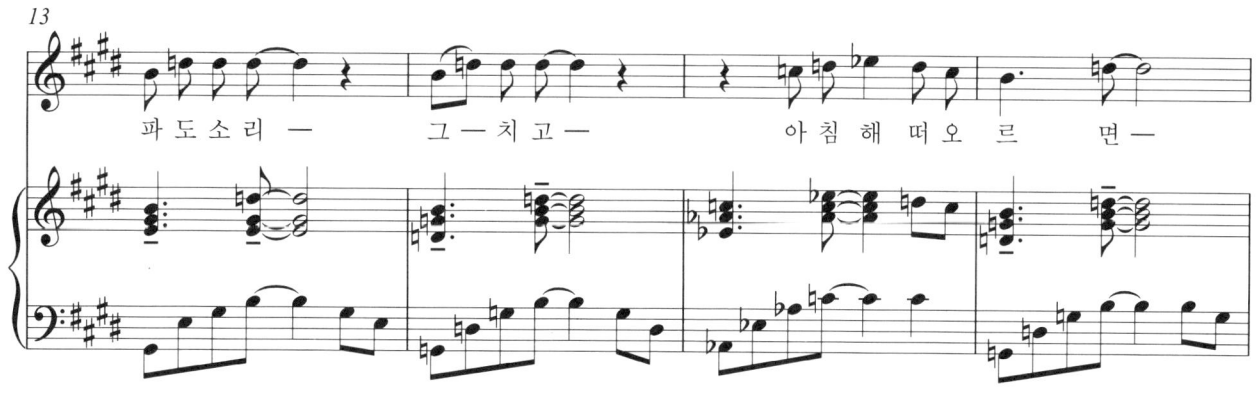

파도소리 — 그 — 치고 — 아침해떠오 르 면 —

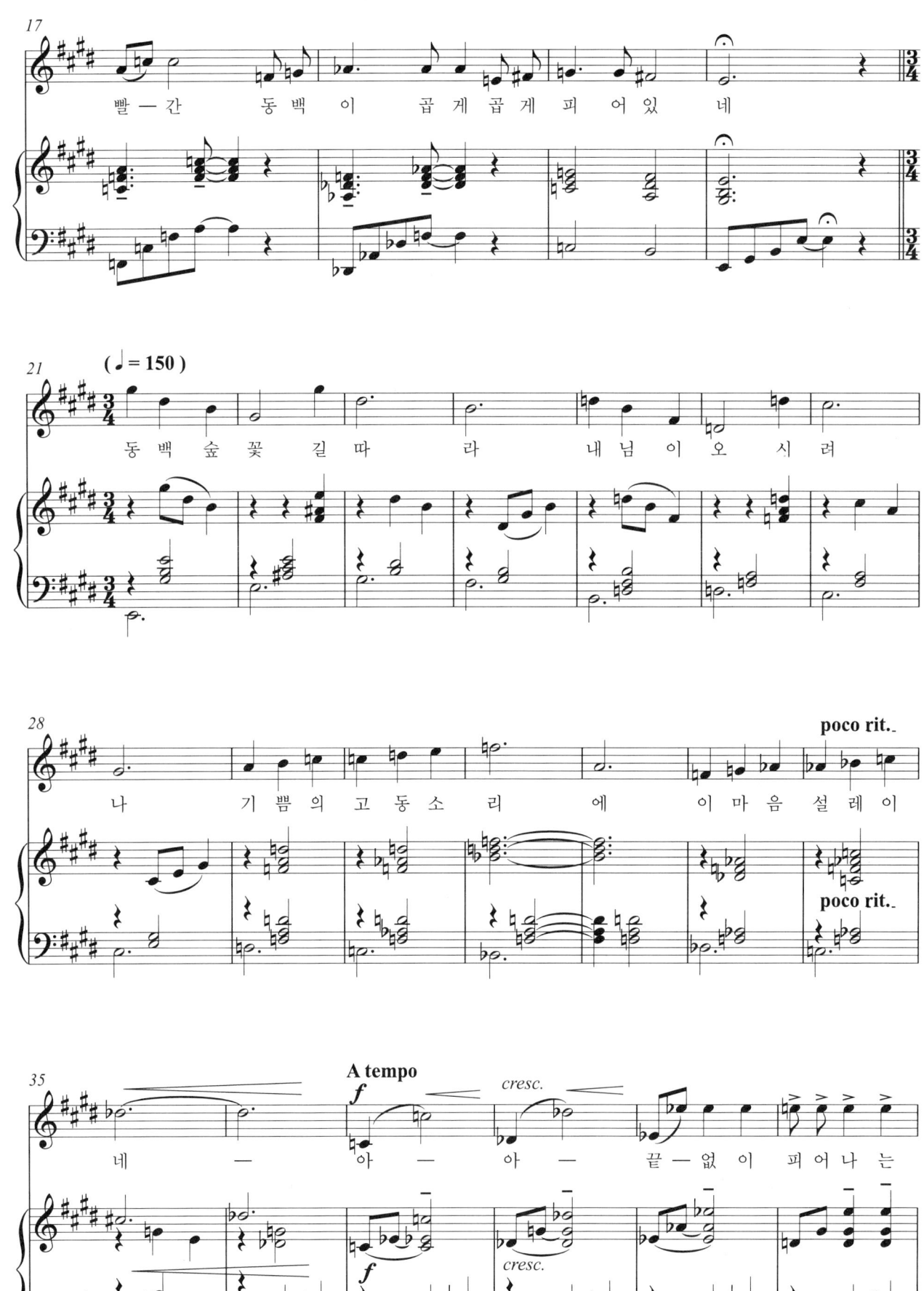

빨—간 동백이 곱게곱게피 어 있 네

동백숲꽃길따 라 내님이오시려

나 기쁨의고동소리 에 이마음설레이

네 — 아 — 아 — 끝 —없이피어나는

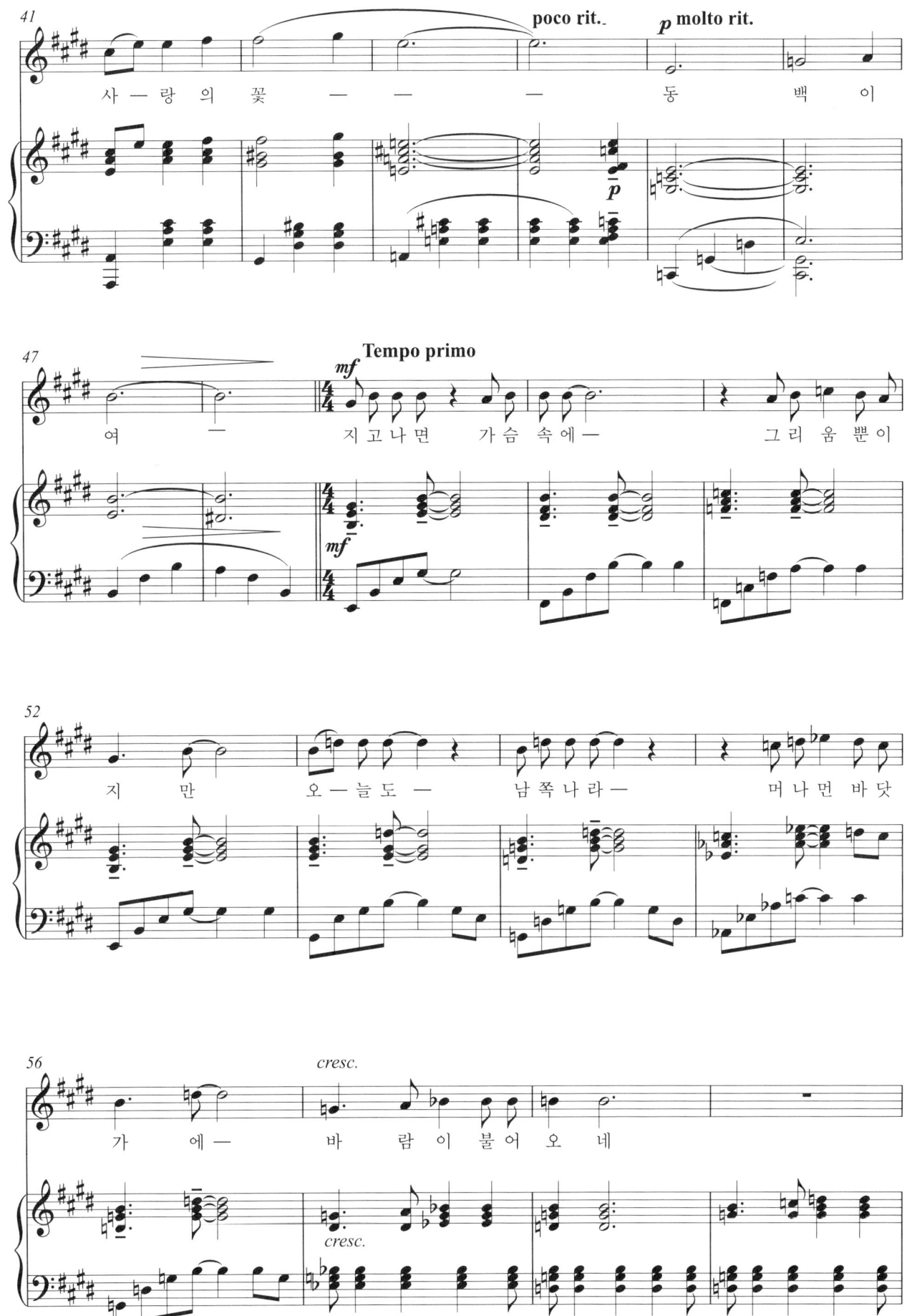

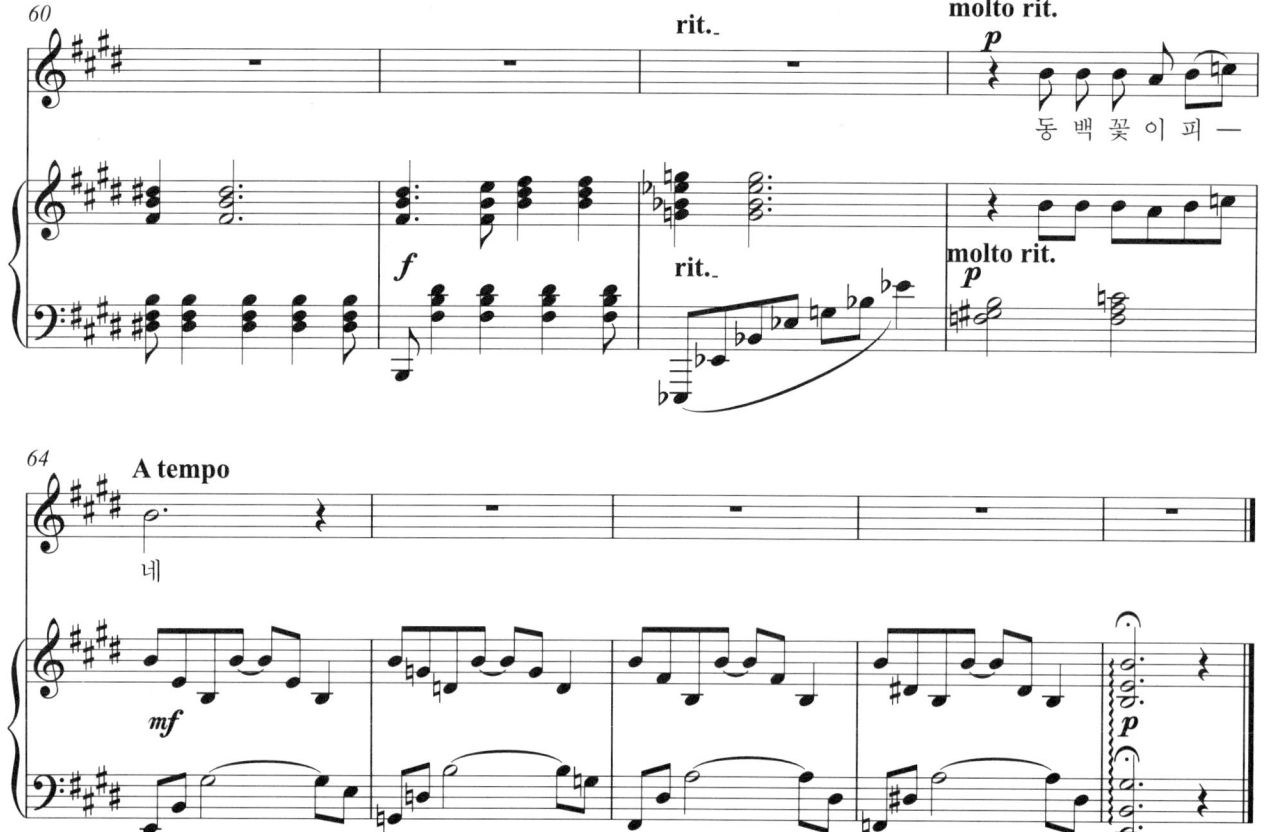

동백꽃이피—

네

하옥이

여정

하순봉 (2009)

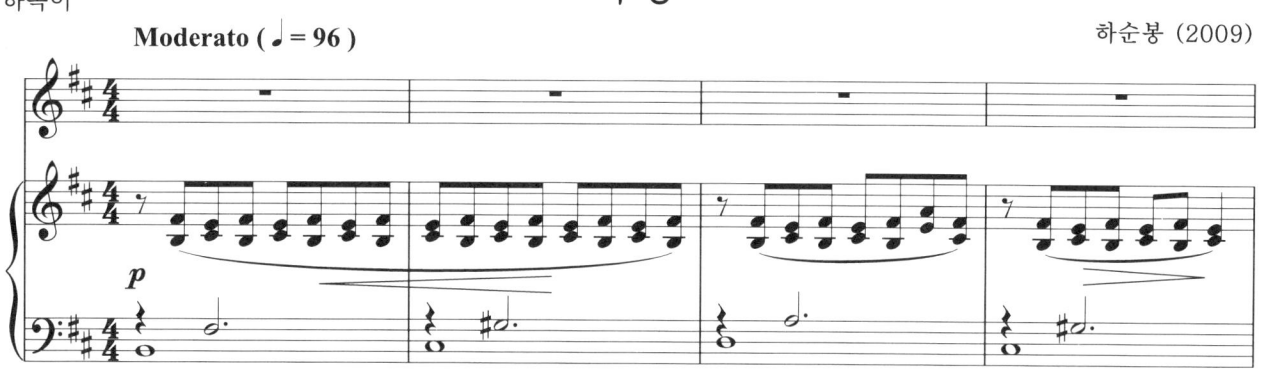

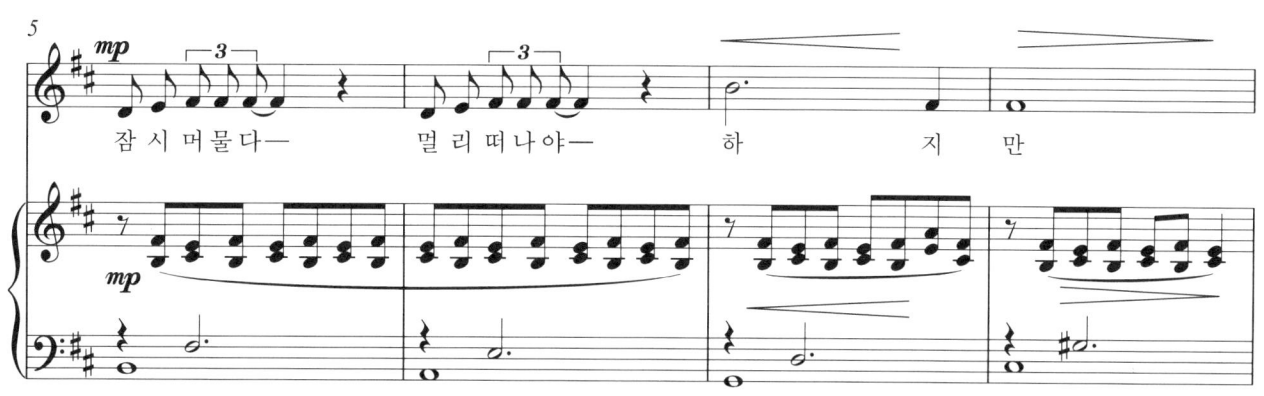

잠시 머물다— 멀리 떠나야— 하 지 만

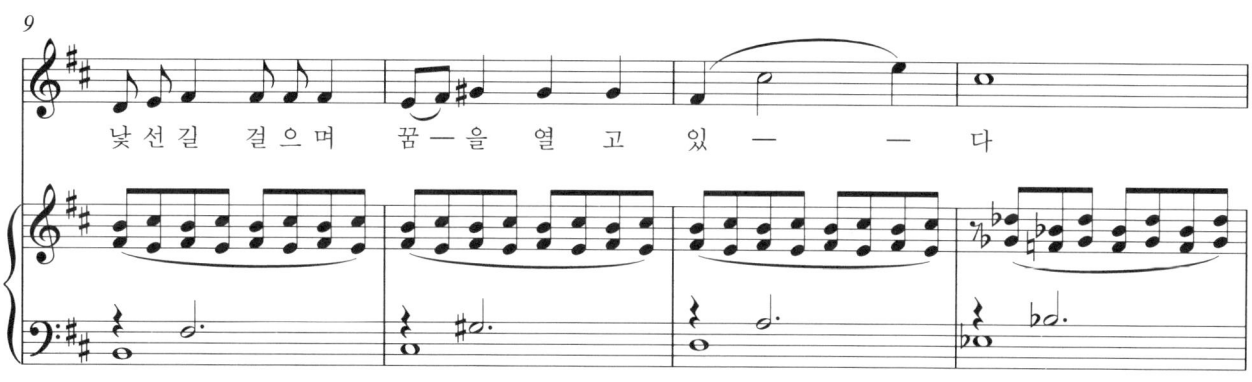

낯선길 걸으며 꿈—을 열 고 있 — — 다

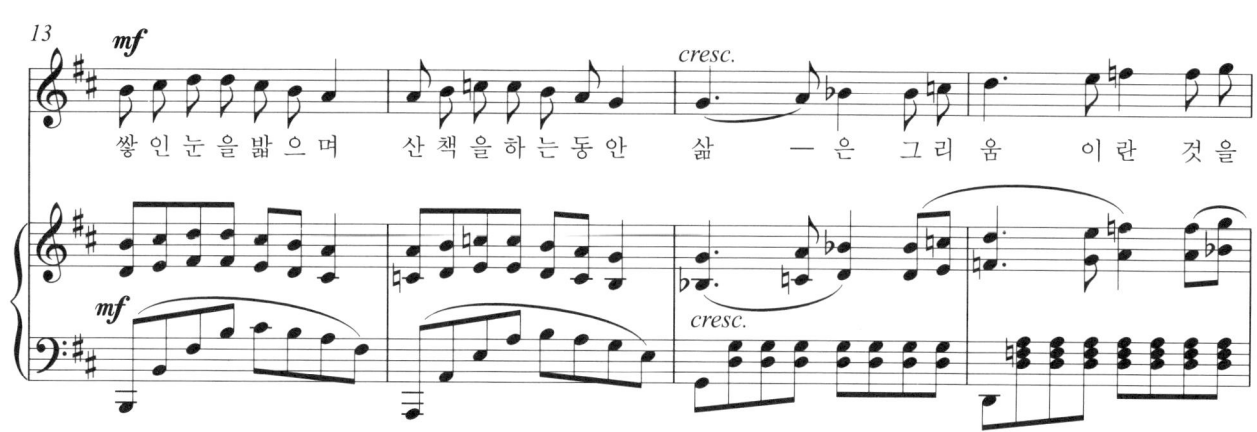

쌓인눈을밟으며 산 책을하는동안 삶 —은 그리 움 이란 것을

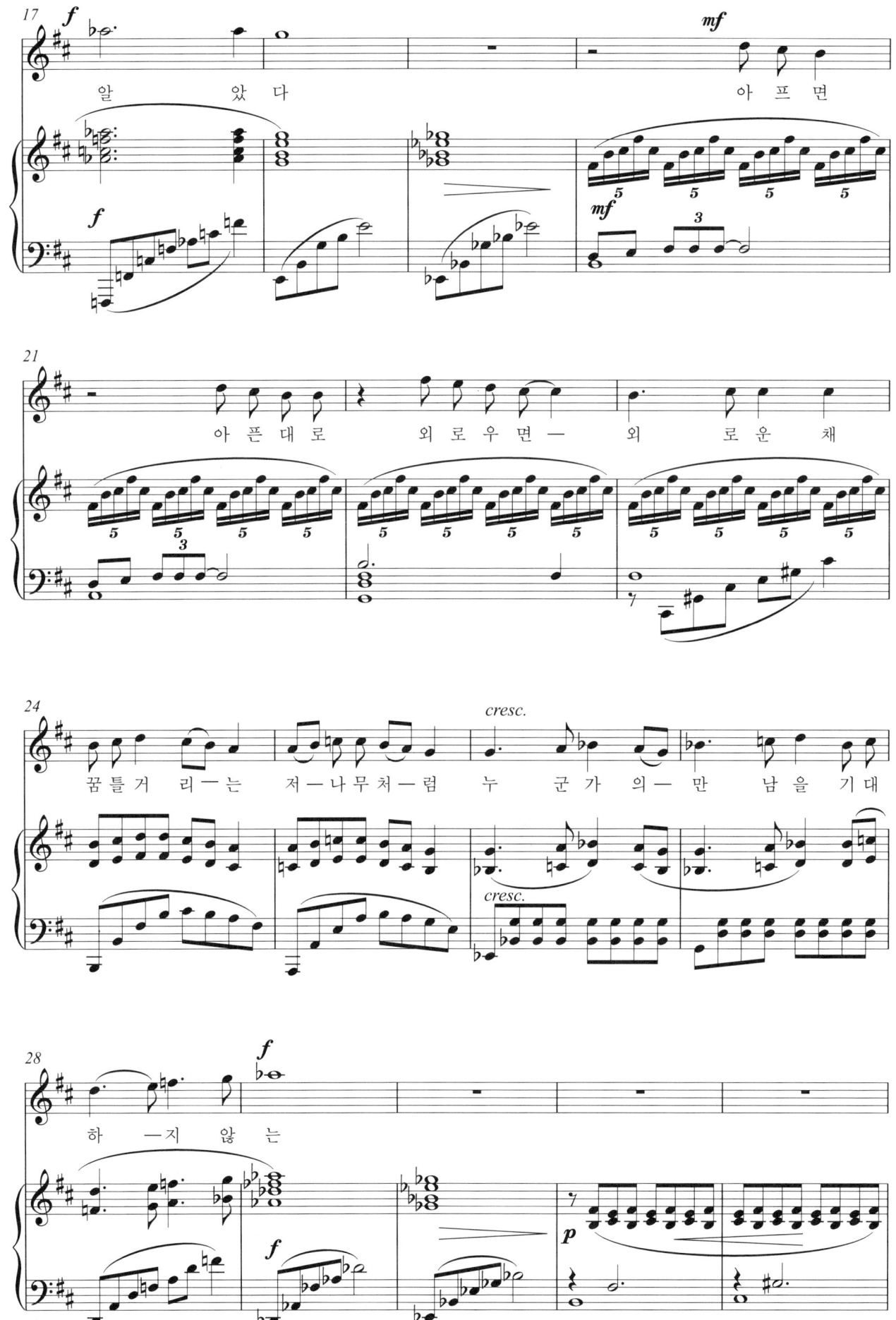

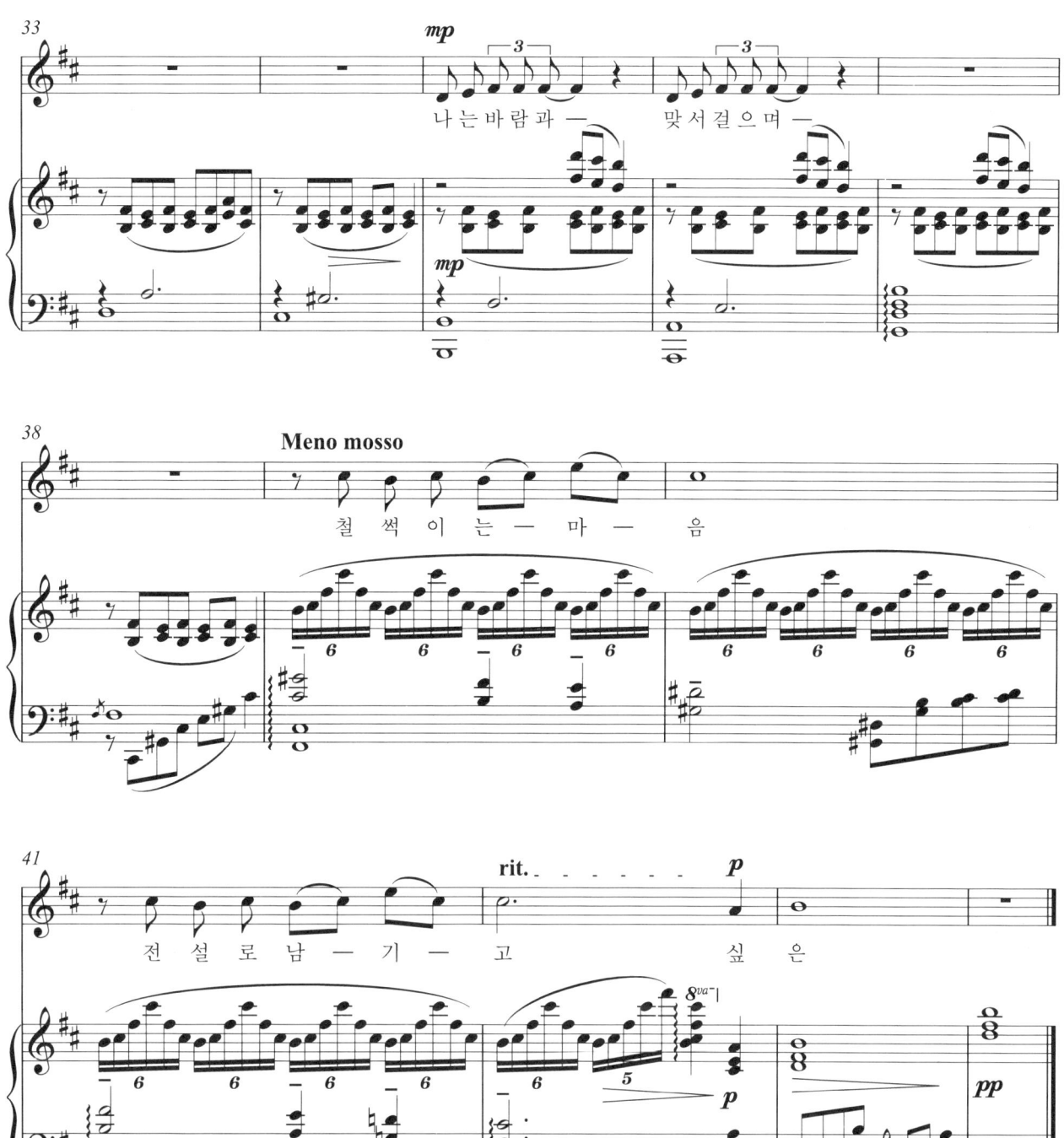

내 가슴에 타는 촛불은

여성2중창

양상문

하순봉 (2009)

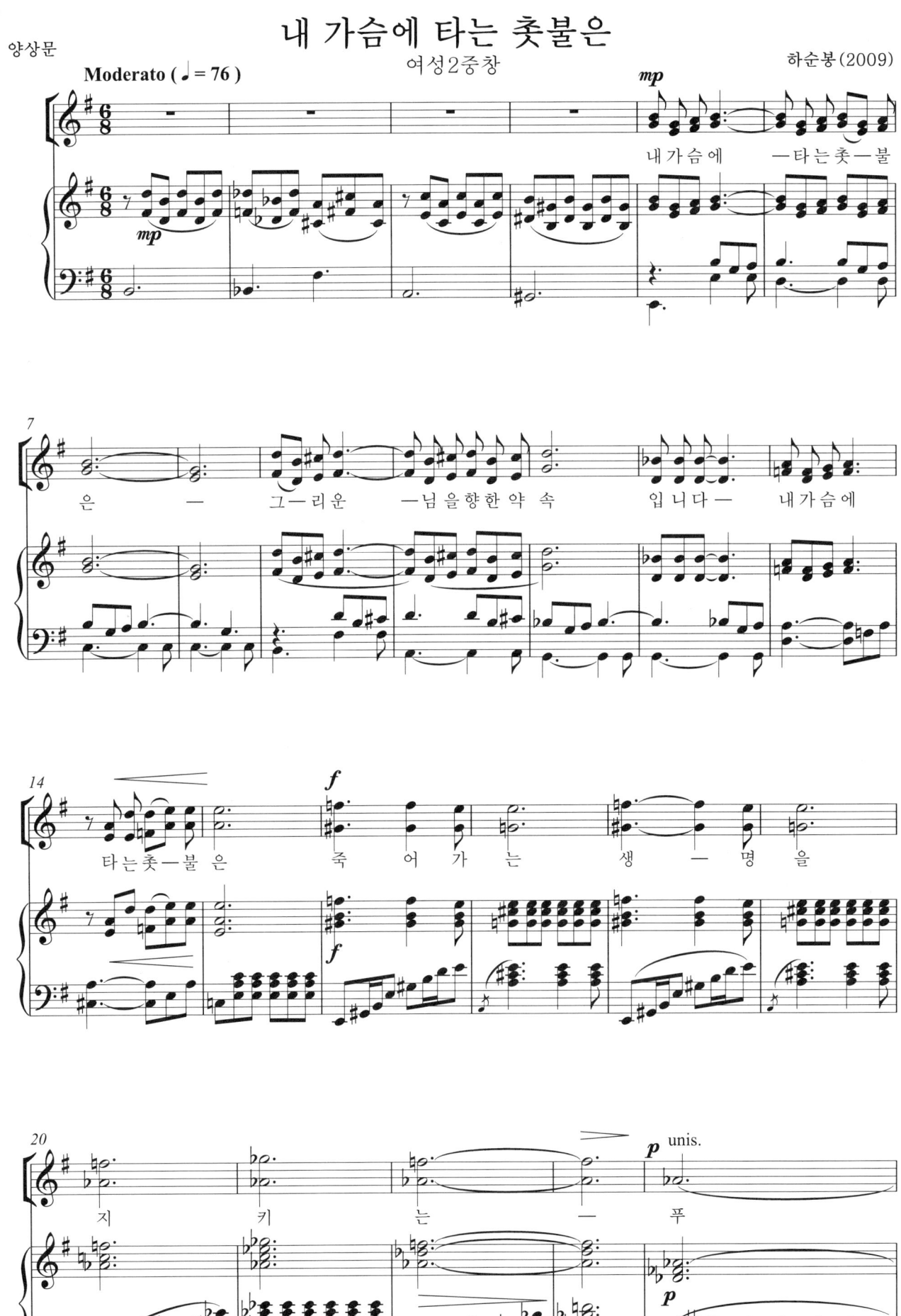

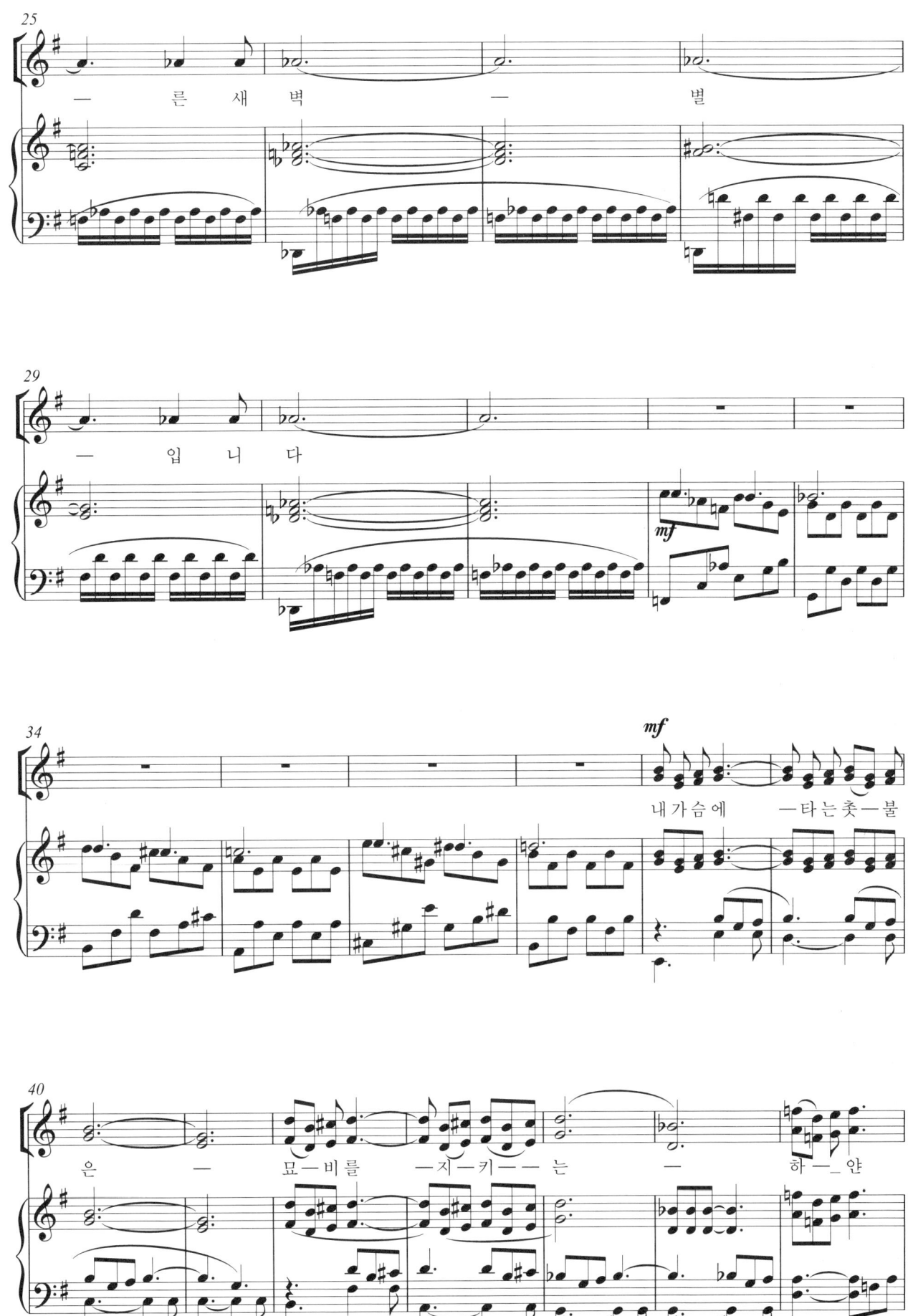

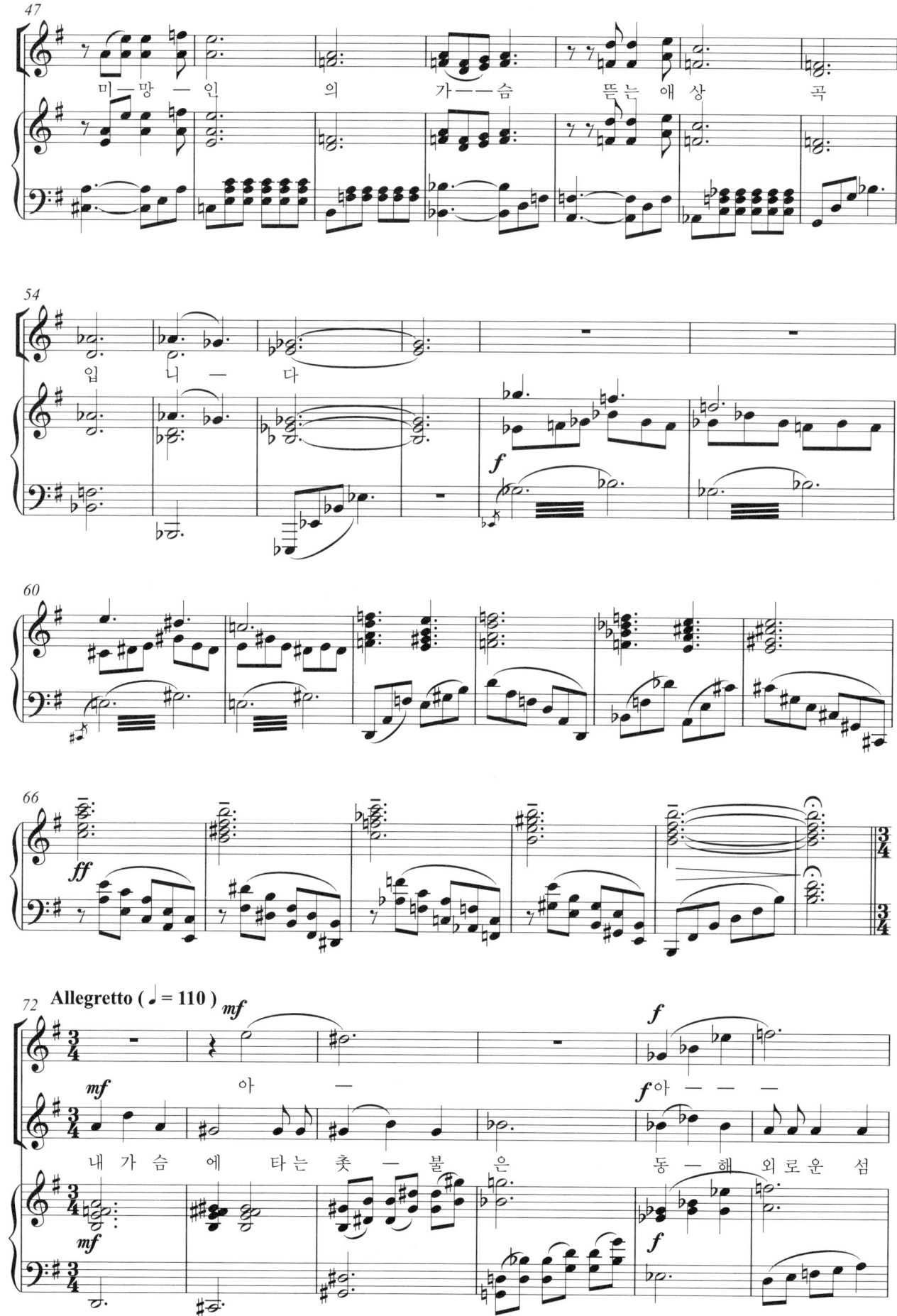

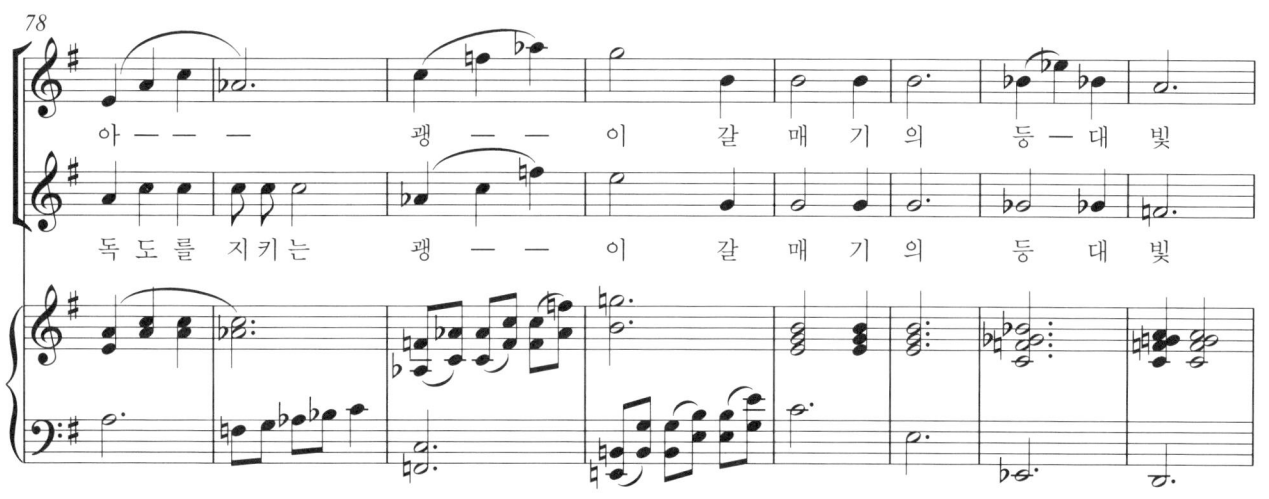

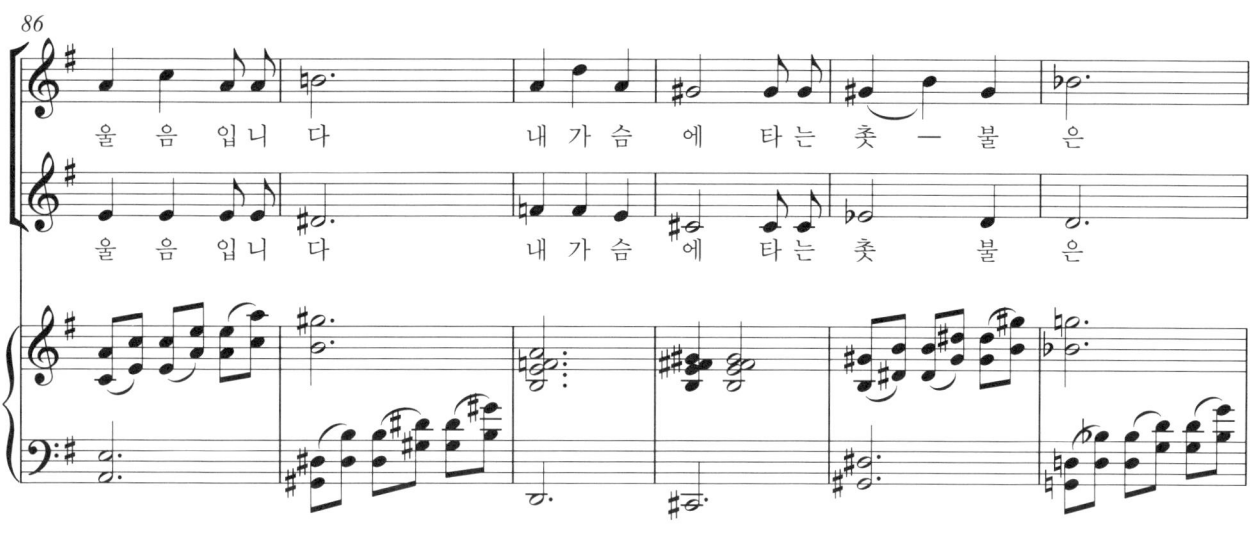

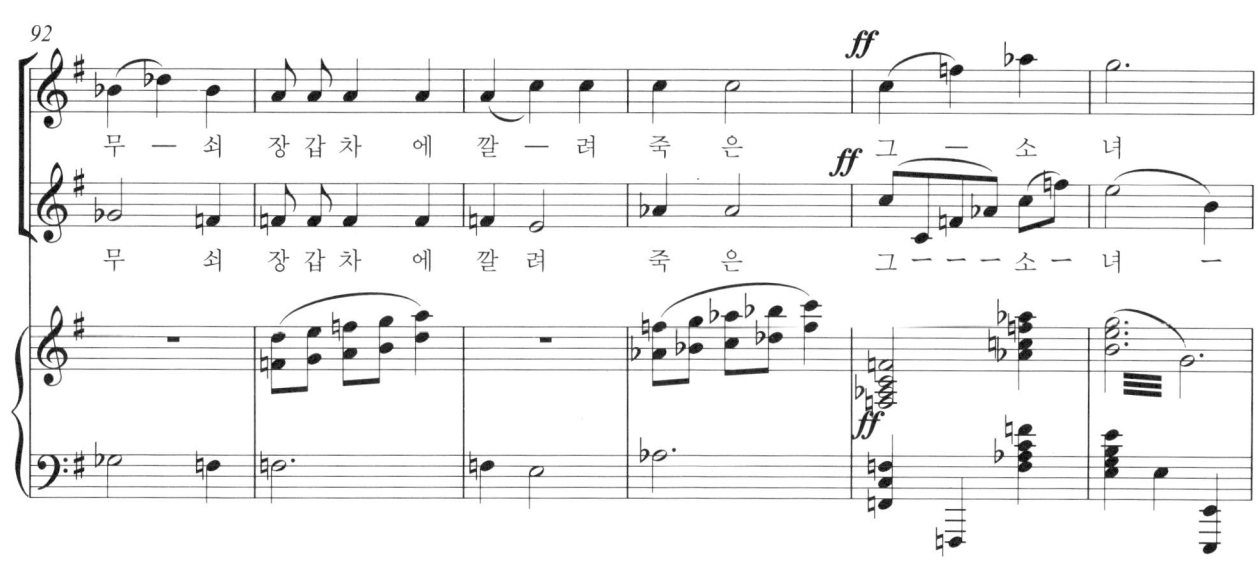

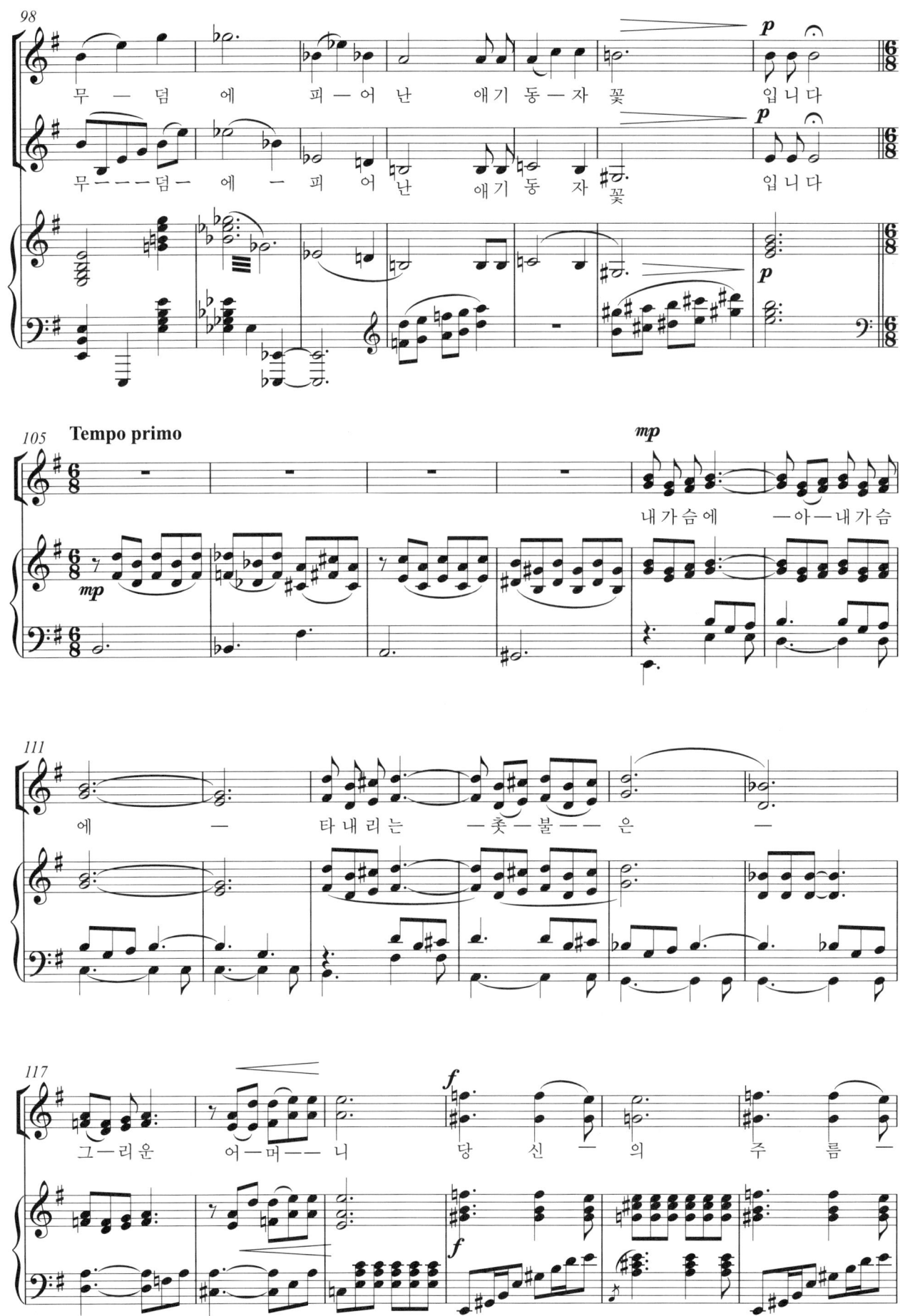

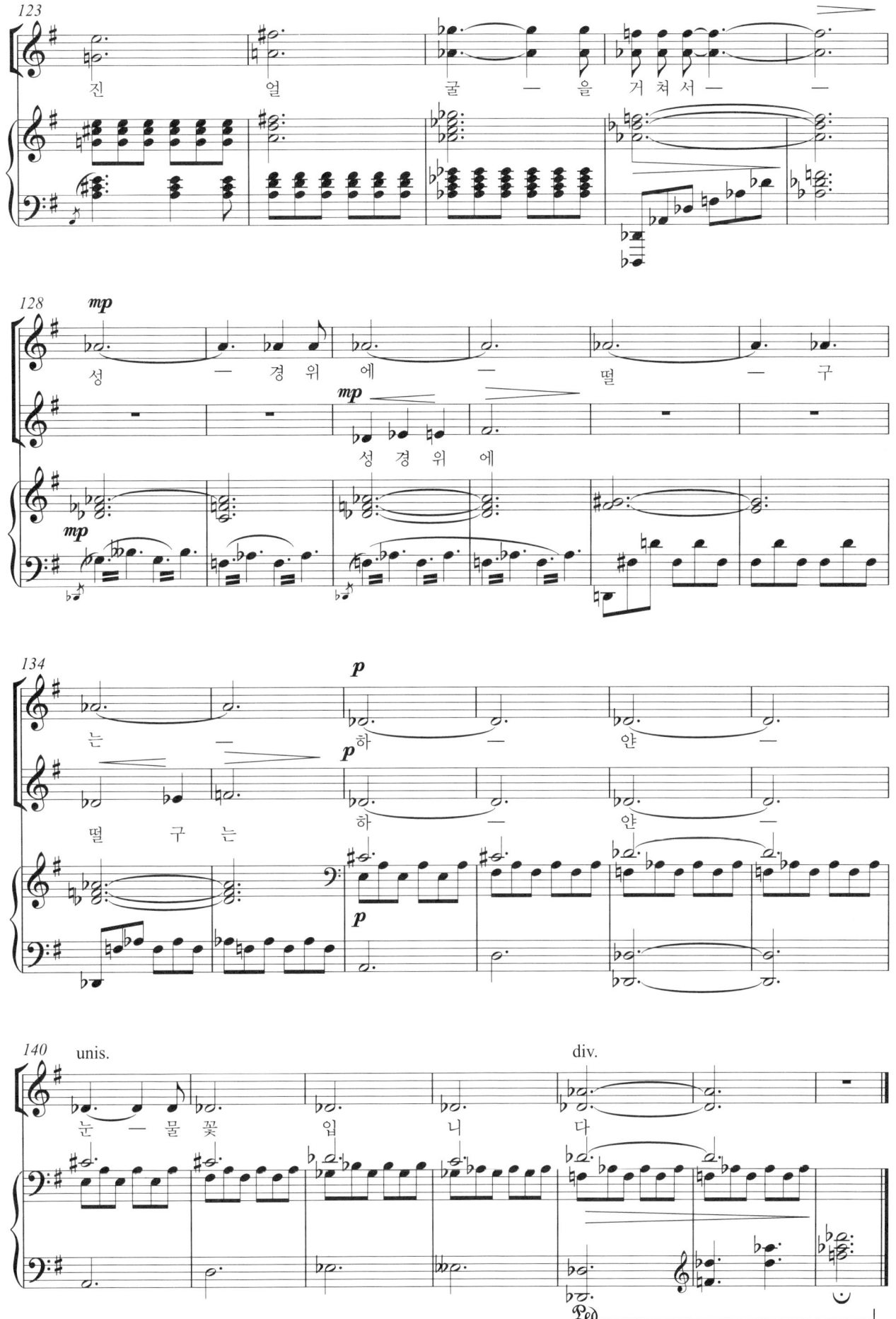

끝없는 사랑

전경애

하순봉 (2009)

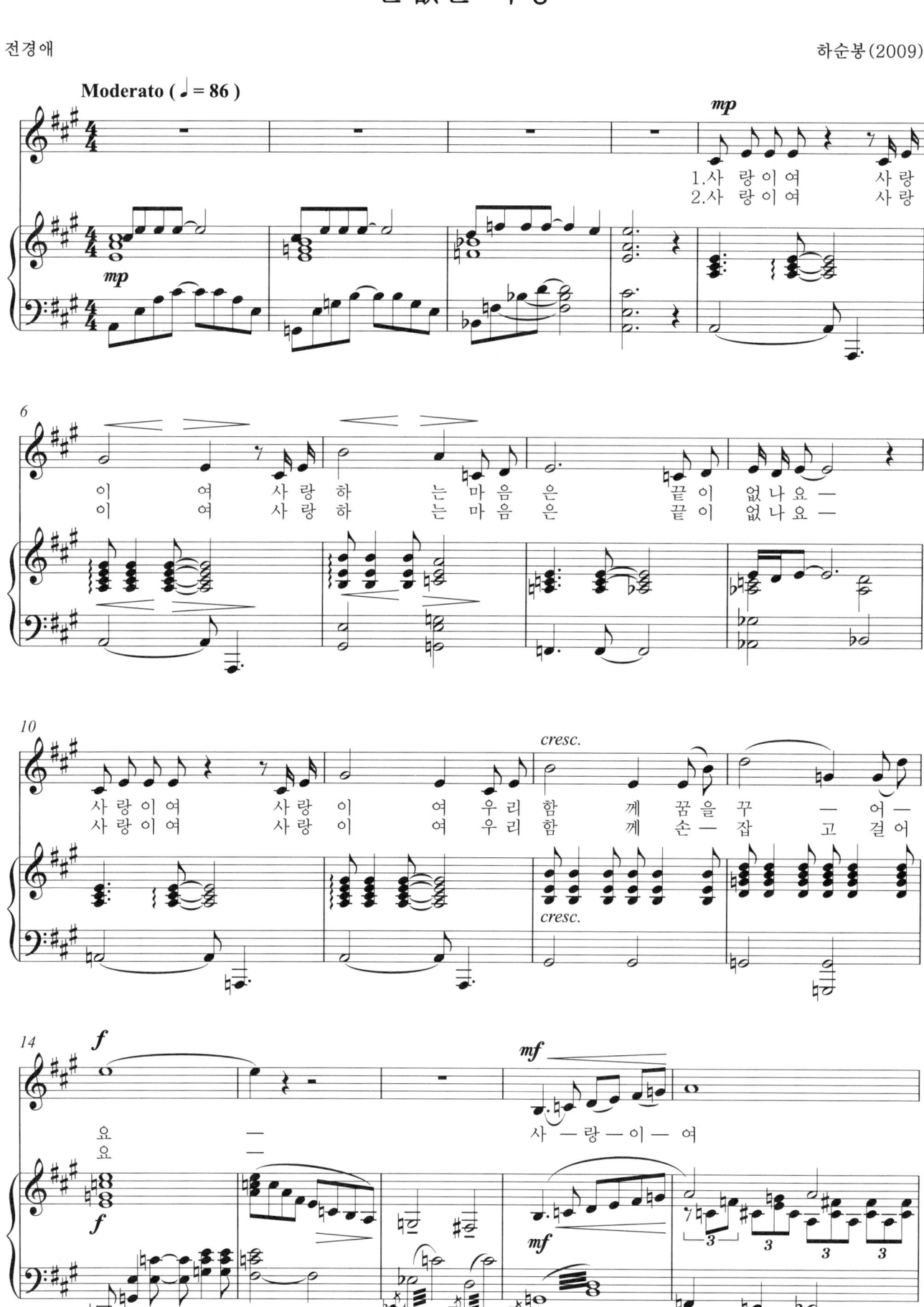

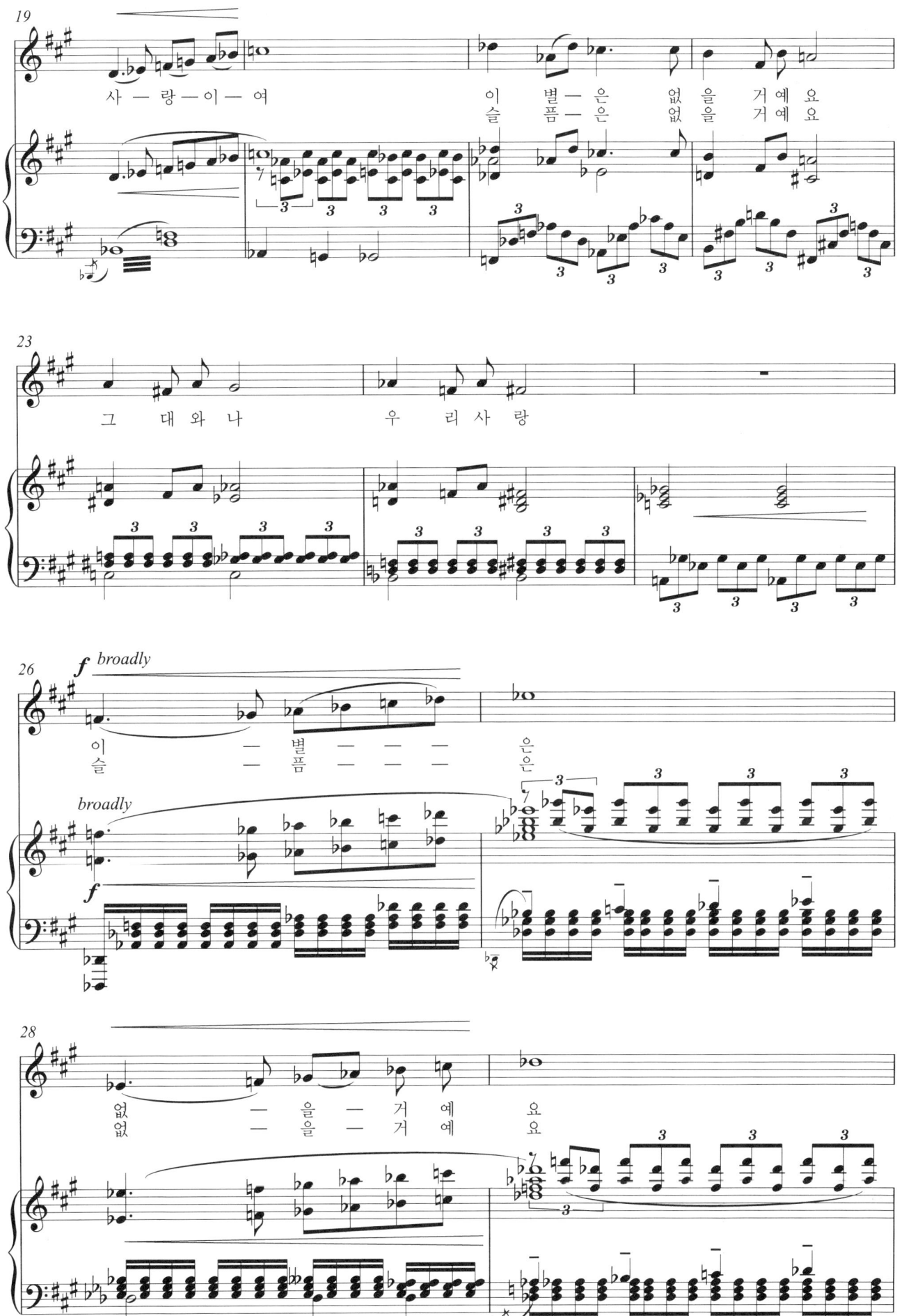

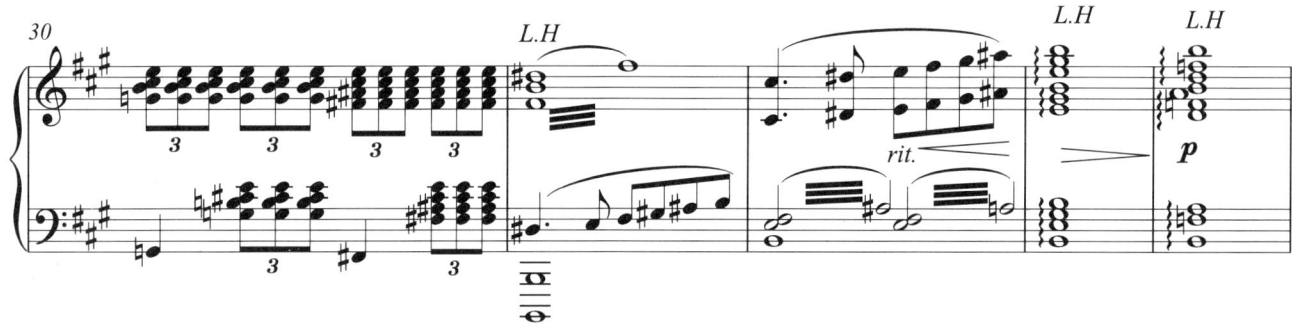

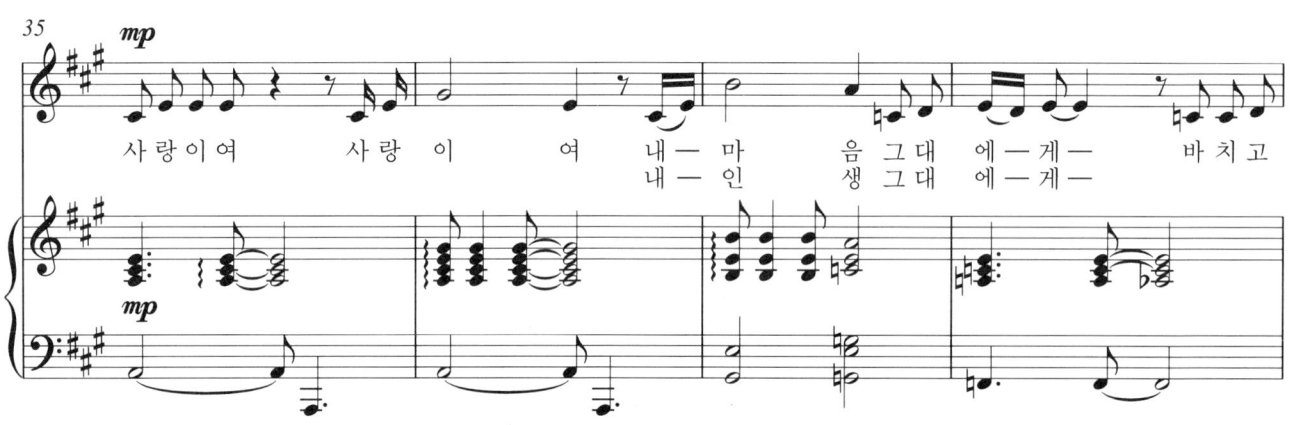

사랑이여　사랑이　여　내ー마　음　그대　에ー게ー　바치고
내ー인　생　그대　에ー게ー

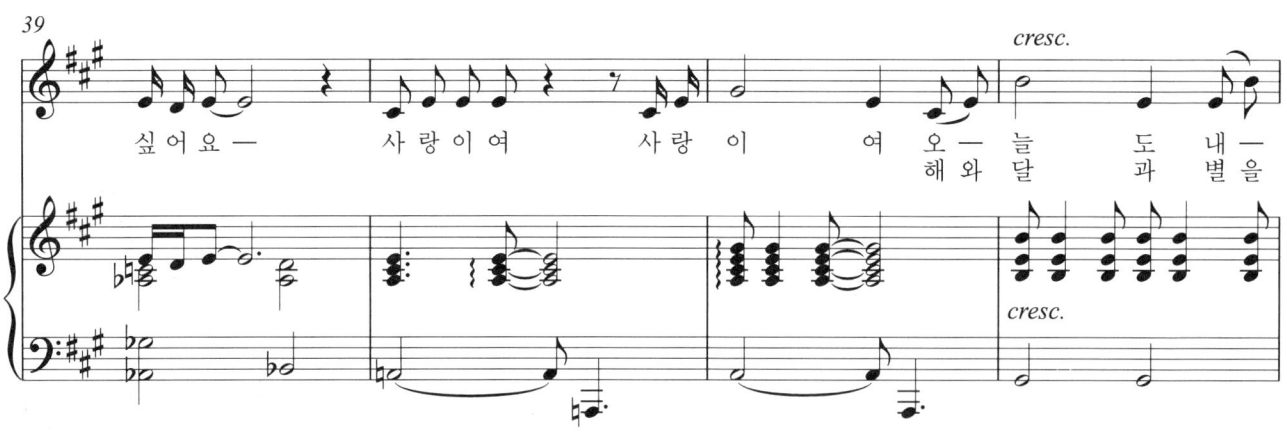

싫어요ー　사랑이여　사랑이　여　오늘　도　내ー
해와　달　과　별을

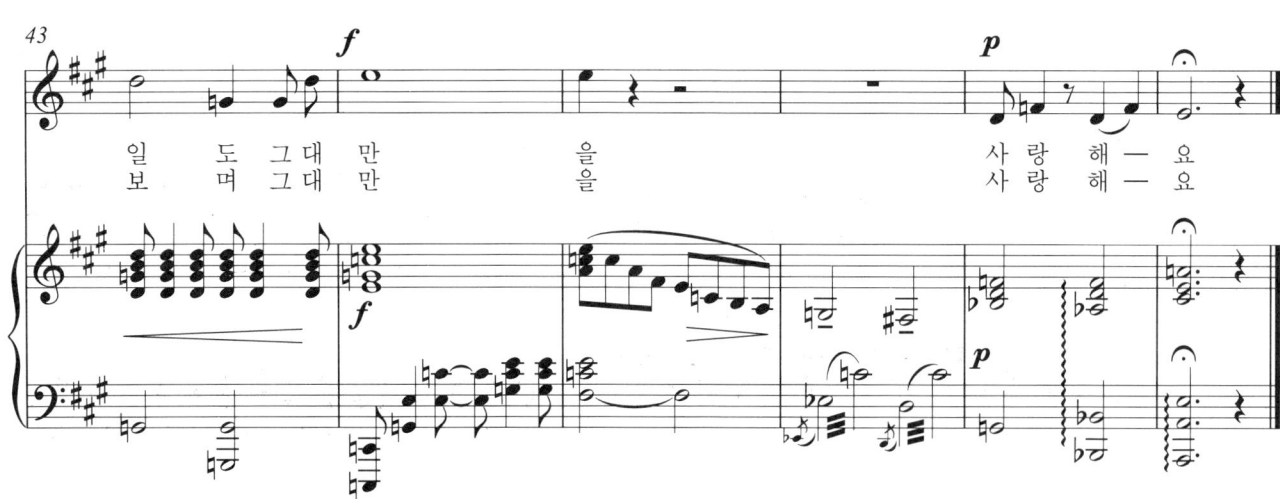

일　도　그대　만　　을　　　　　　　　　　사랑　해ー요
보　며　그대　만　　을　　　　　　　　　　사랑　해ー요

마산 포구에서

김미숙

하순봉 (2010)

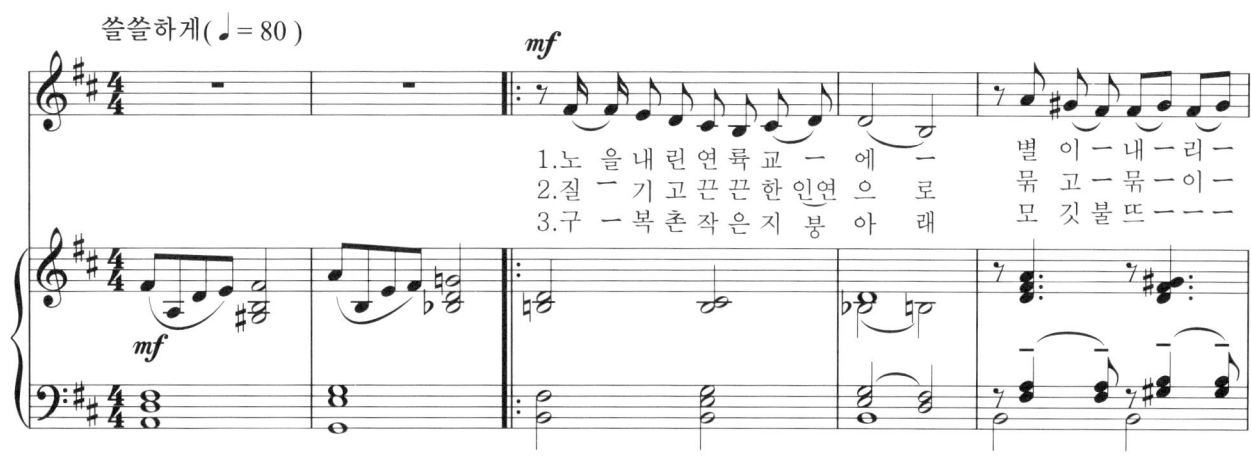

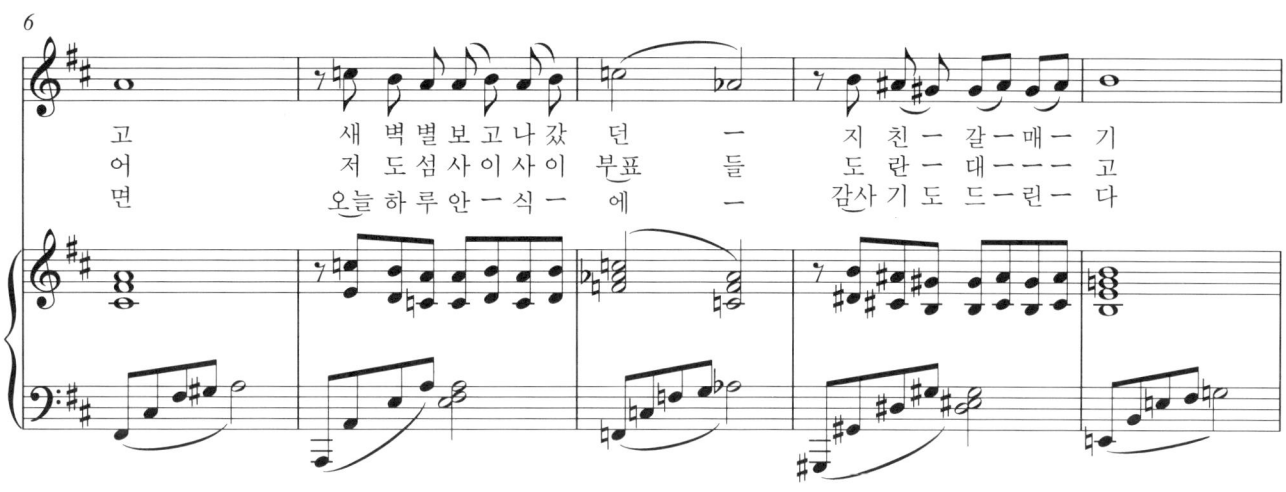

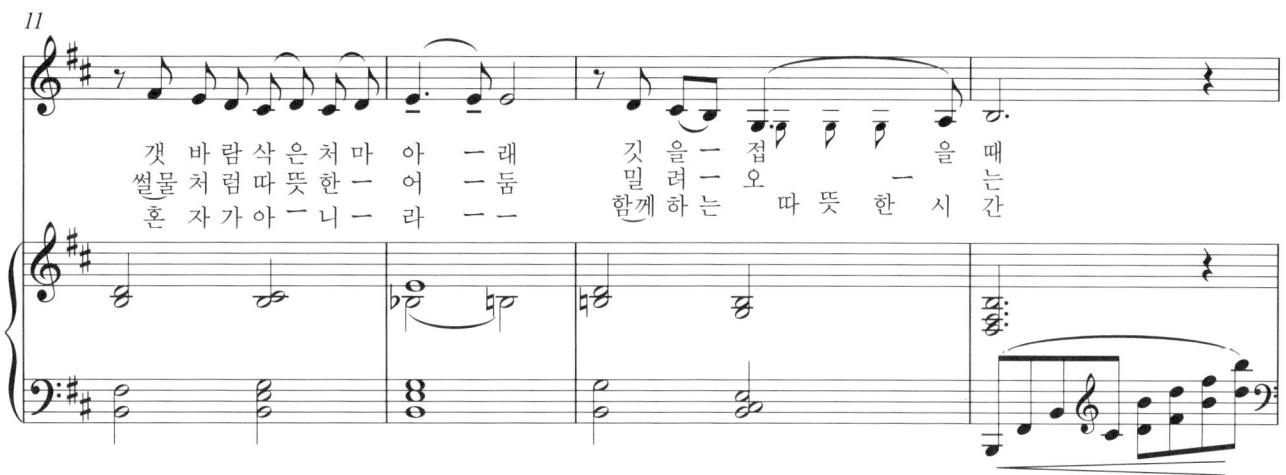

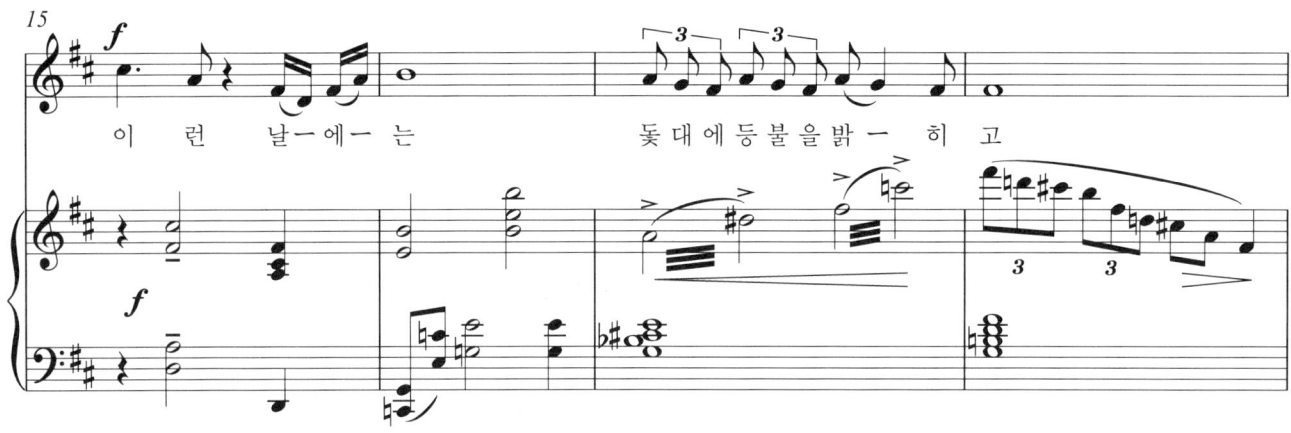

이런 날ー에ー는　돛대에등불을밝ー히고

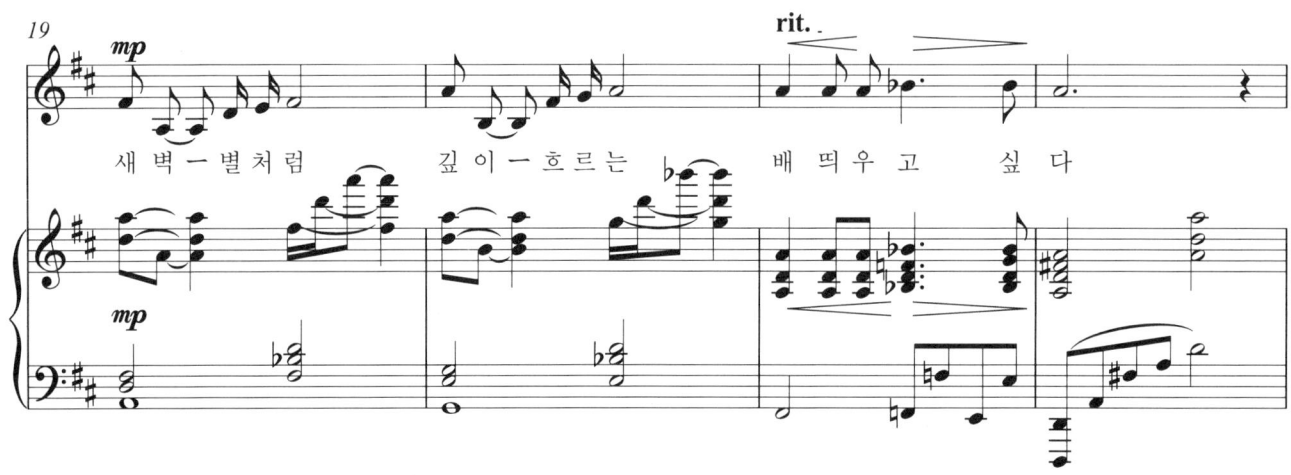

새벽ー별처럼　깊이ー흐르는　배띄우고　싶다

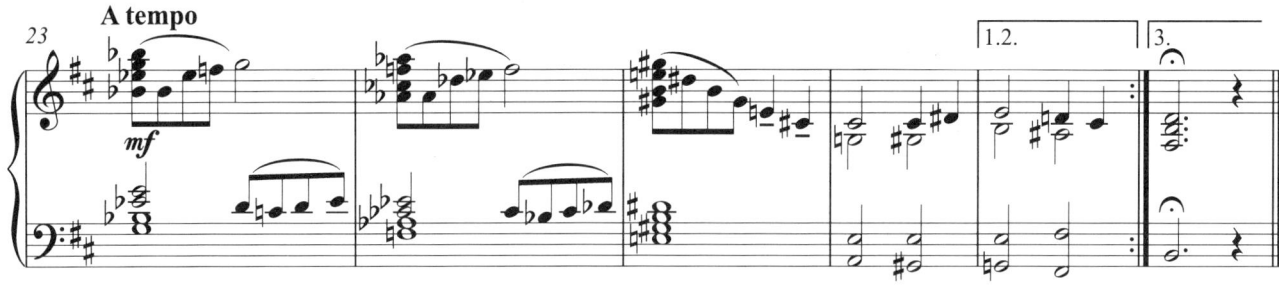

김태홍 시에 의한 세 개의 노래

1.풍장

김태홍

하순봉 (2010)

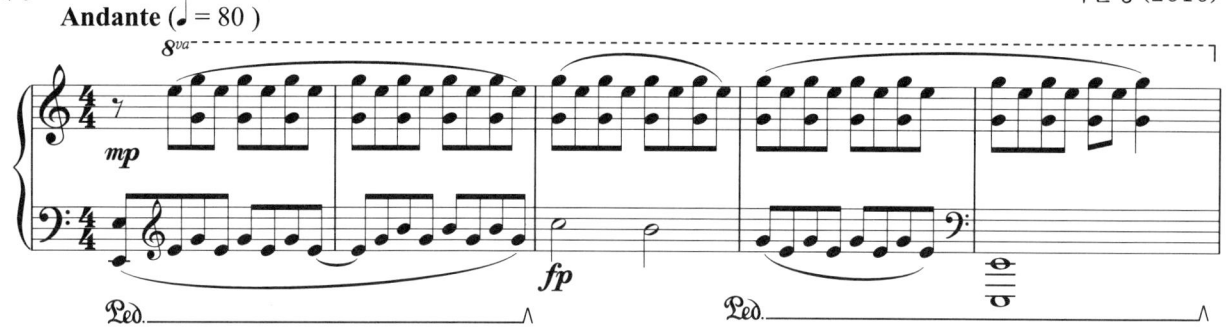

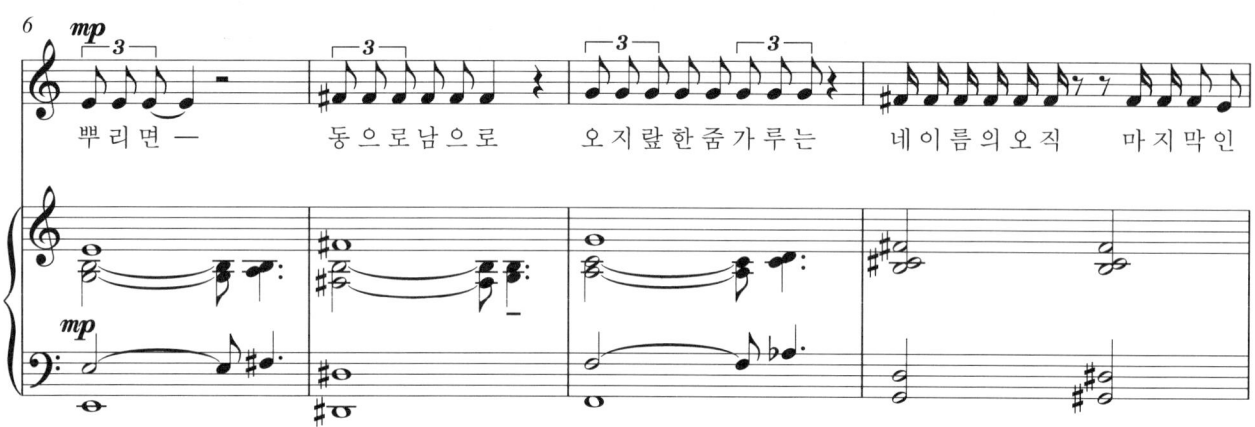

뿌 리 면 —　동 으 로 남 으 로　오 지 랖 한 줌 가 루 는　네 이 름 의 오 직　마 지 막 인

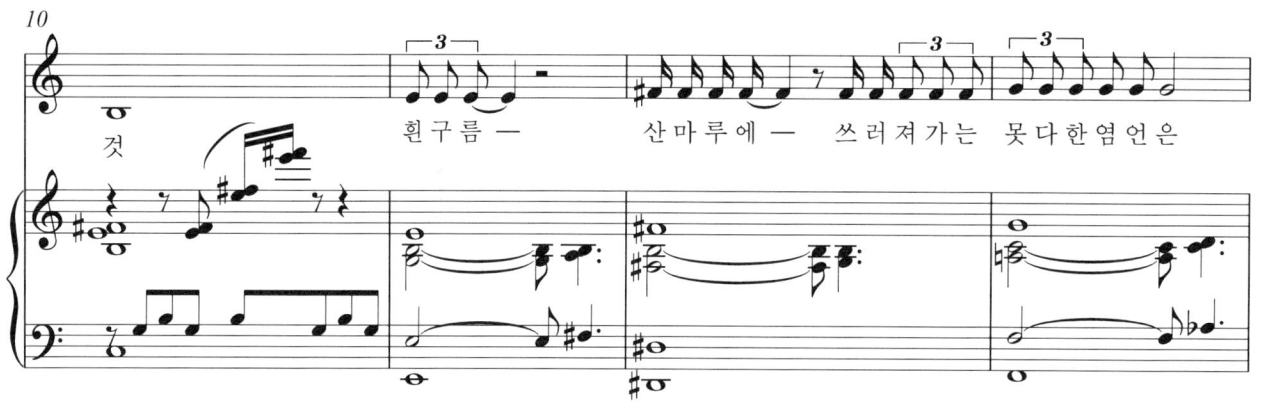

것　흰 구 름 —　산 마 루 에 —　쓰 러 져 가 는 못 다 한 염 언 은

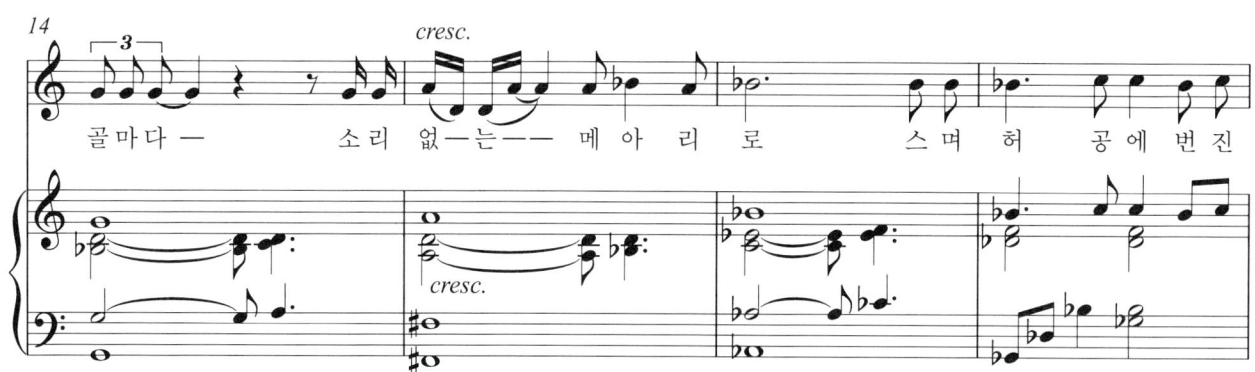

골 마 다 —　소 리 없 —는 ——메 아 리 로　스 며 허　공 에 번 진

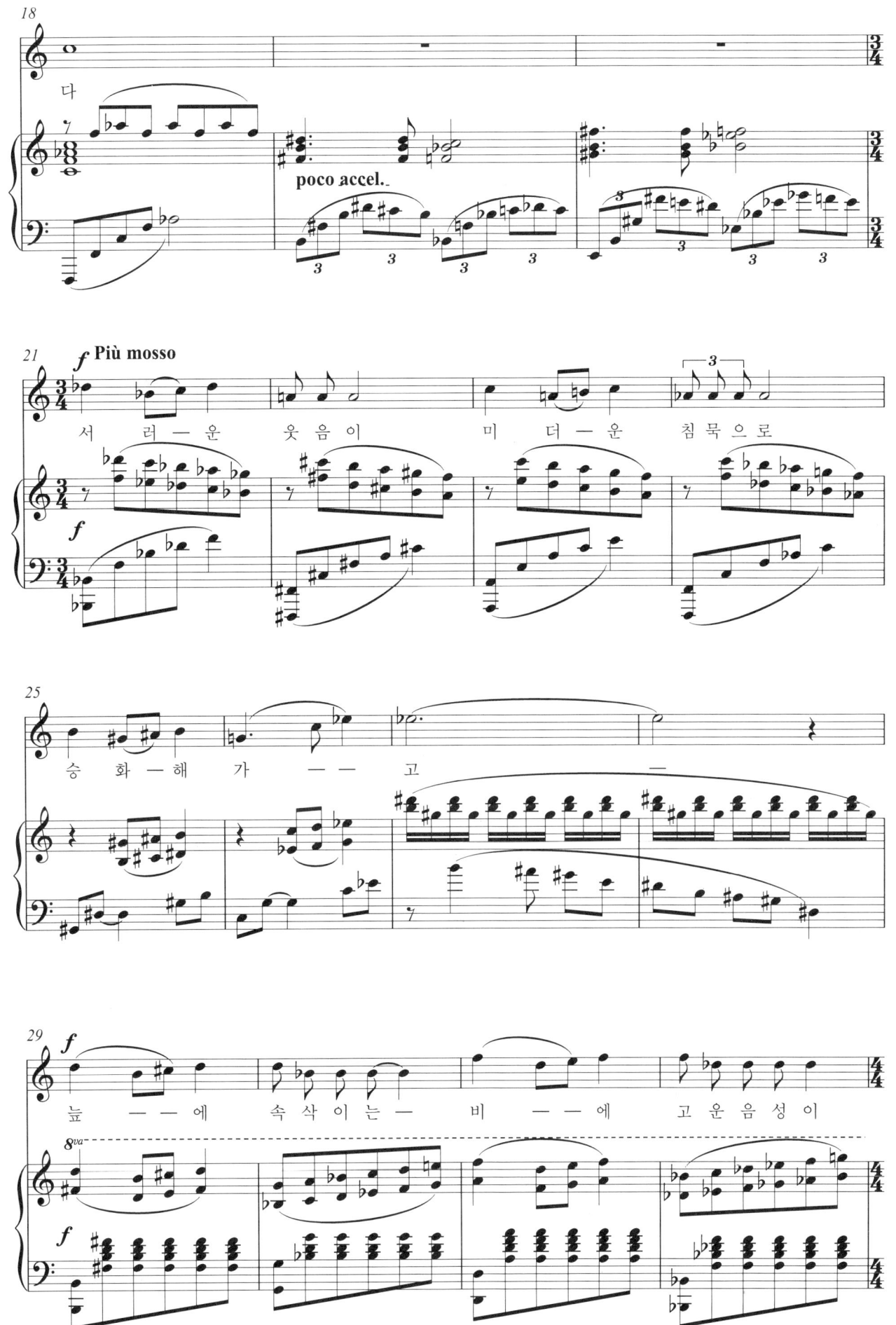

94

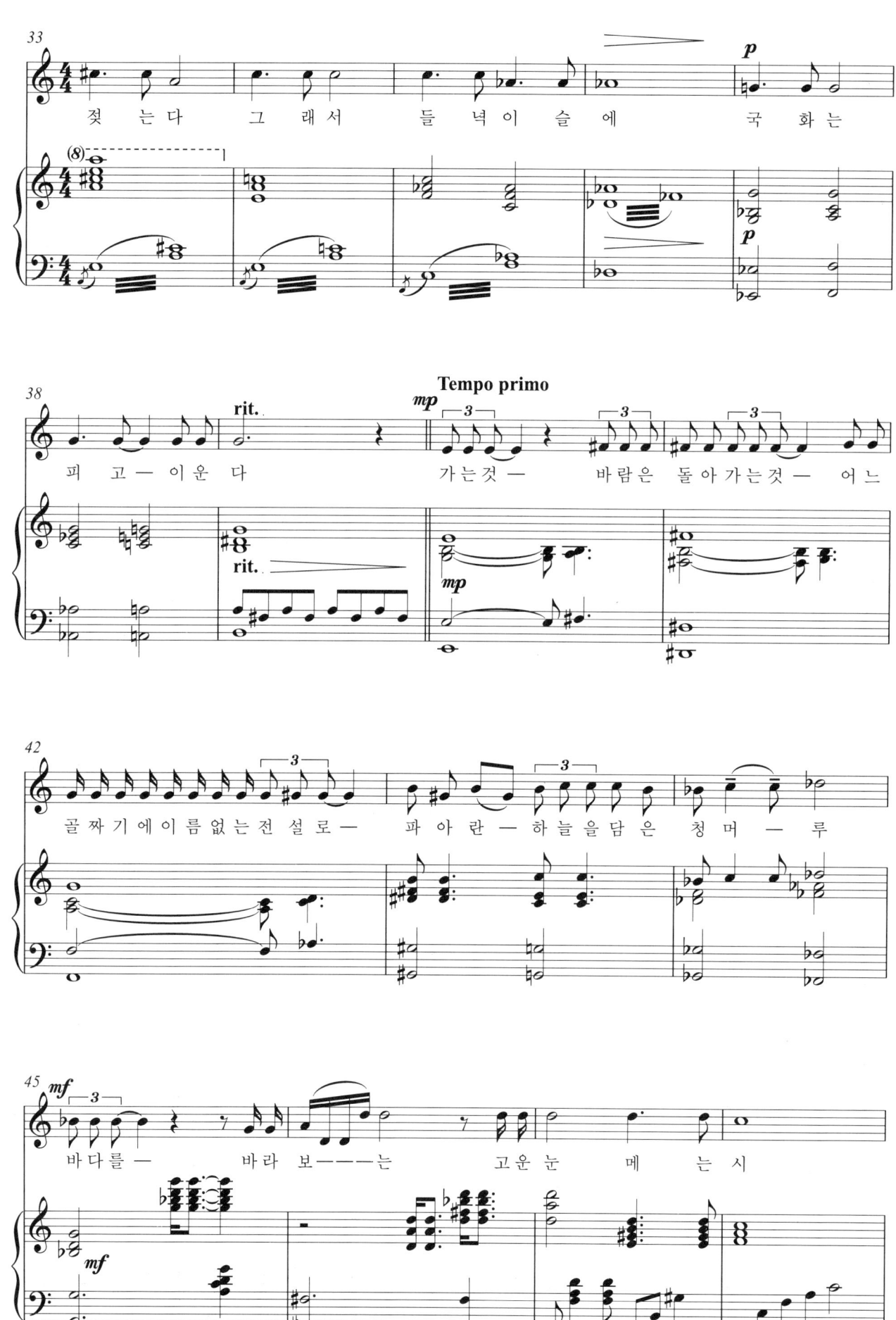

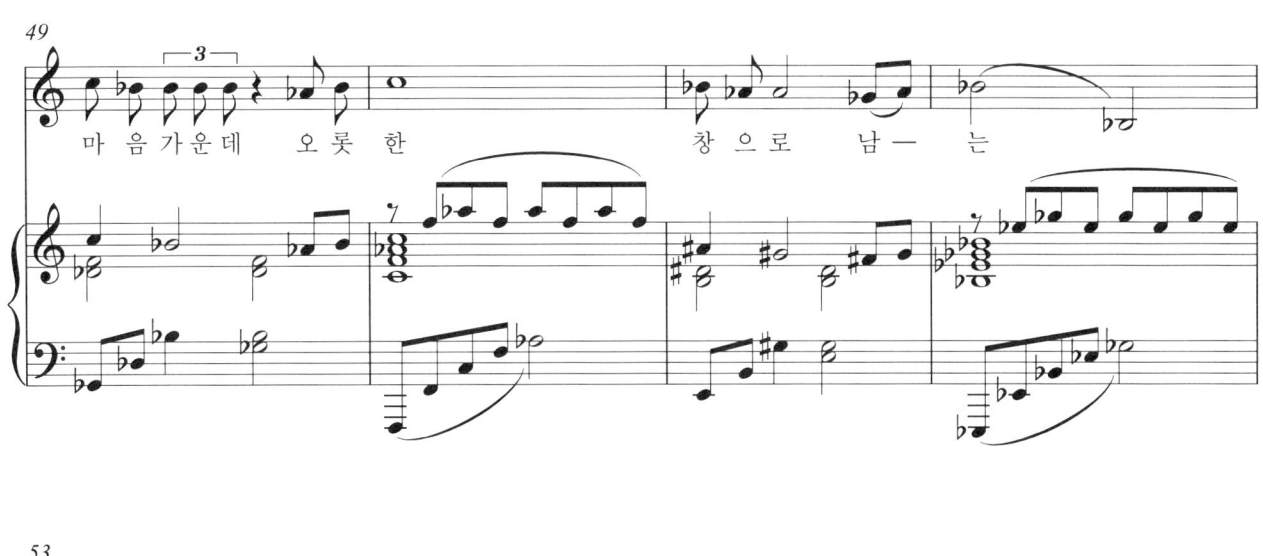

마음 가운데 오롯한 창으로 남 — 는

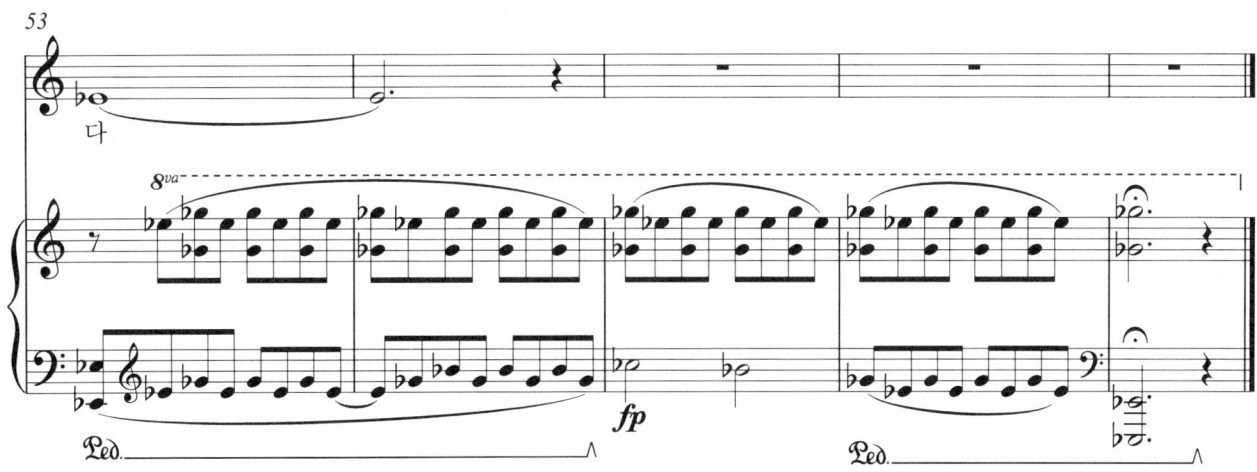

다

fp

Ped._____ Ped._____

2.또 울어라

김태홍

하순봉(2010)

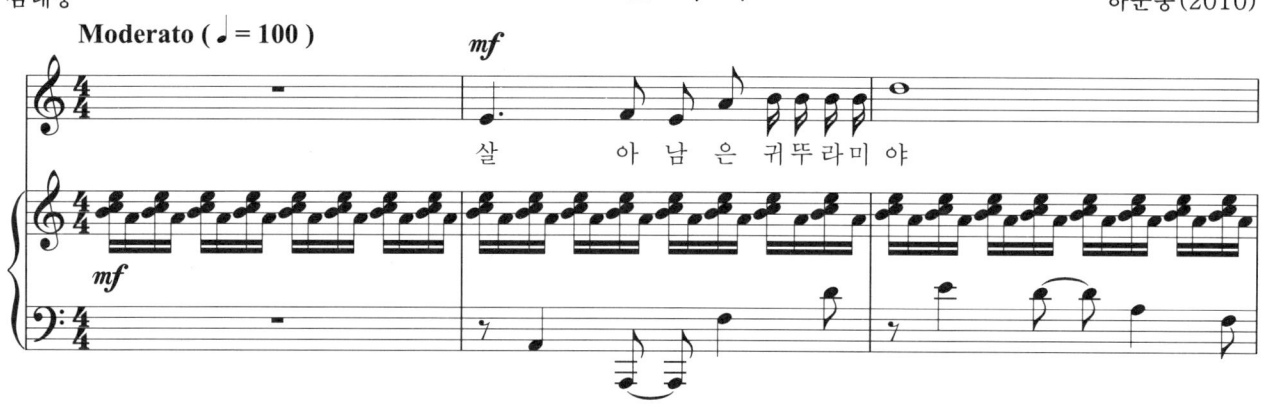

살 아 남 은 귀 뚜 라 미 야

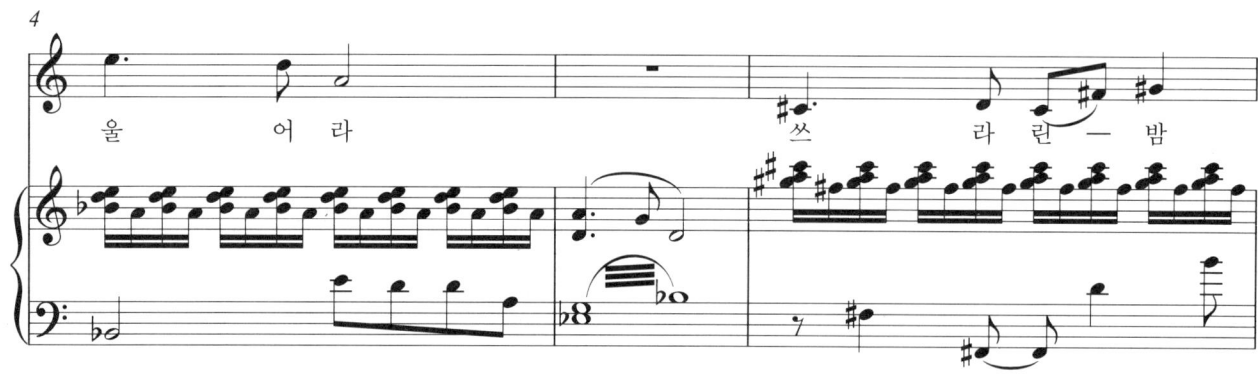

울 어 라 쓰 라 린 — 밤

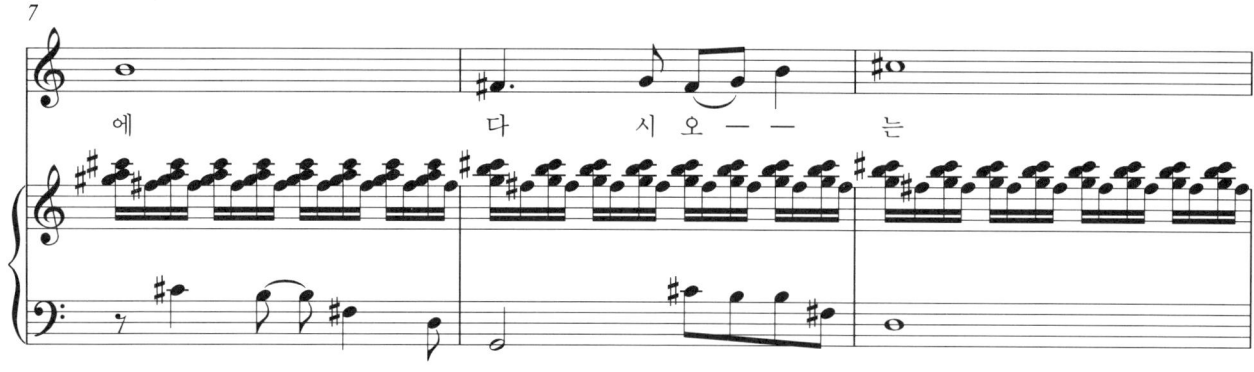

에 다 시 오 — — 는

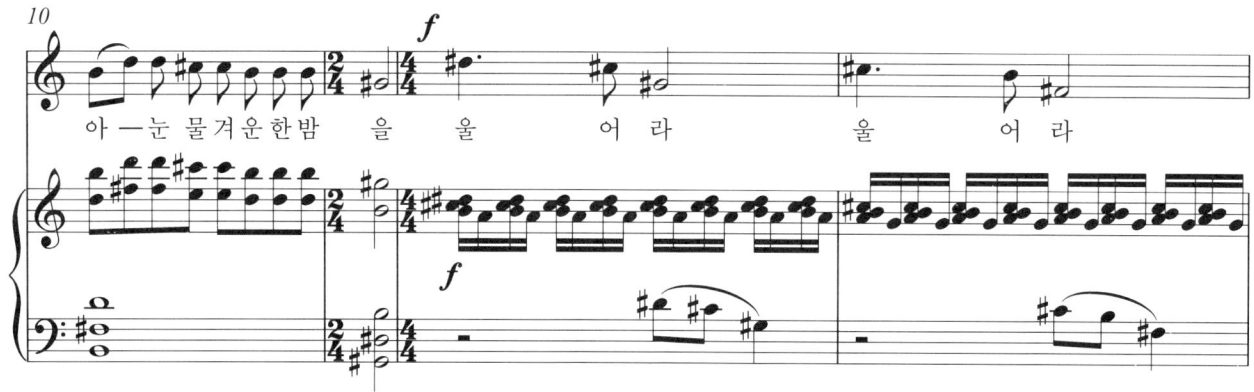

아 — 눈 물 겨 운 한 밤 을 울 어 라 울 어 라

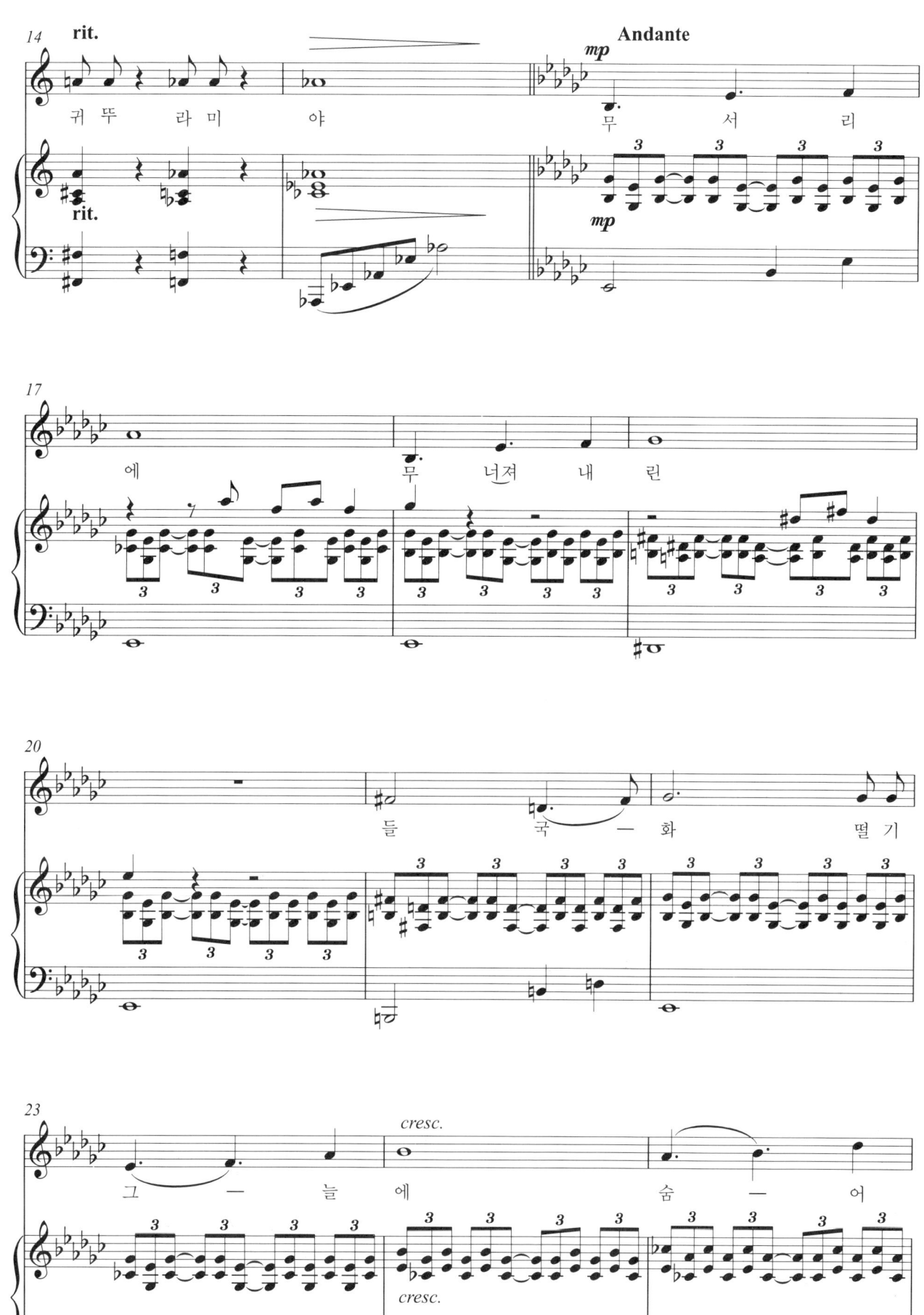

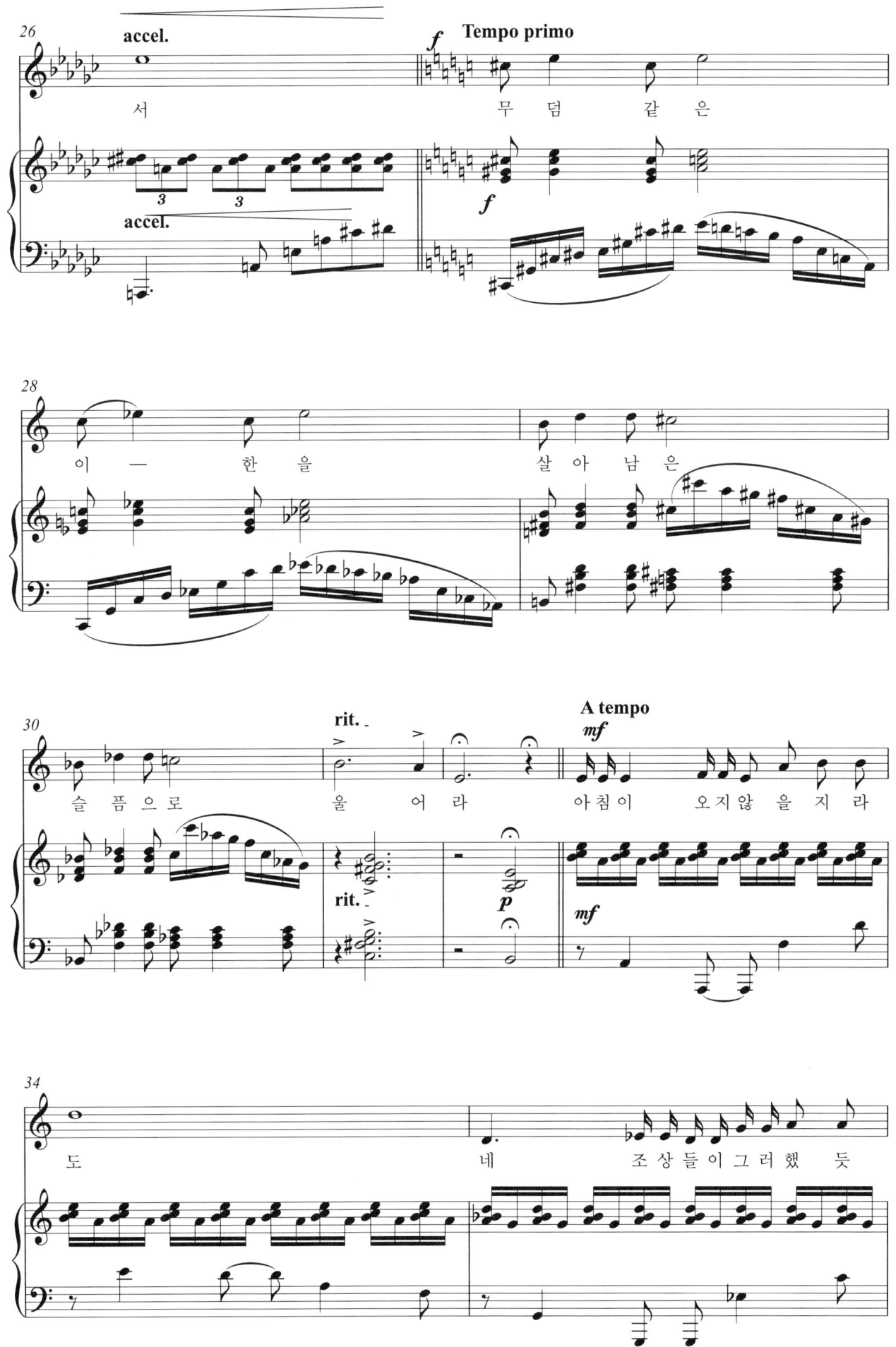

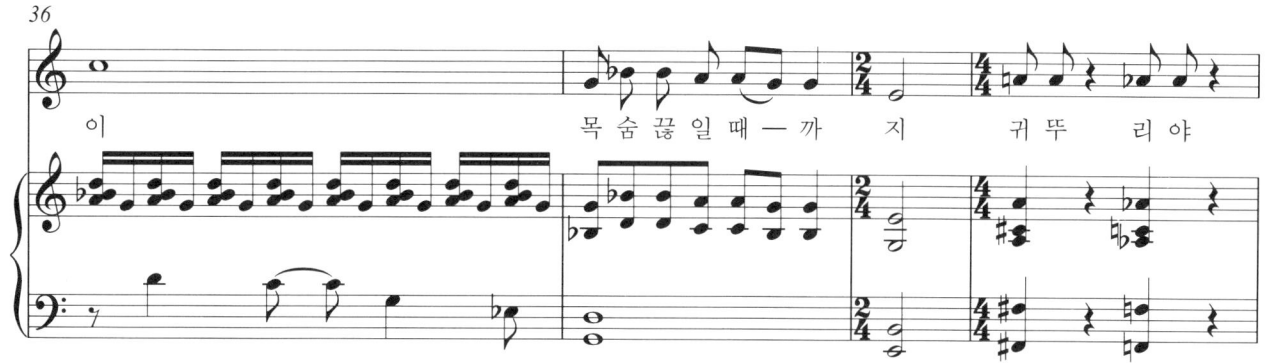

이

목숨끊일때—까 지 귀뚜 리야

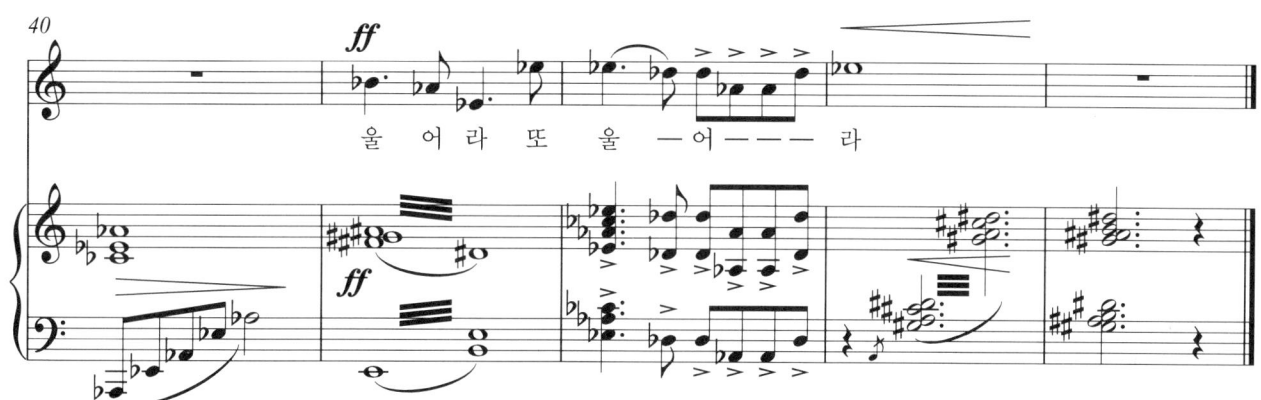

울 어라또 울 —어———라

3.꽃이 되어 살자고

하순봉(2010)

김태홍

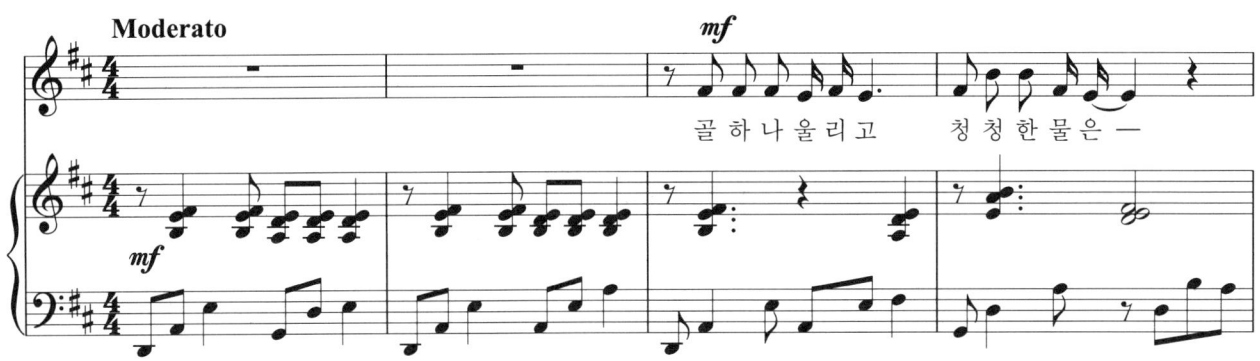

골 하 나 울 리 고　청 청 한 물 은 ㅡ

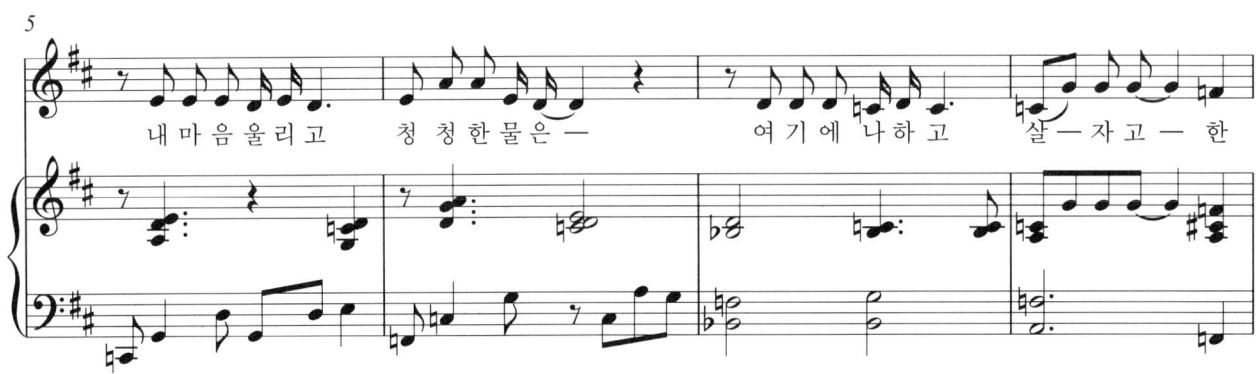

내 마 음 울 리 고　청 청 한 물 은 ㅡ　여 기 에 나 하 고　살 ㅡ 자 고 ㅡ 한

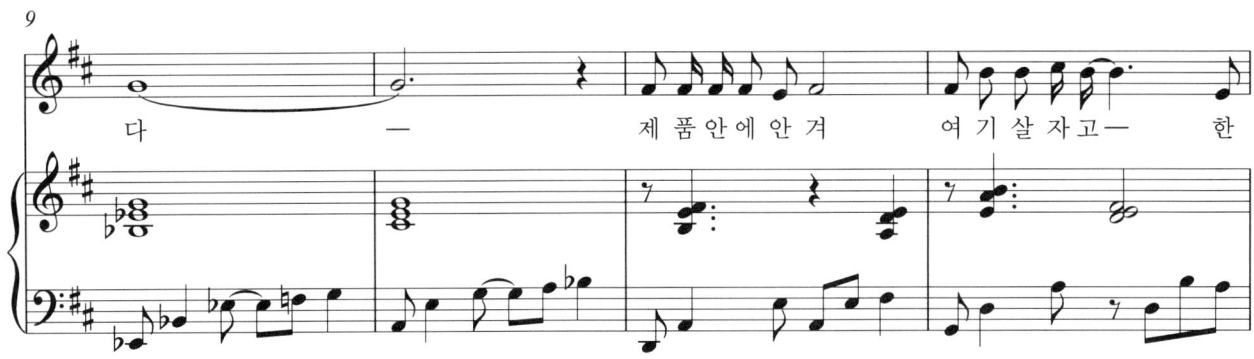

다 ㅡ　제 품 안 에 안 겨　여 기 살 자 고 ㅡ　한

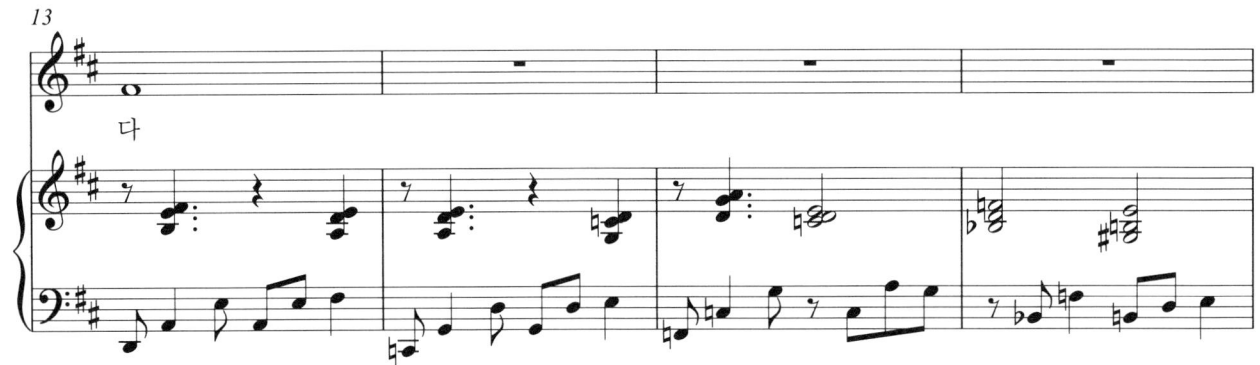

다

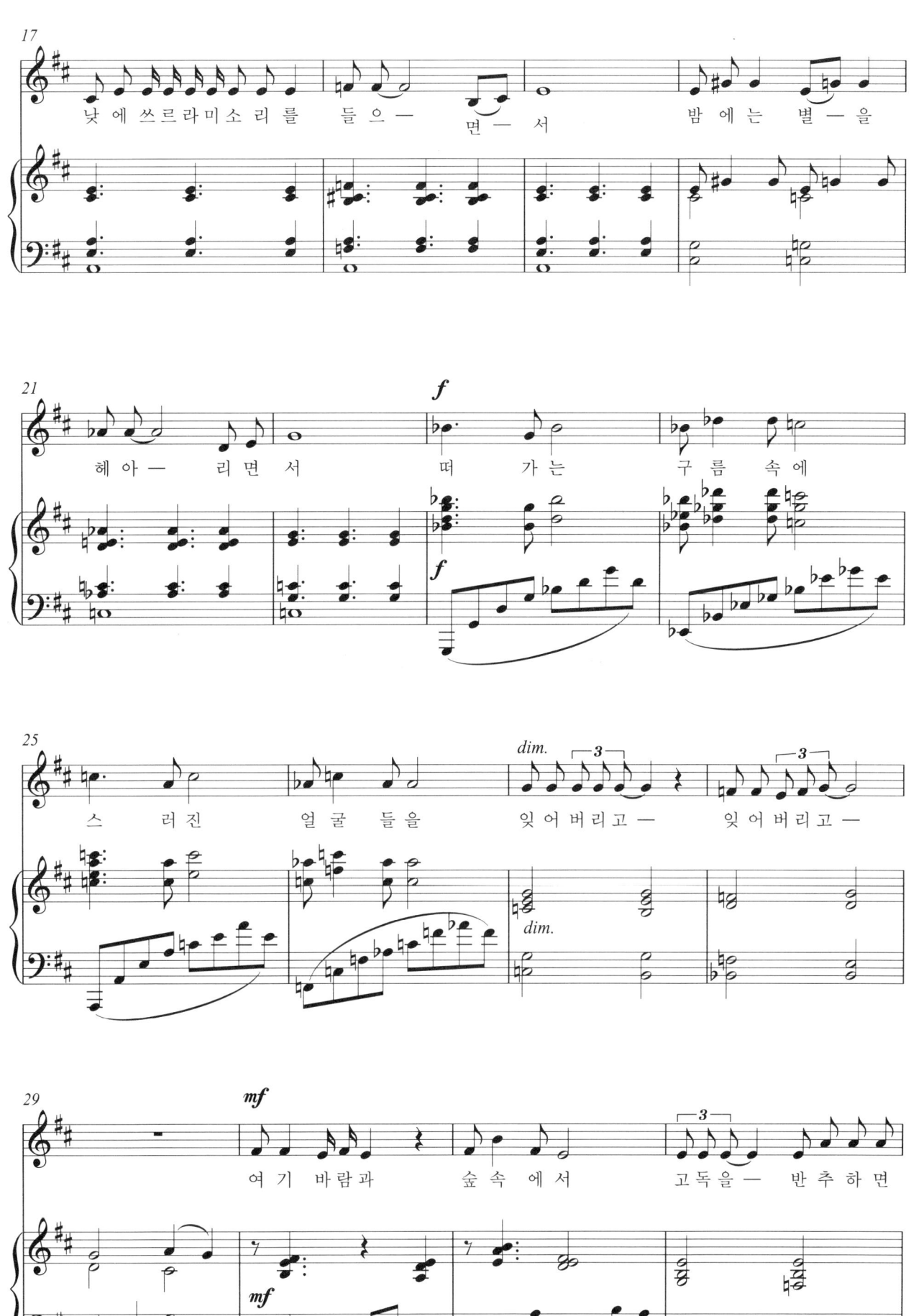

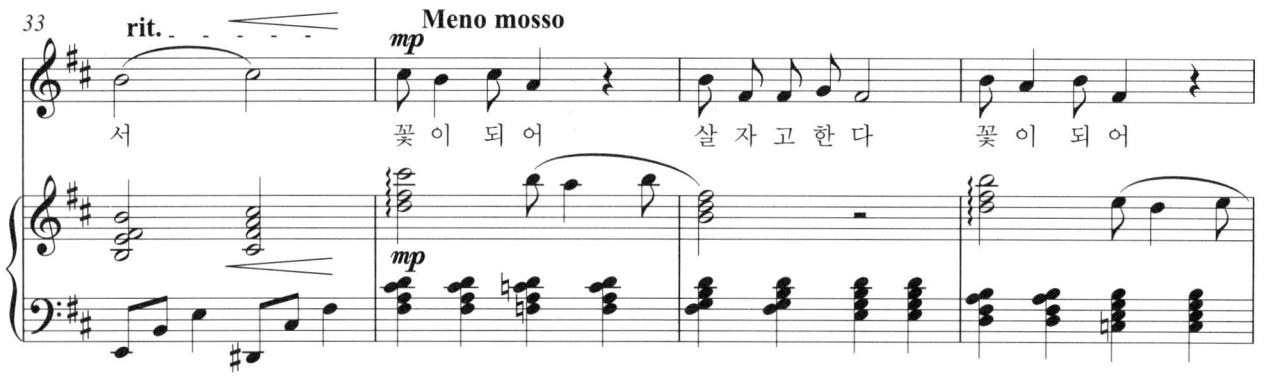

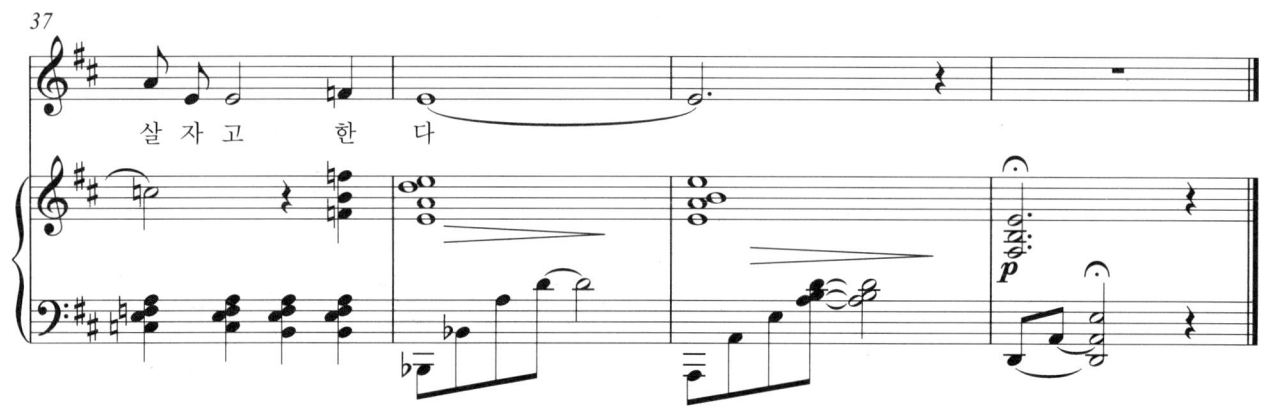

돌섬–초록섬으로 가요

조현술

하순봉 (2010)

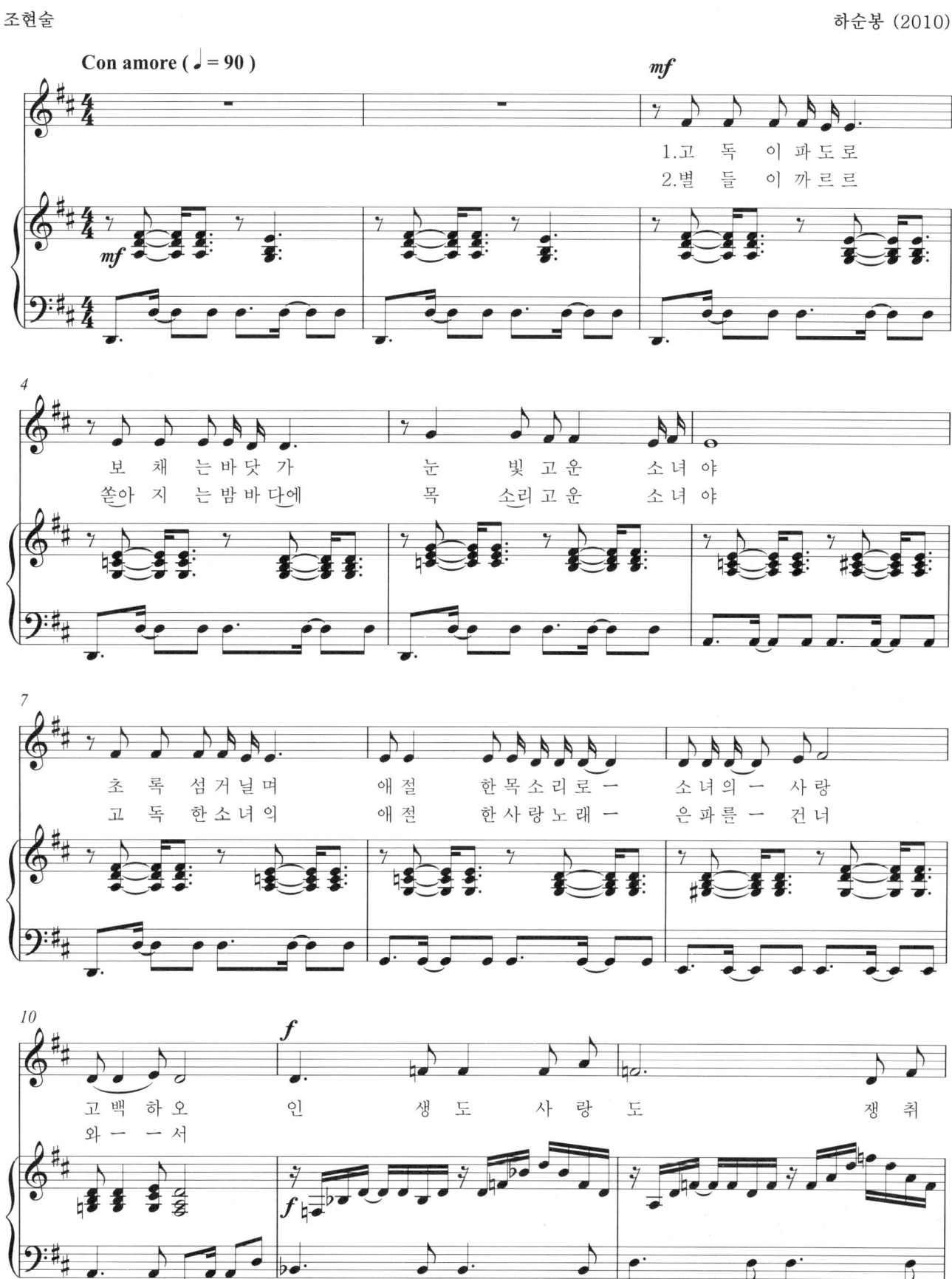

1.고 독 이 파도로
2.별 들 이 까르르

보 채 는 바닷 가 눈 빛 고운 소 녀 야
쏟아 지 는 밤바 다에 목 소 리고운 소 녀 야

초 록 섬 거 닐며 애절 한목소리로 ― 소녀의 ― 사랑
고 독 한소녀의 애절 한사랑노래 ― 은파를 ― 건너

고백하오 인 생 도 사랑도 쟁 취
와 ― ― 서

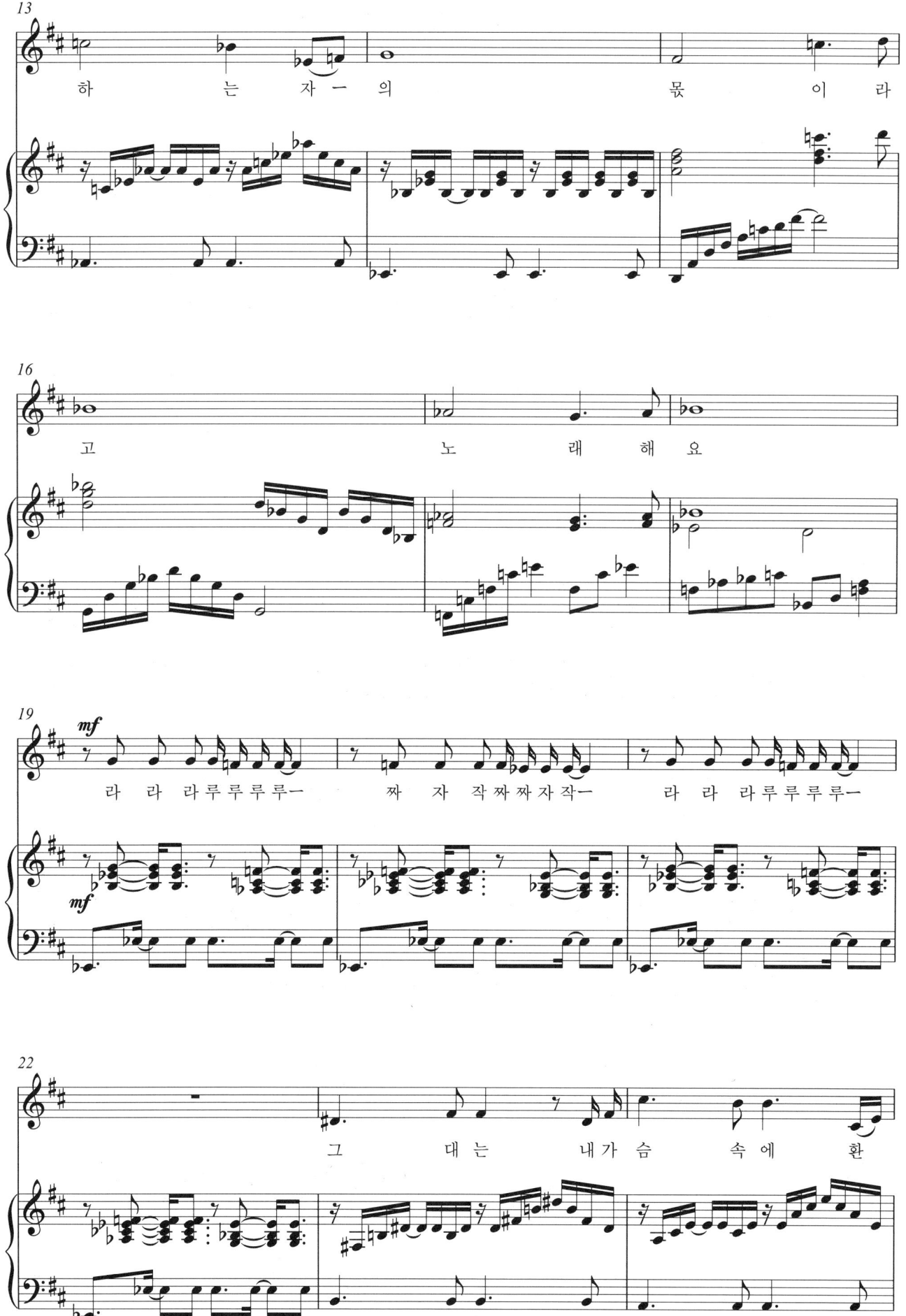

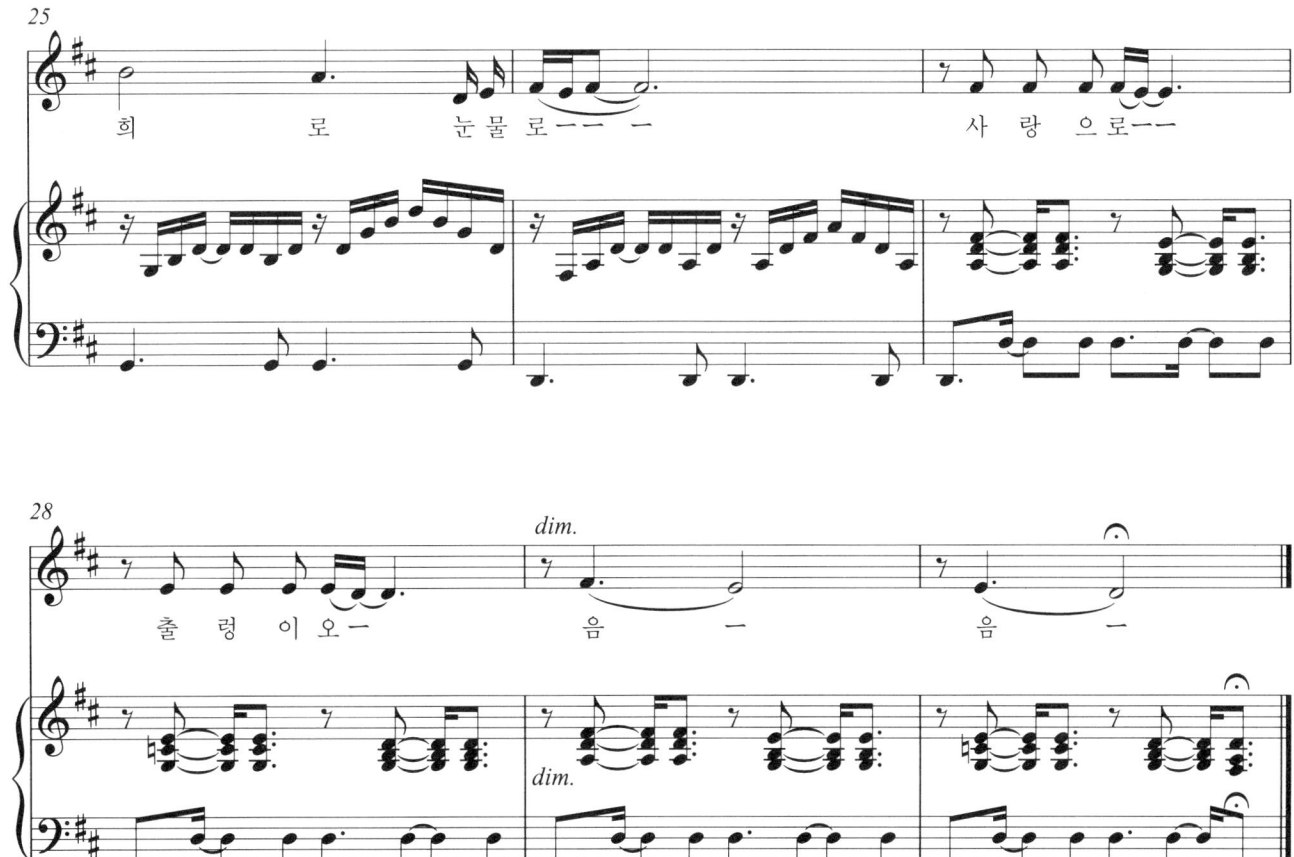

비로봉 소백산 솜다리꽃 에델바이스

김현희

하순봉(2011)

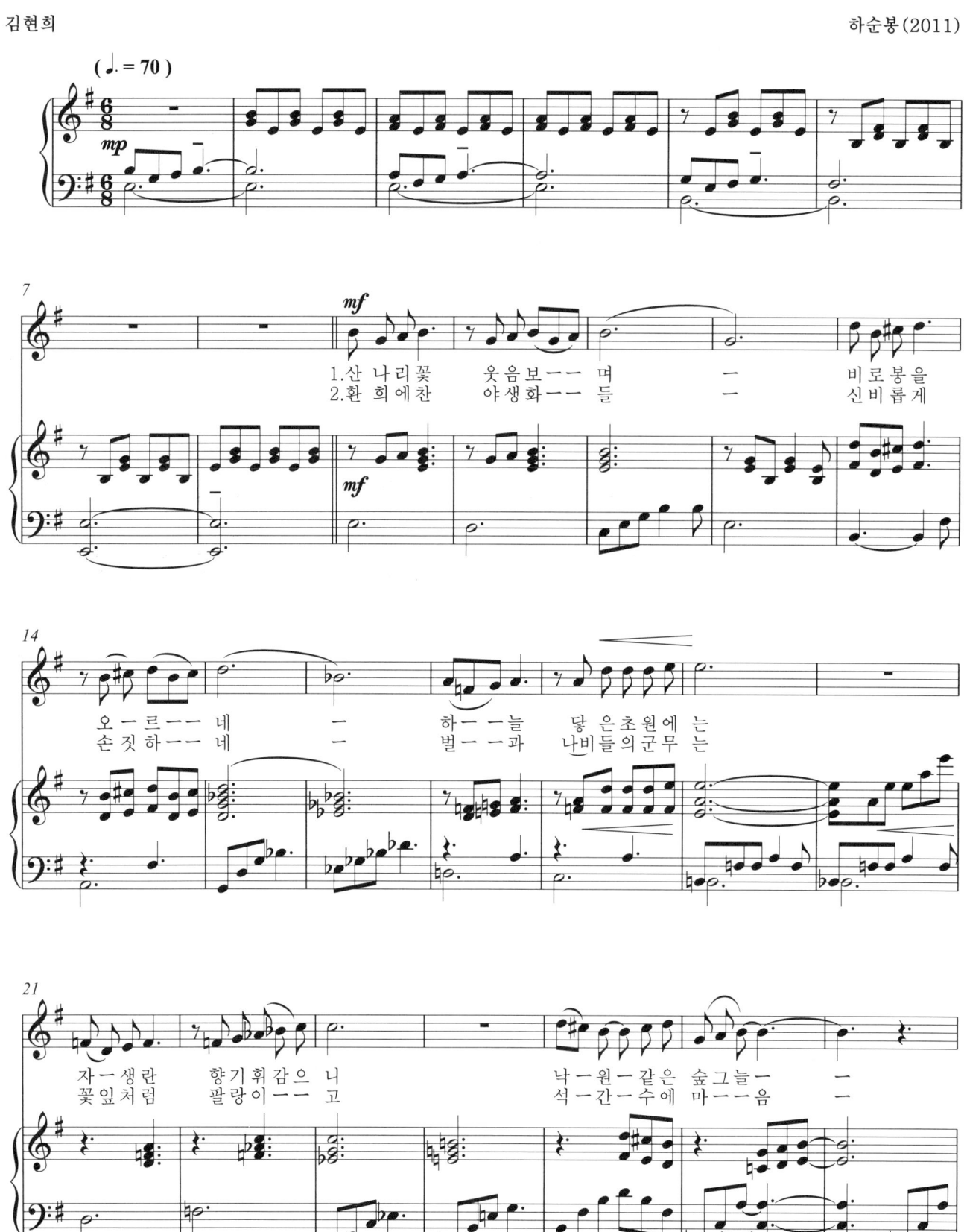

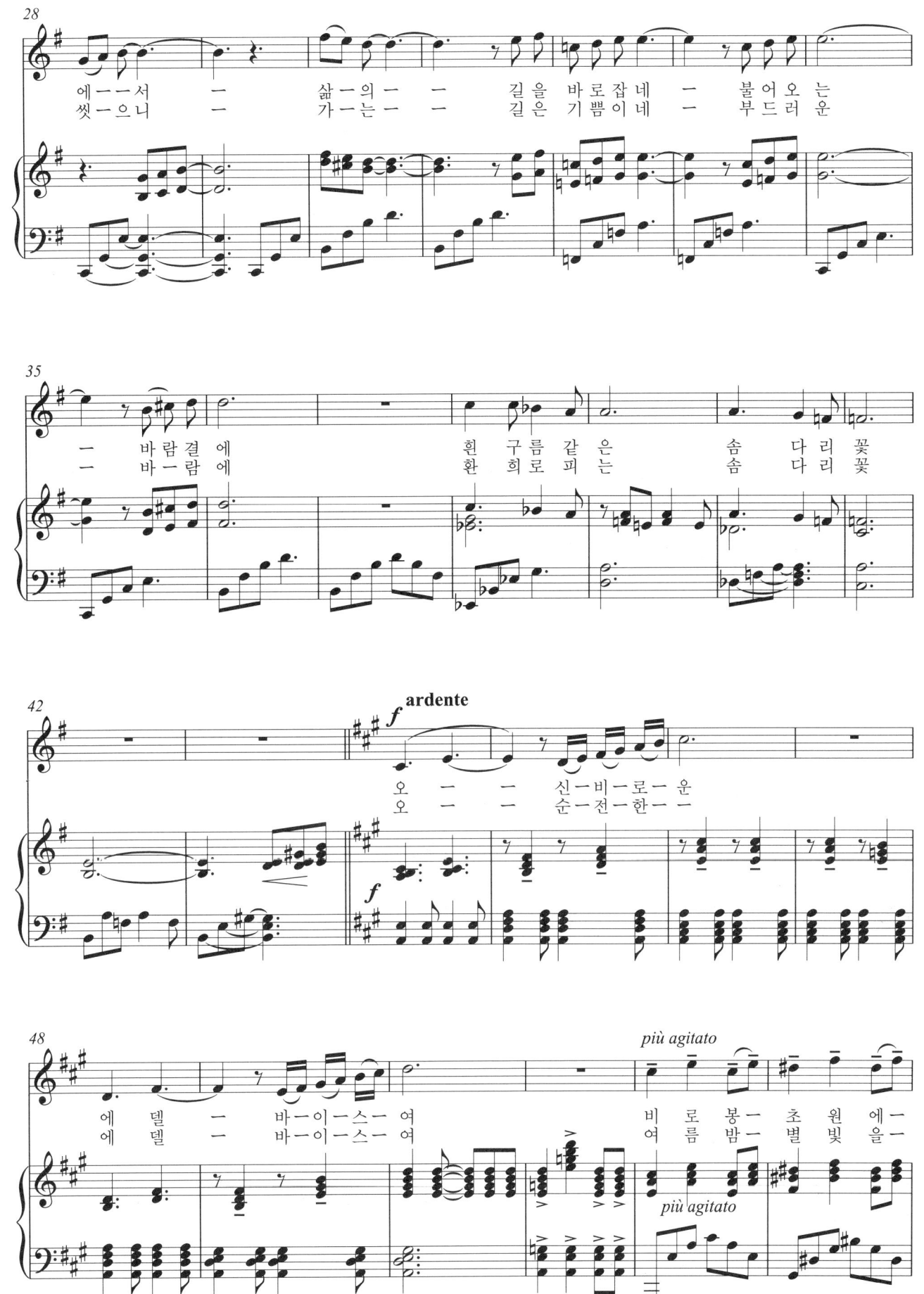

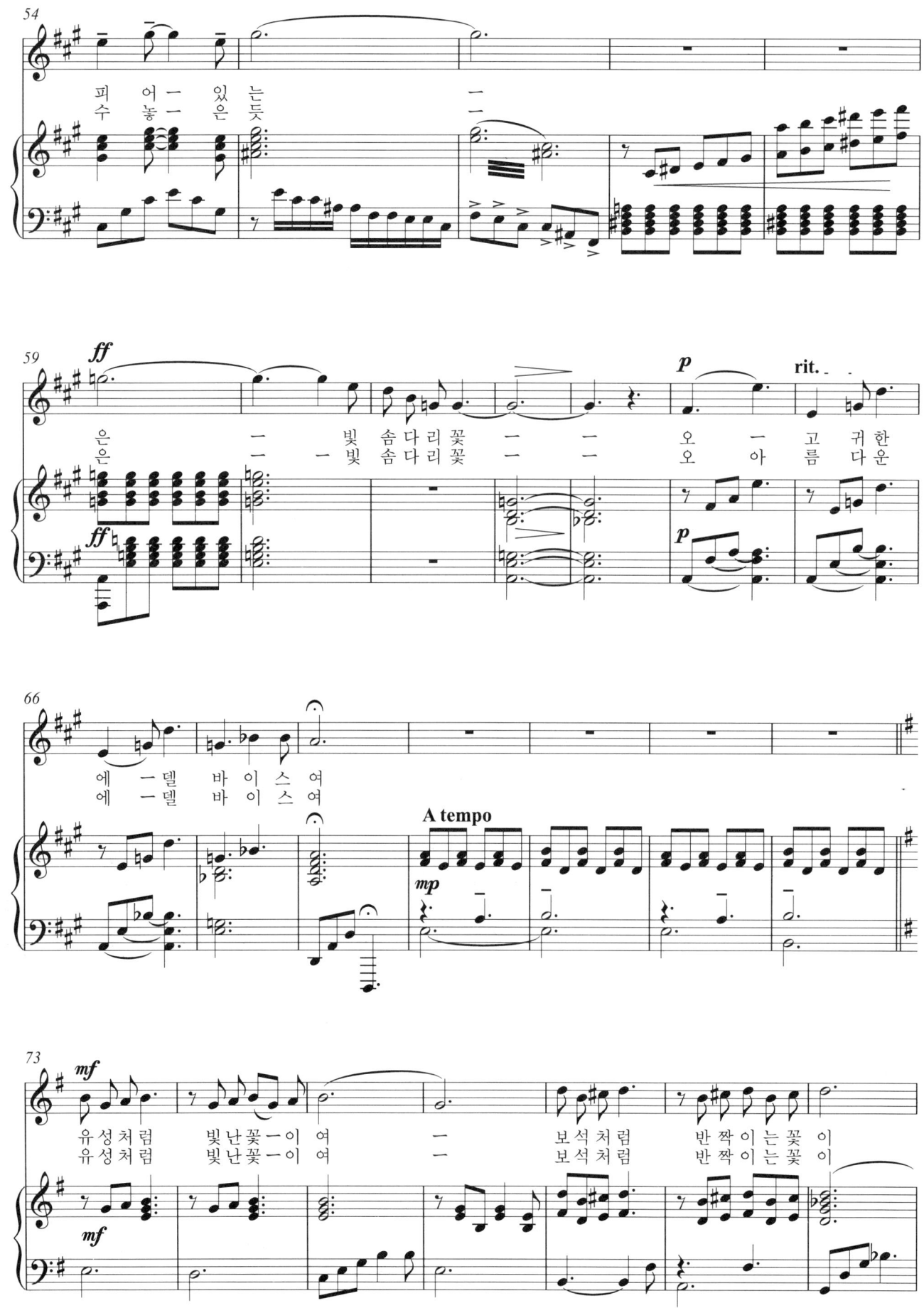

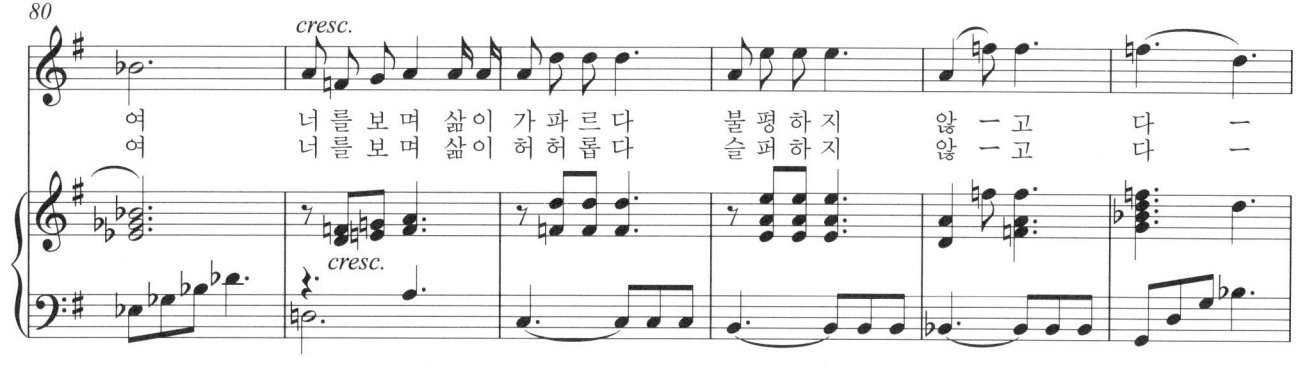

여
너를보며 삶이 가파르다 불평하지 않 — 고 다 —
너를보며 삶이 허허롭다 슬퍼하지 않 — 고 다 —

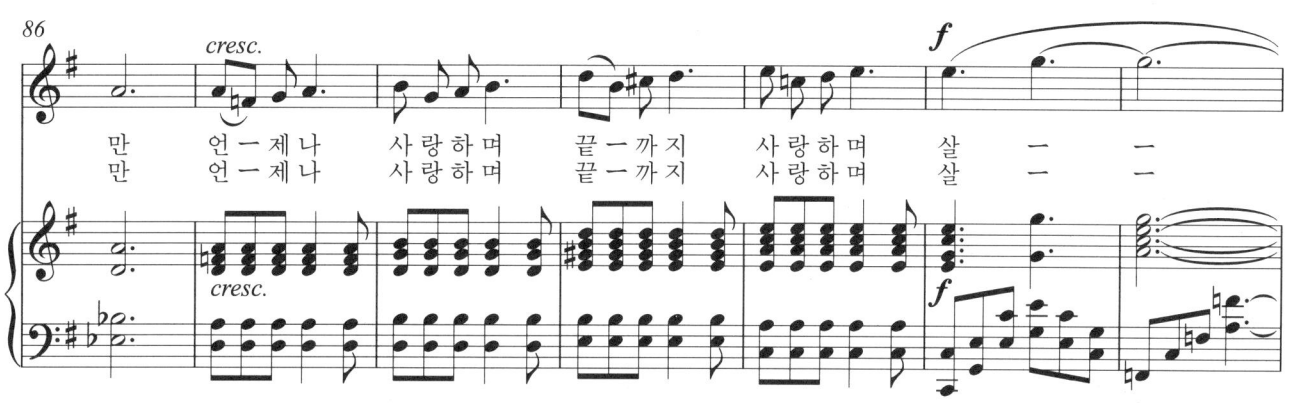

만 언 — 제나 사 랑 하 며 끝 — 까 지 사 랑 하 며 살 — —
만 언 — 제나 사 랑 하 며 끝 — 까 지 사 랑 하 며 살 — —

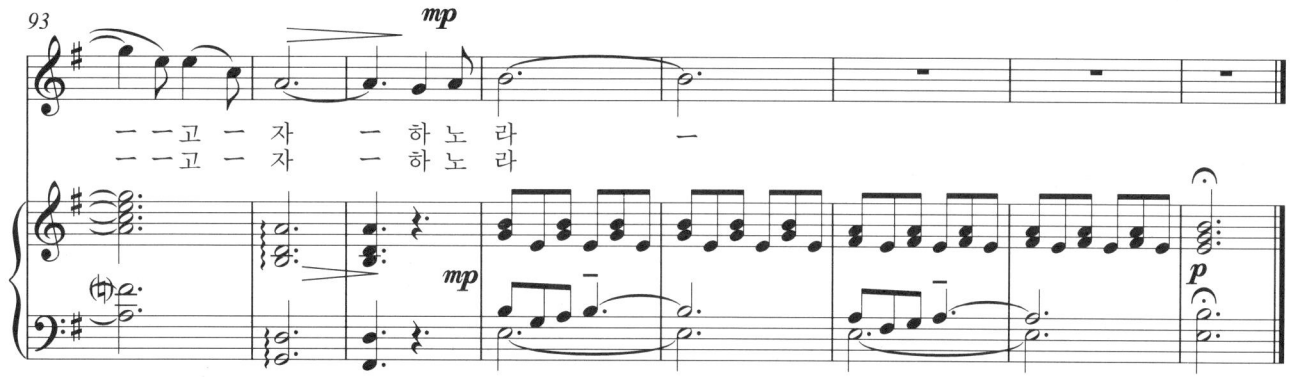

— — 고 — 자 — 하 노 라 —
— — 고 — 자 — 하 노 라

숲과 바람

김선진

하순봉(2012)

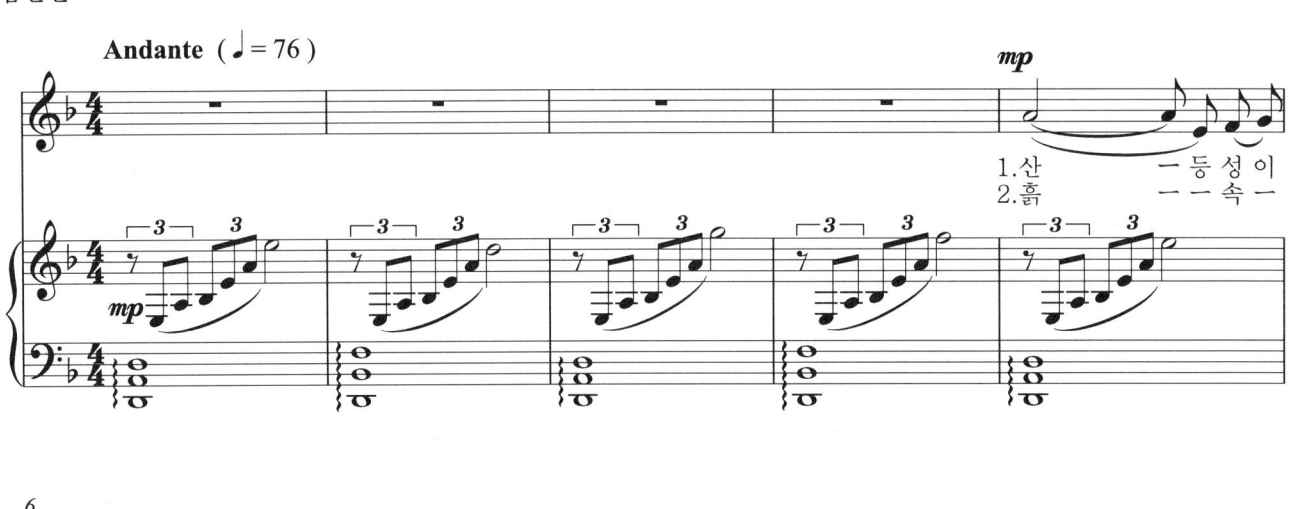

1.산　　　―등성이
2.흙―　　　―　속―

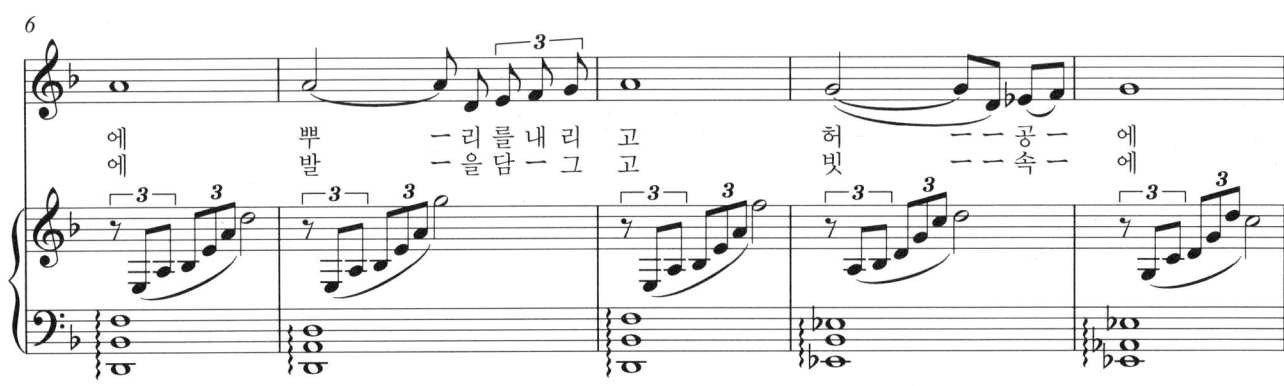

에　　　뿌　　―리를내리　고　　　허　　――공―　에
에　　　발　　―을담―그　고　　　빗　　――속―　에

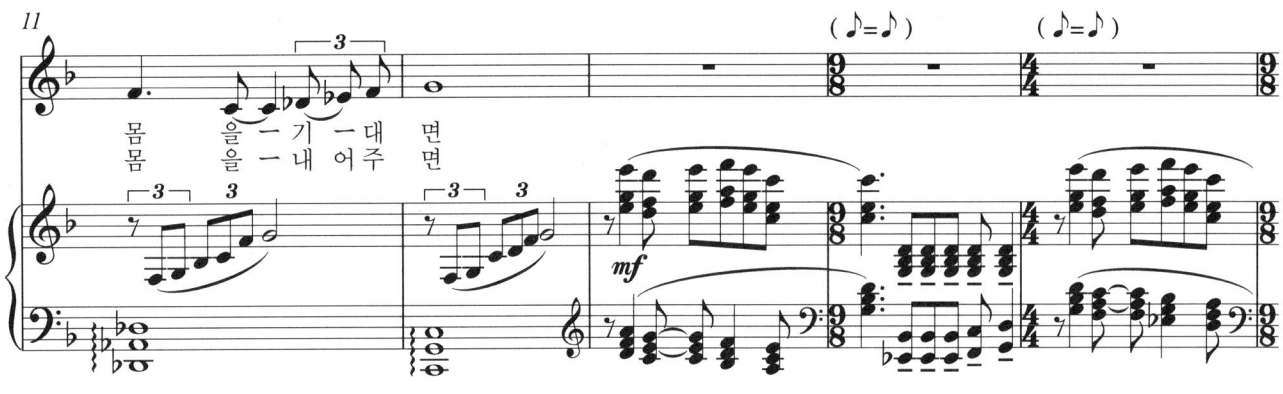

몸　　을―기―대　면
몸　　을―내어주　면

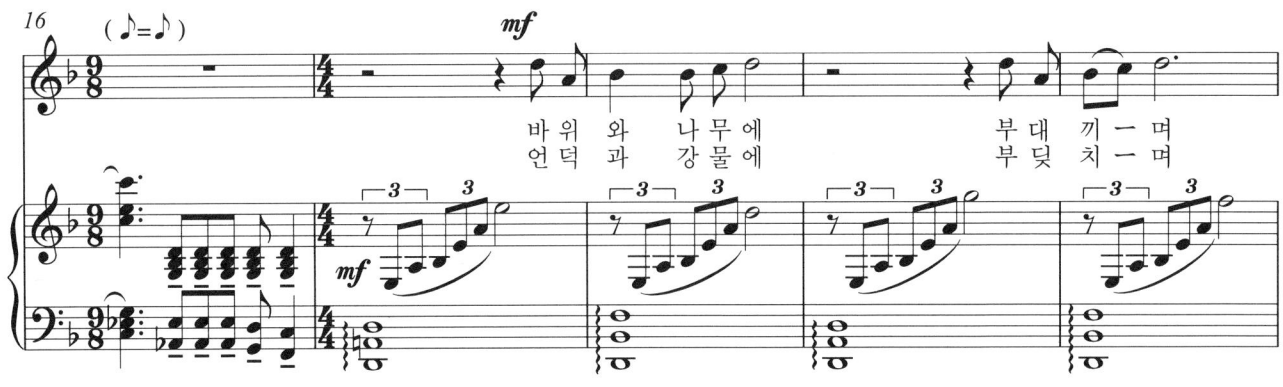

바위　와　　나무에　　　　　부대　끼―며
언덕　과　　강물에　　　　　부딪　치―며

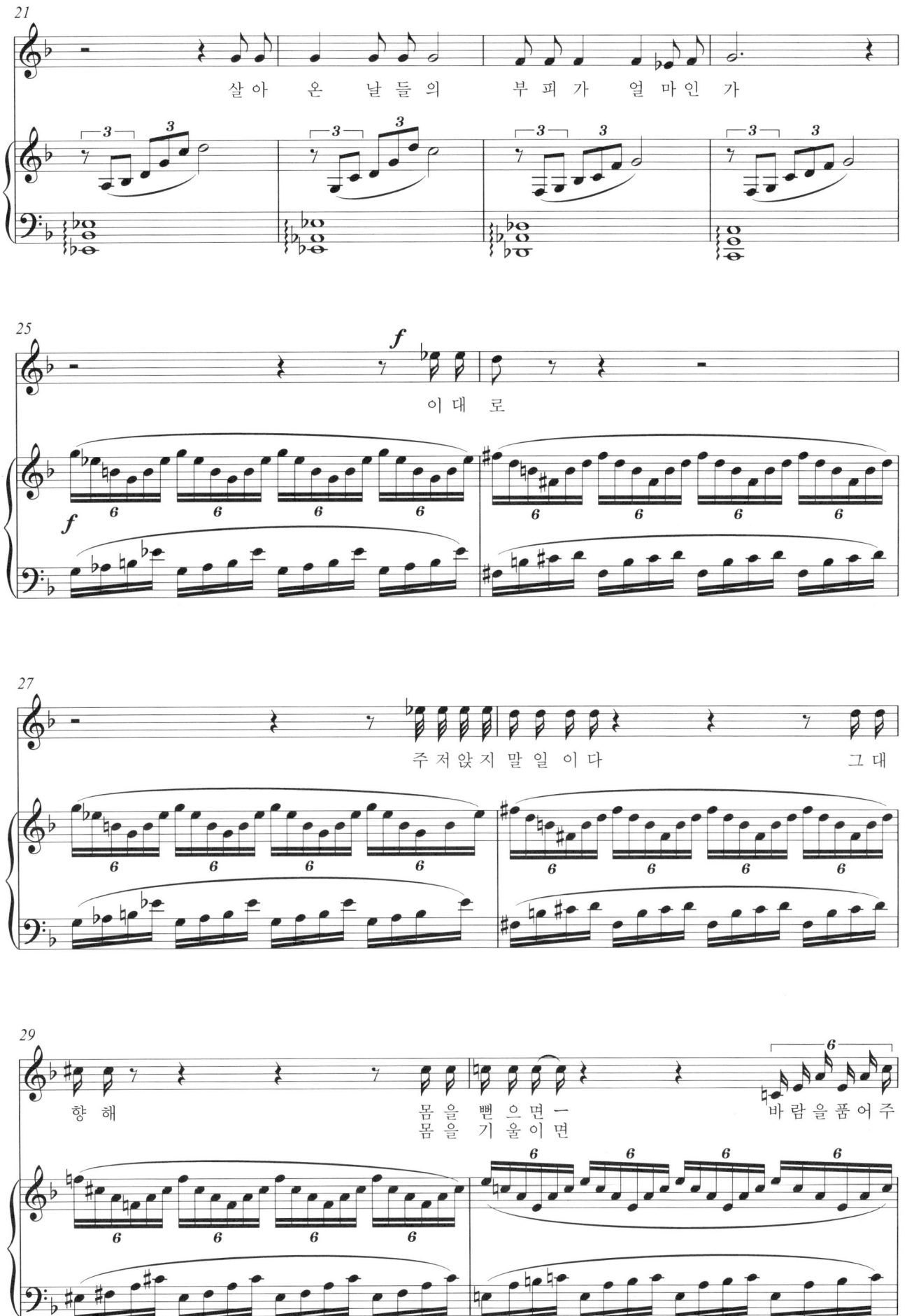

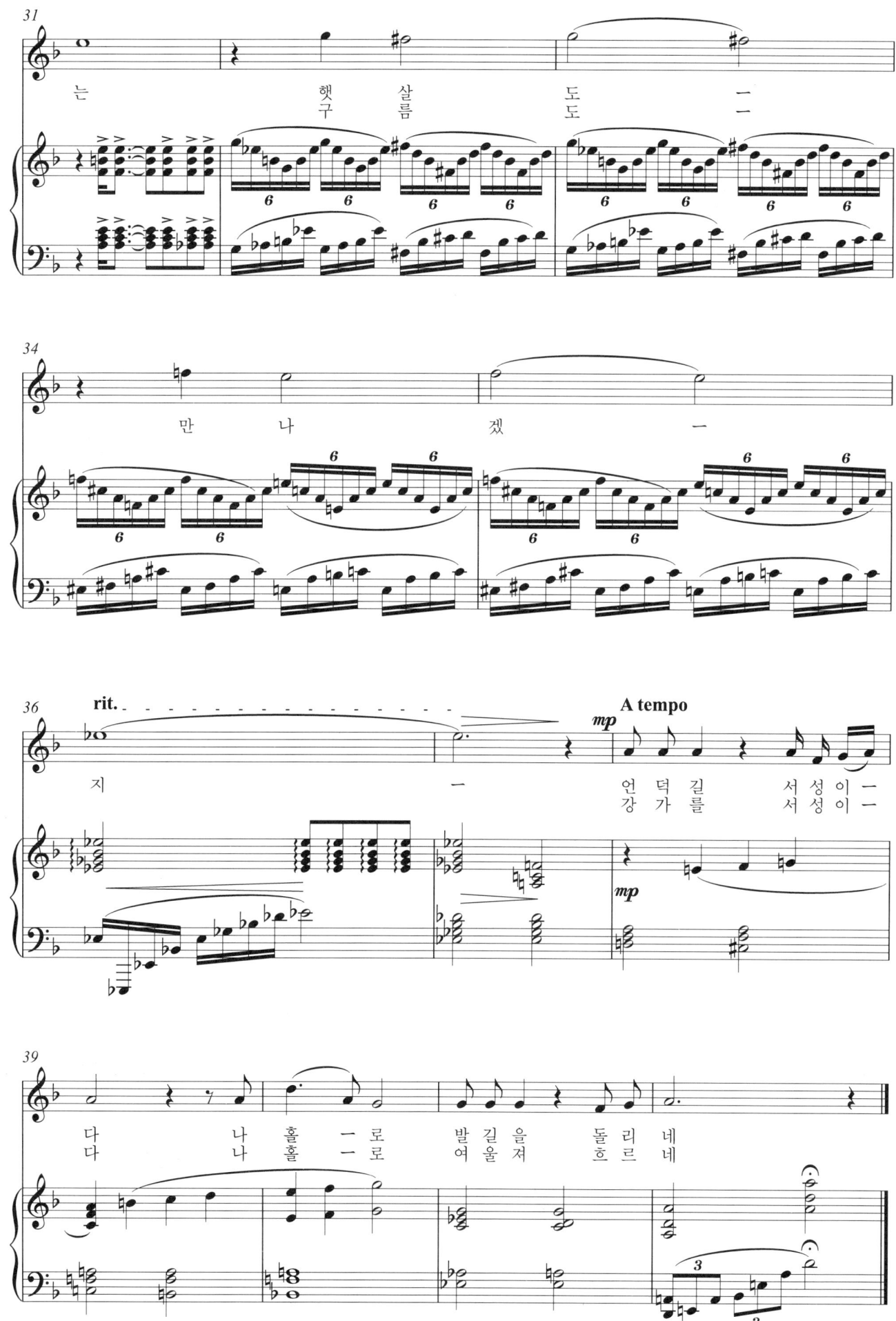

선운사

박부덕

하순봉(2015)

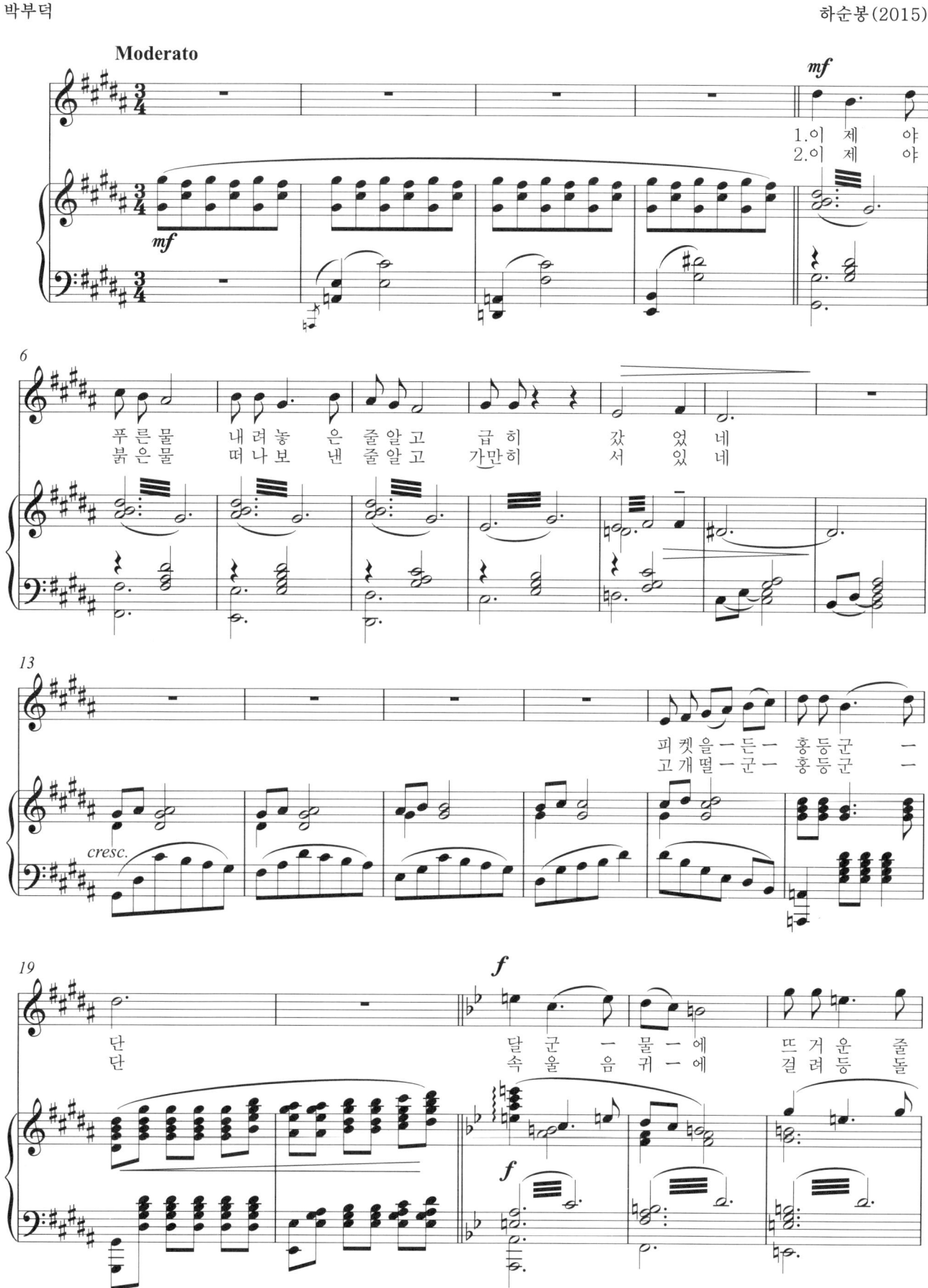

1.이 제 야
2.이 제 야

푸른물 내려놓 은 줄알고 급히 갔 었 네
붉은물 떠나보 낸 줄알고 가만히 서 있 네

피 켓을 든 홍 등군
고개떨 군 홍 등군

단
단

달 군 물 에 뜨 거운 줄
속 울 음 귀 에 걸 려등돌

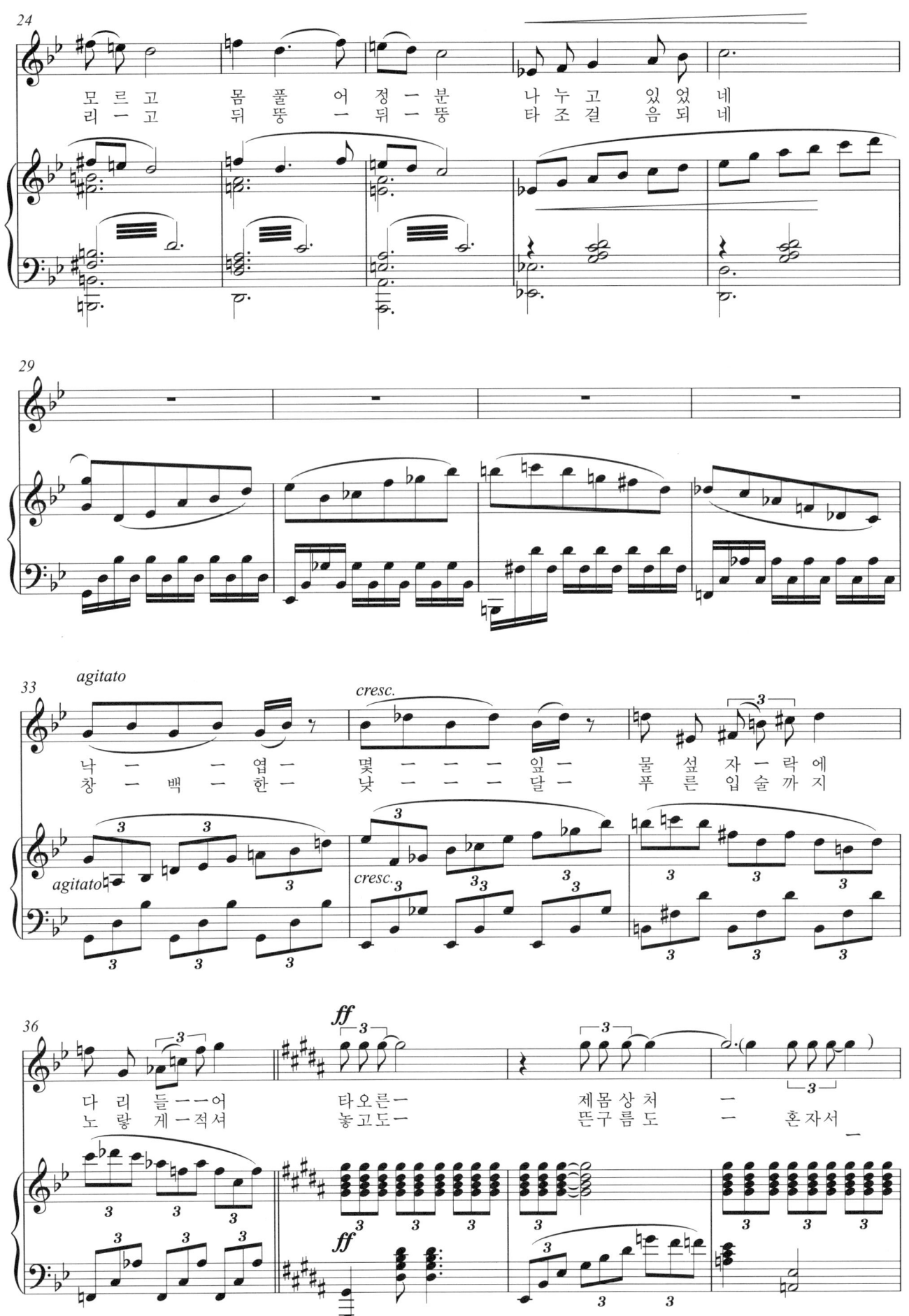

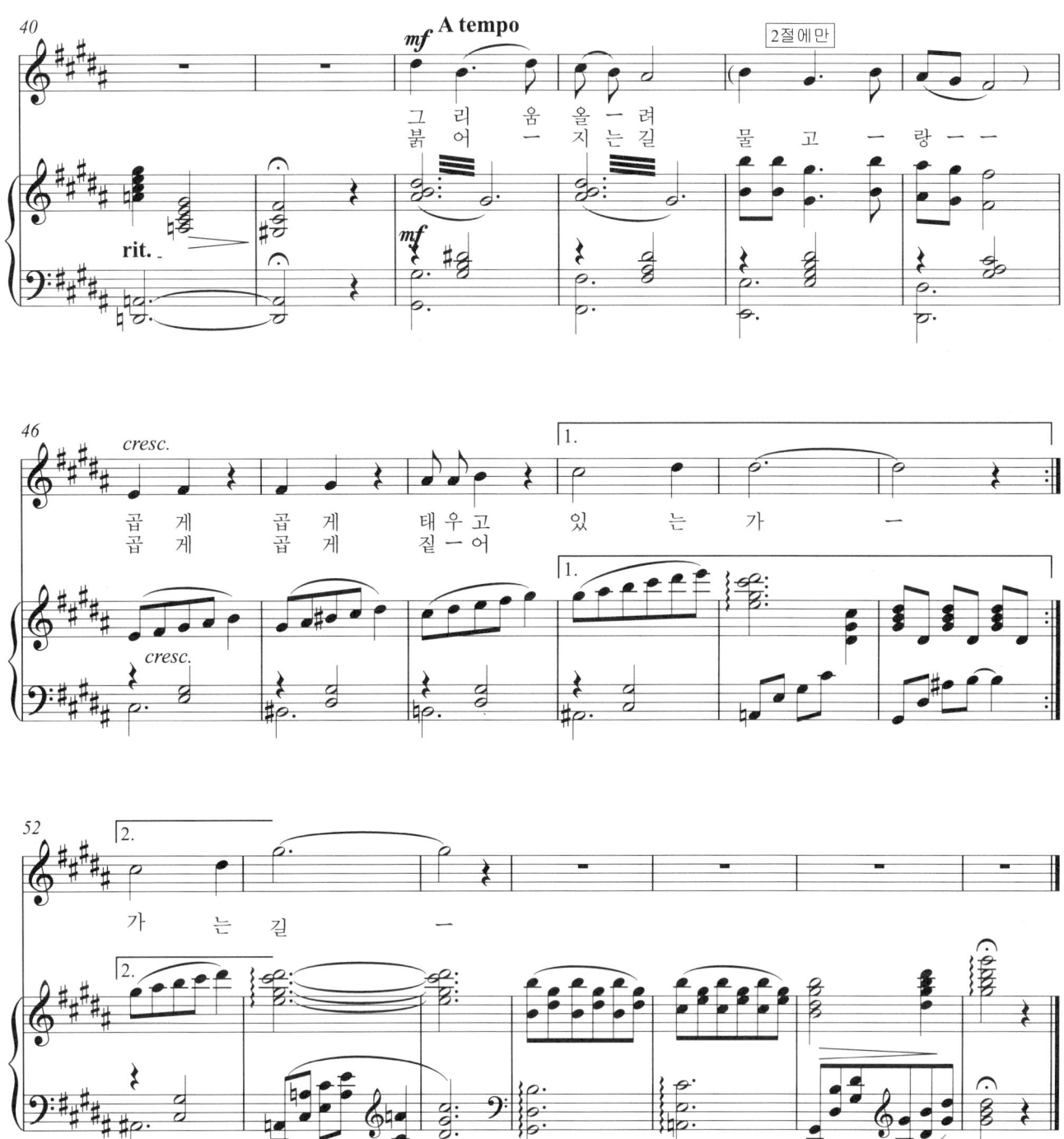

내 노래 가는 곳

정영숙

하순봉(2016)

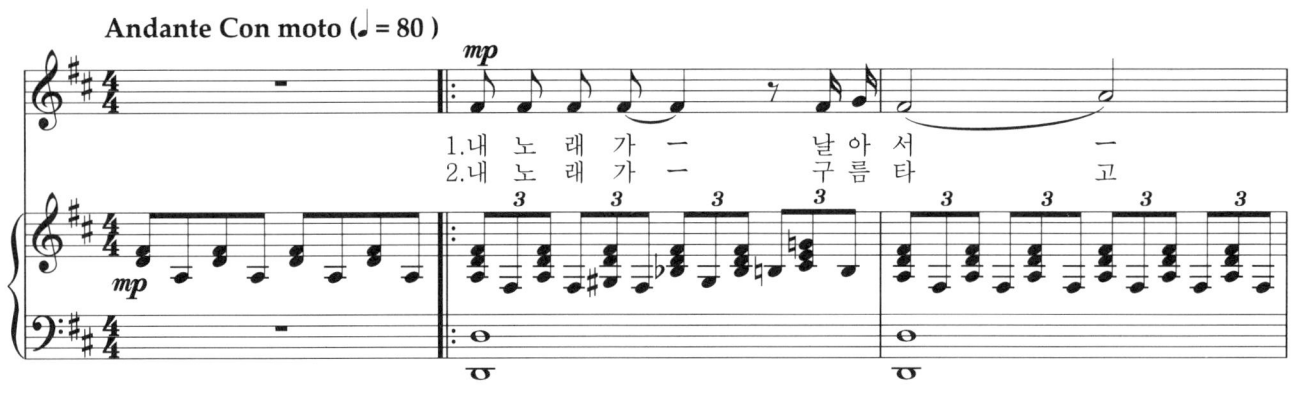

1.내 노래가 — 날아서 — 산을 — 오 — 르 — 면 수없는 — 나무
2.내 노래가 — 구름타 고 하늘 — 오 — 르 — 면 뭇별이 — 옹기

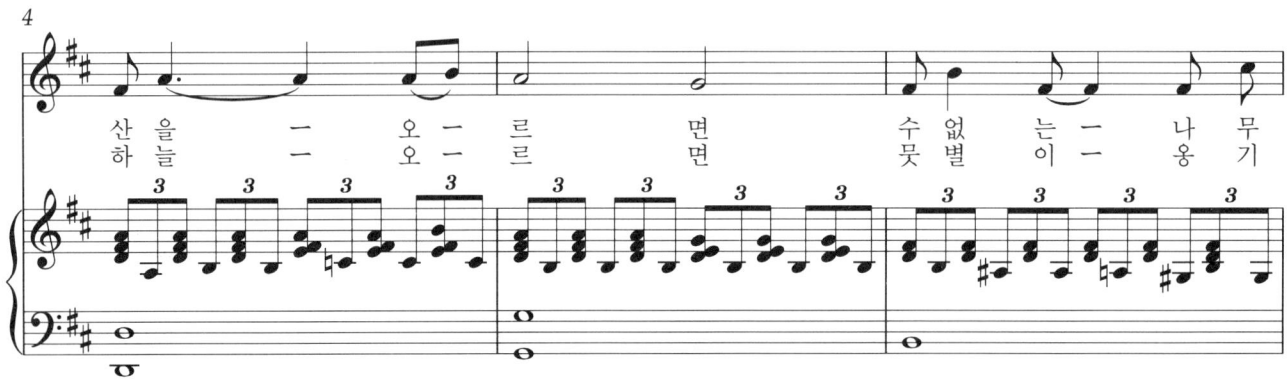

들 도 모여서 노래하 네
종 기 모여와 노래하 네

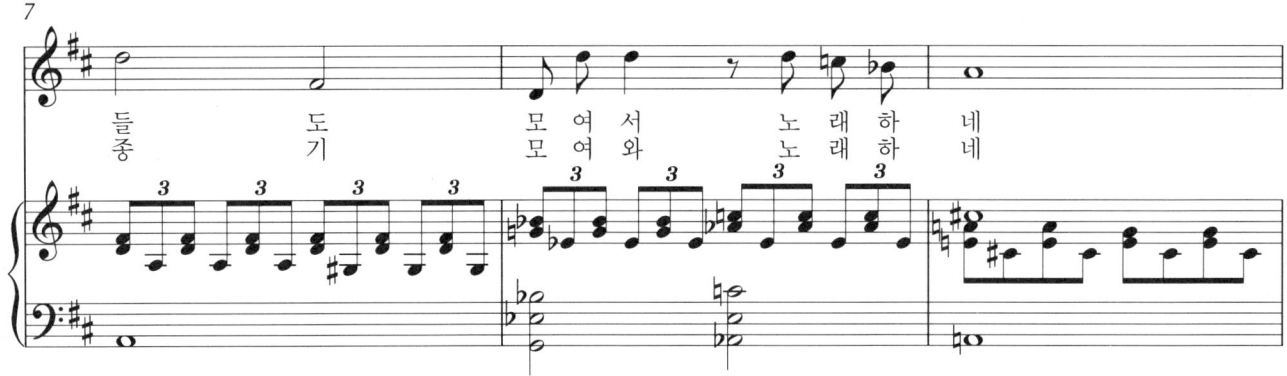

내 마음 슬프고 외로우면 — 말없는
내 마음 기뻐서 심장이 — — 뛰놀 —

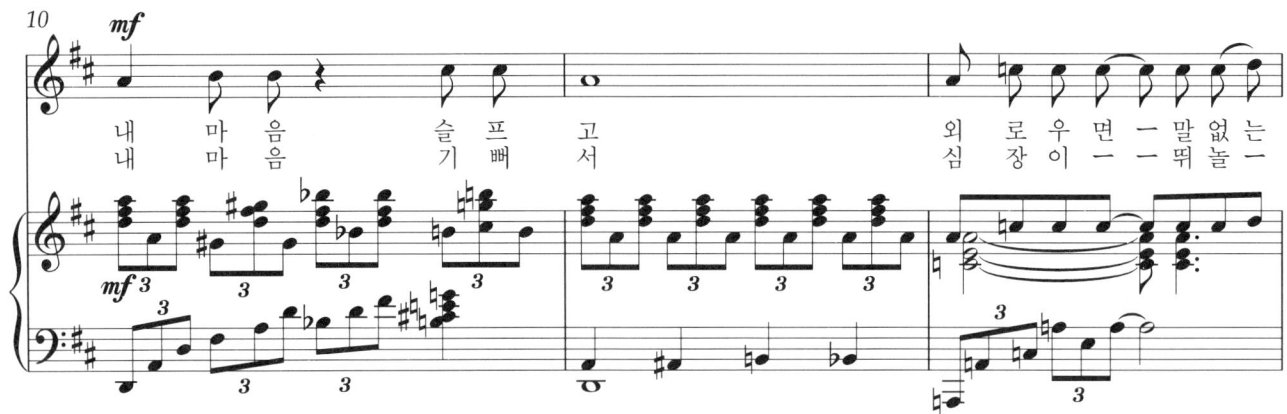

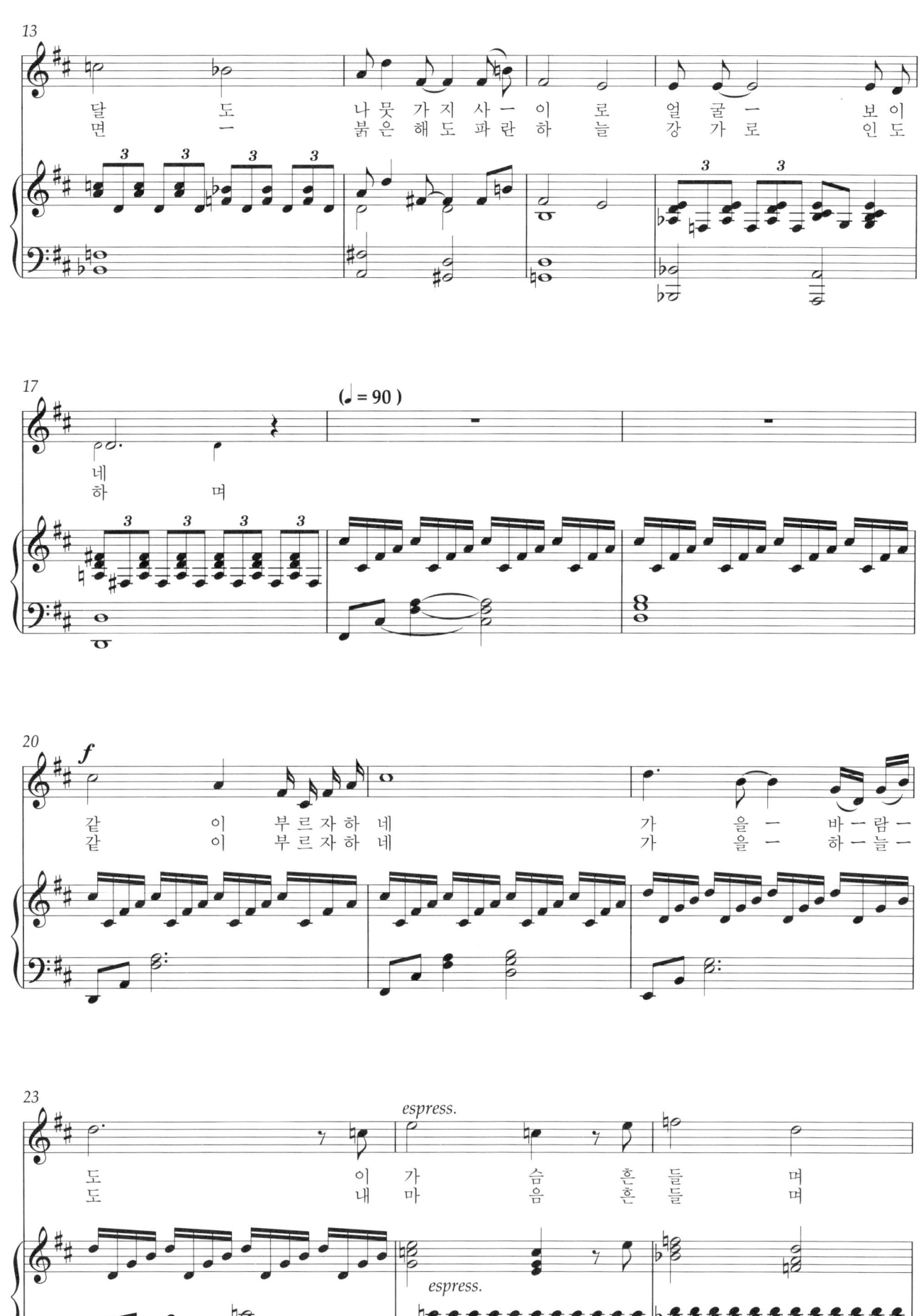

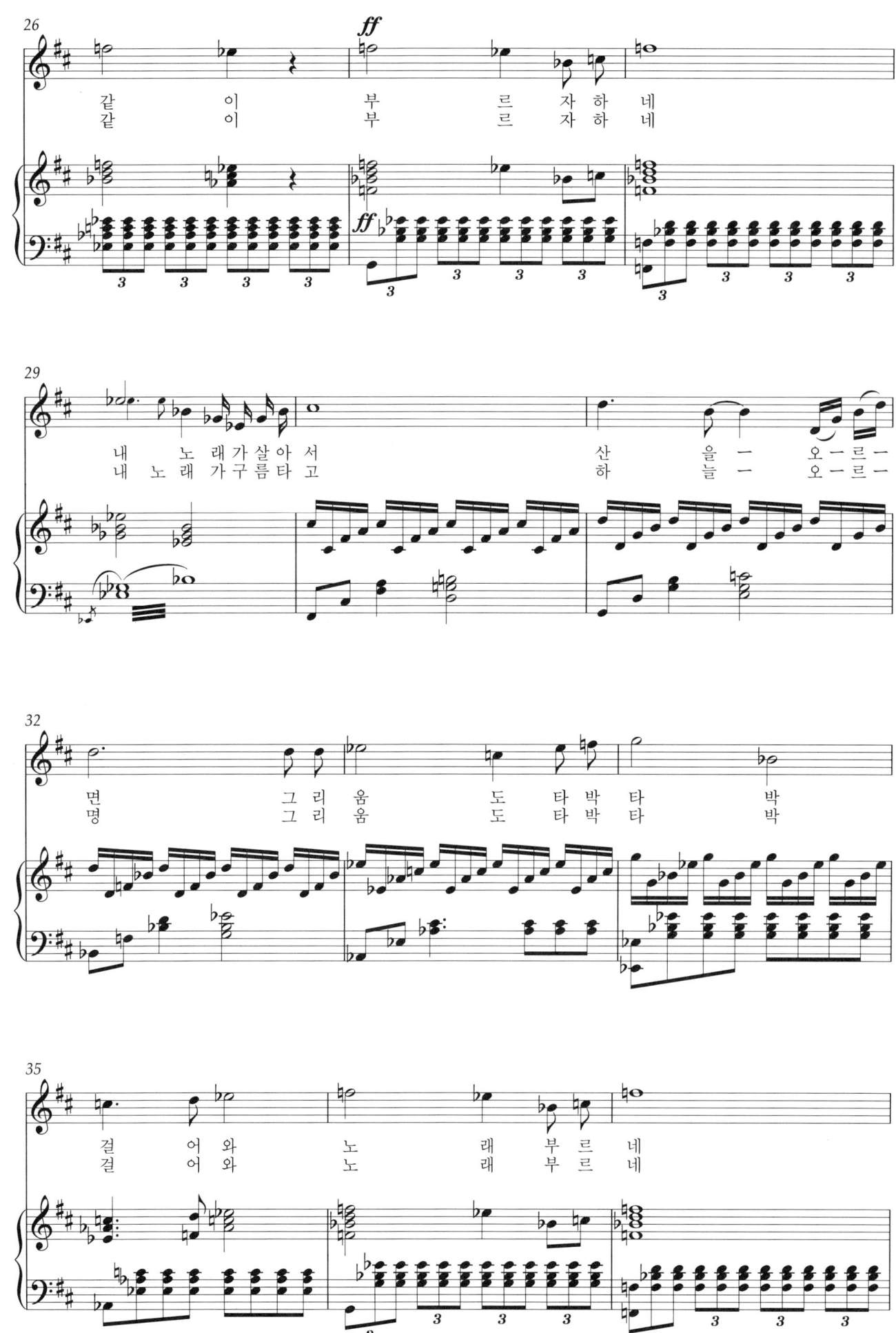

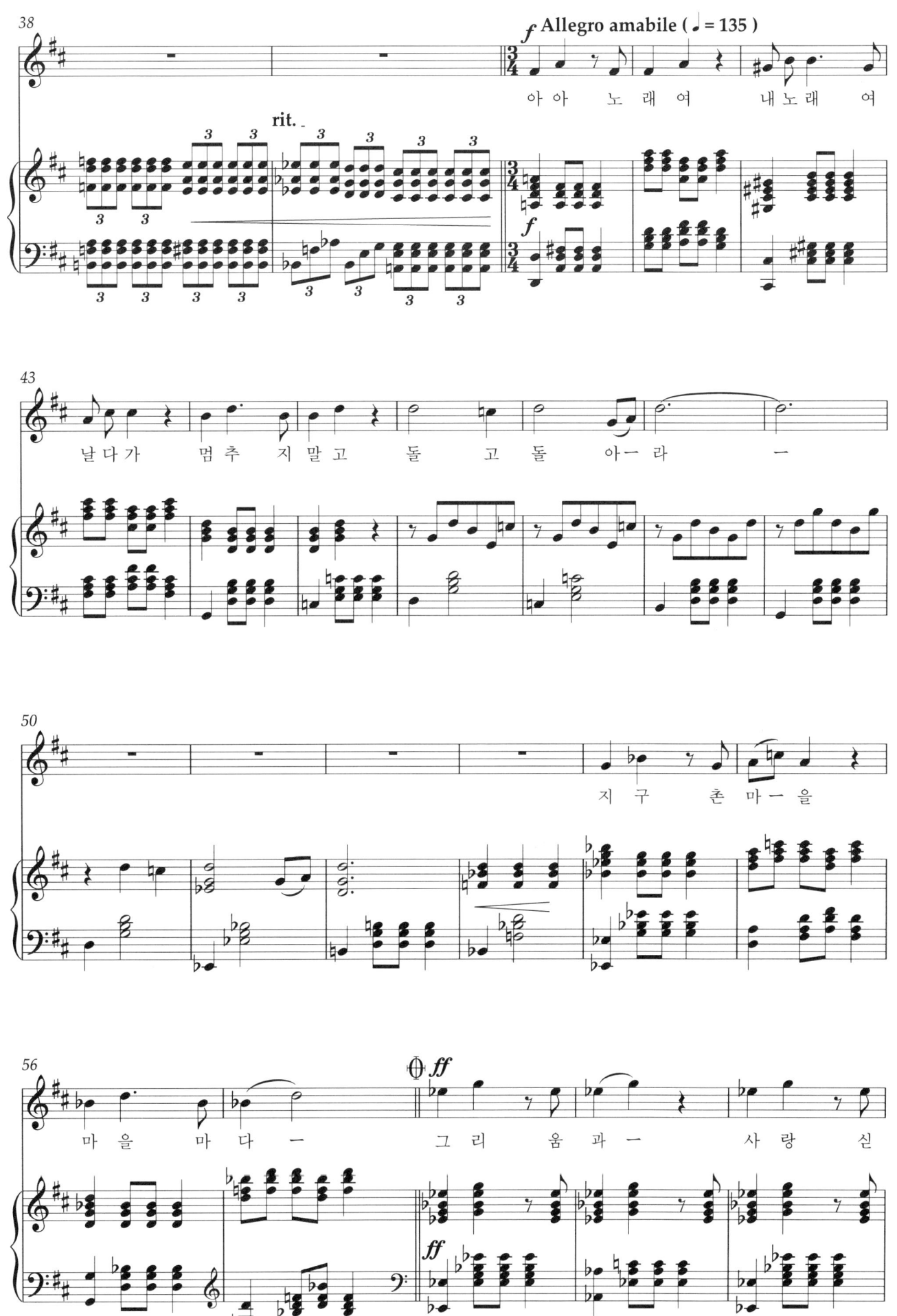

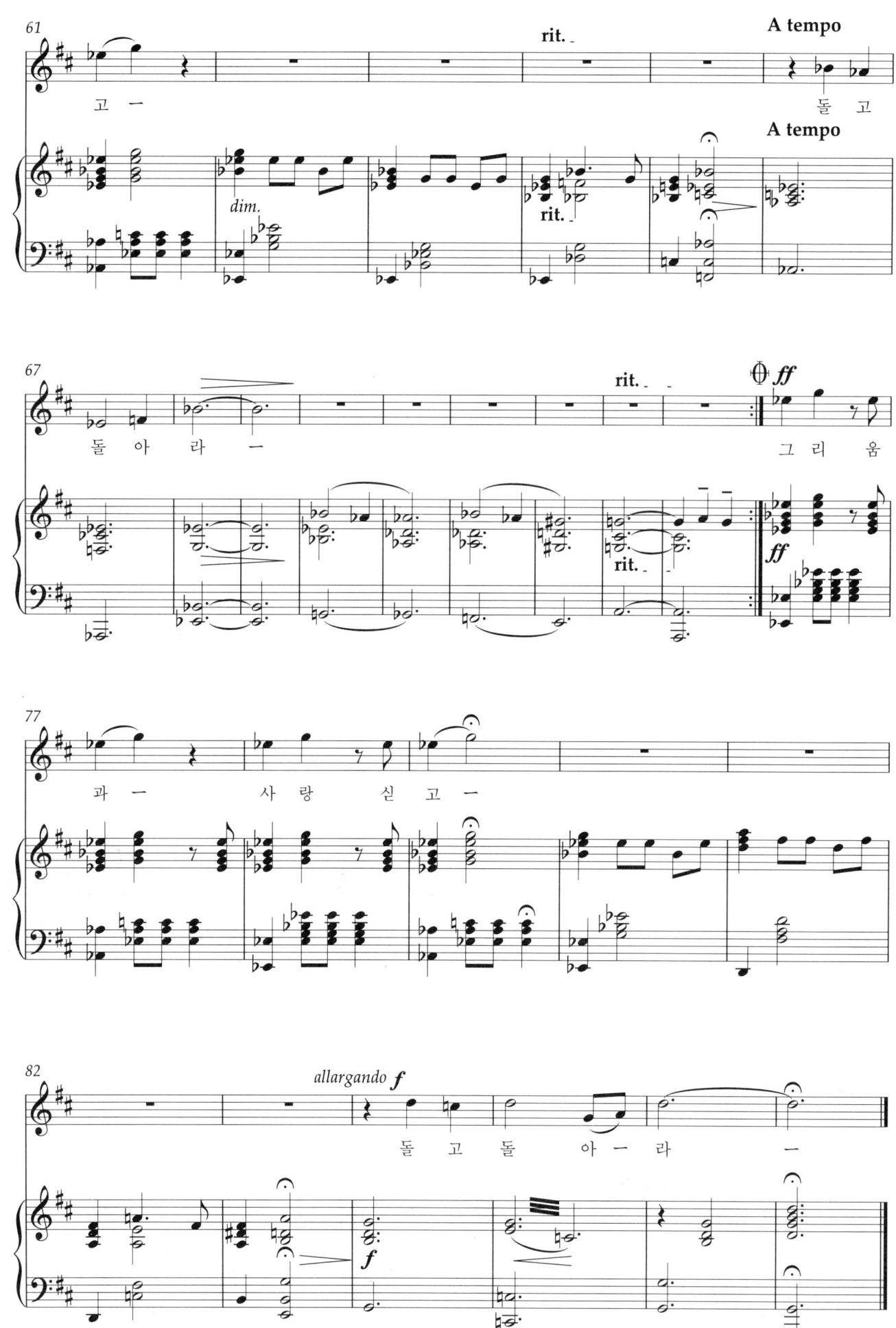

시집 간 딸에게

최창순   하순봉(2017)

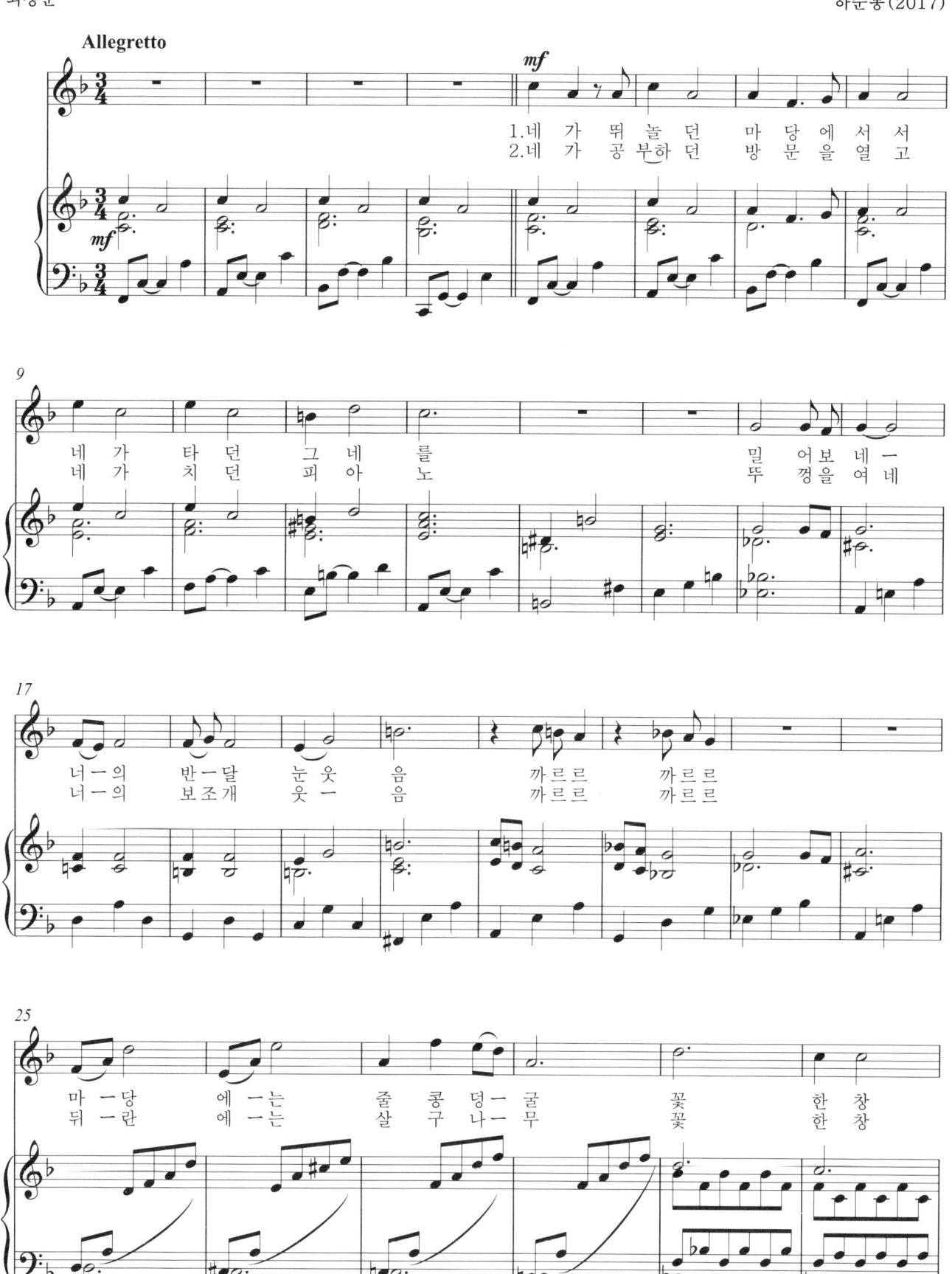

1.네 가 뛰 놀 던 마 당 에 서 서
2.네 가 공 부 하 던 방 문 을 열 고

네 가 타 던 그 네 를   밀 어 보 네 —
네 가 치 던 피 아 노   뚜 껑 을 여 네

너 — 의 반 — 달 눈 웃 음   까 르 르   까 르 르
너 — 의 보 조 개 웃 — 음   까 르 르   까 르 르

마 — 당 에 — 는 줄 콩 덩 — 굴   꽃   한 창
뒤 — 란 에 — 는 살 구 나 — 무   꽃   한 창

122

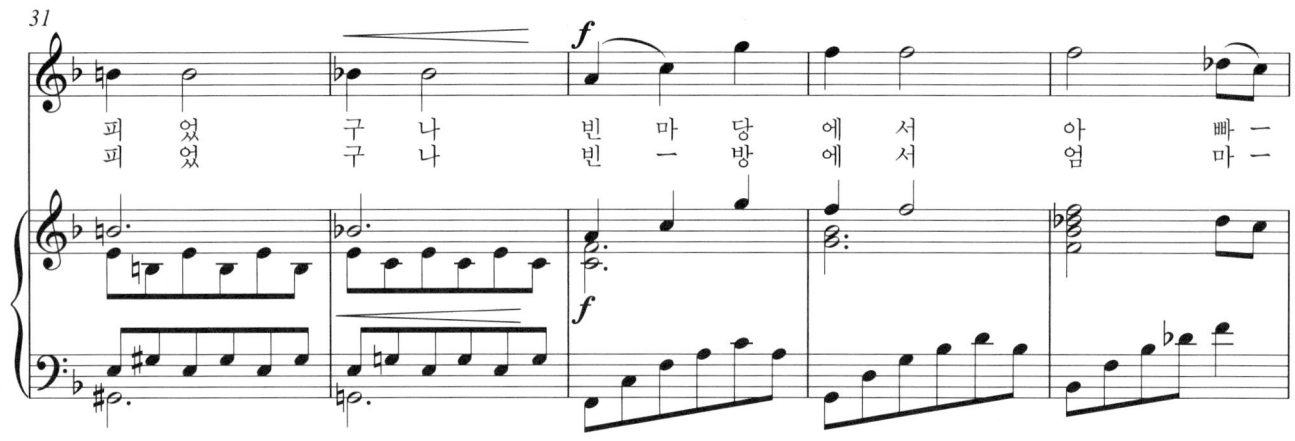

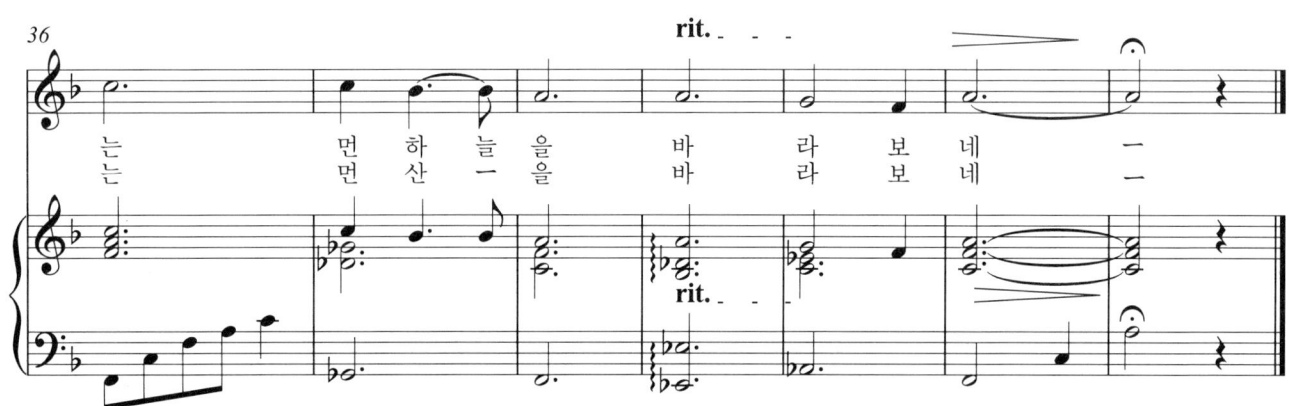

나의 작은 강이 되어

백정해

하순봉(2018)

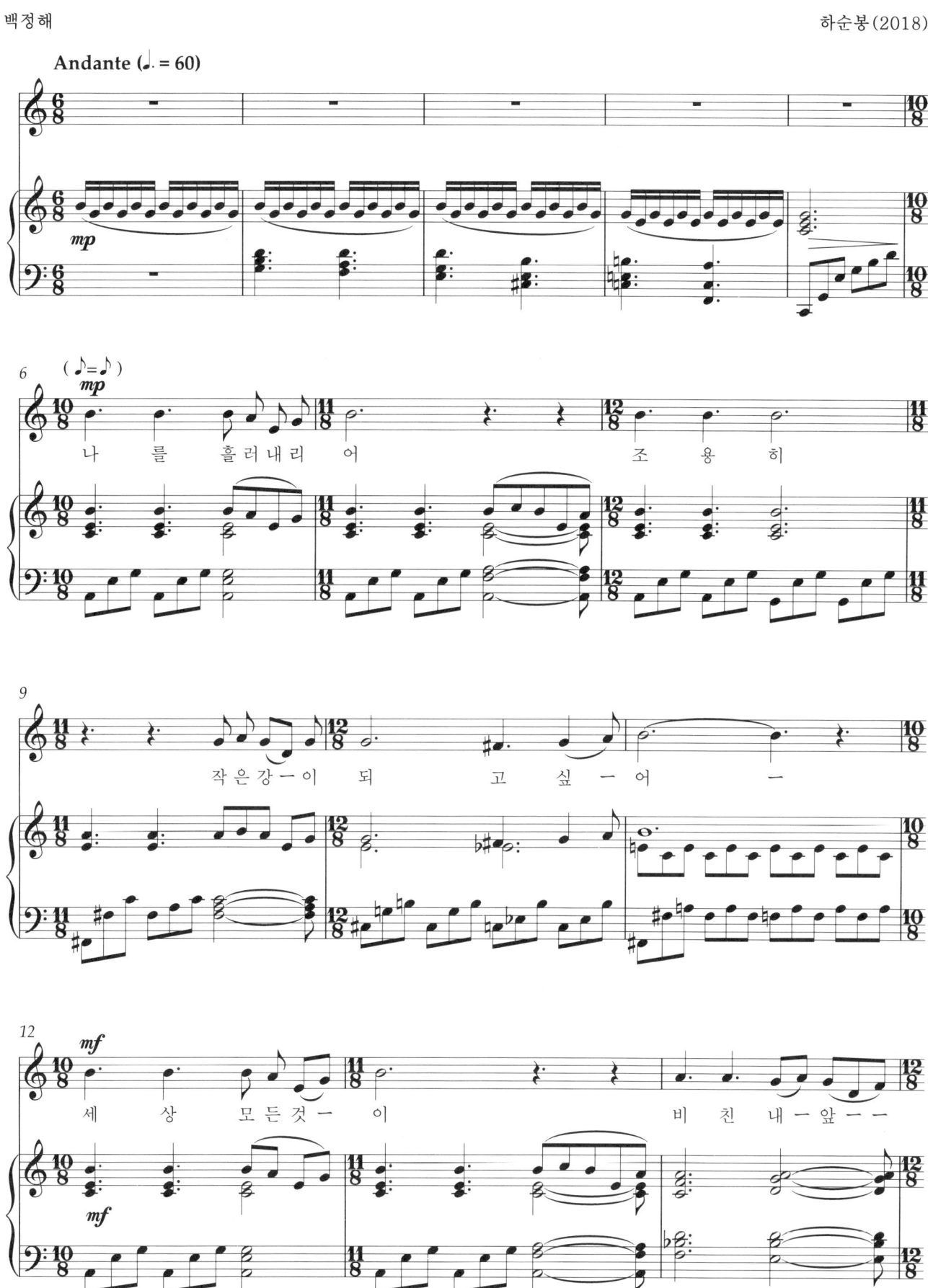

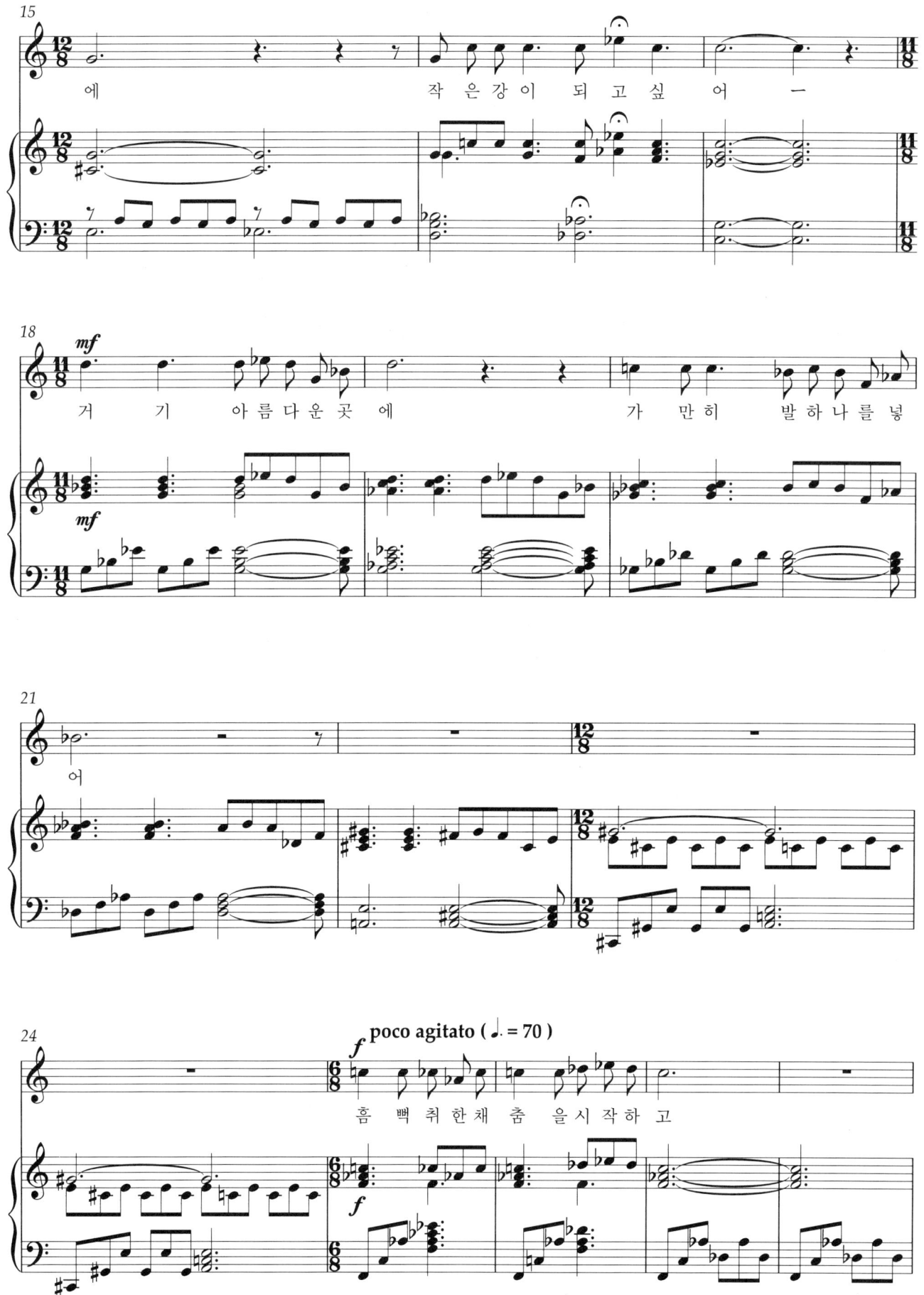

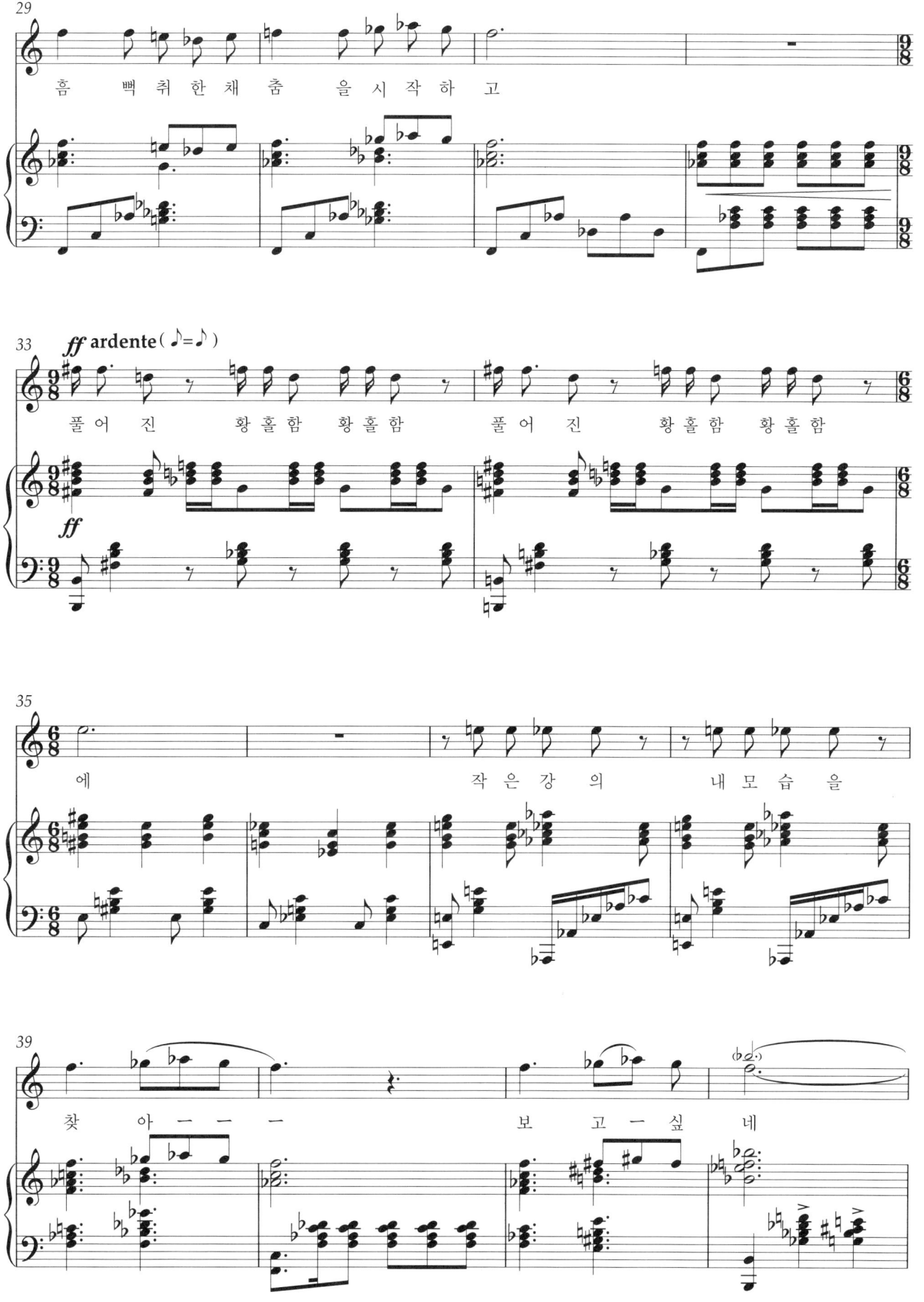

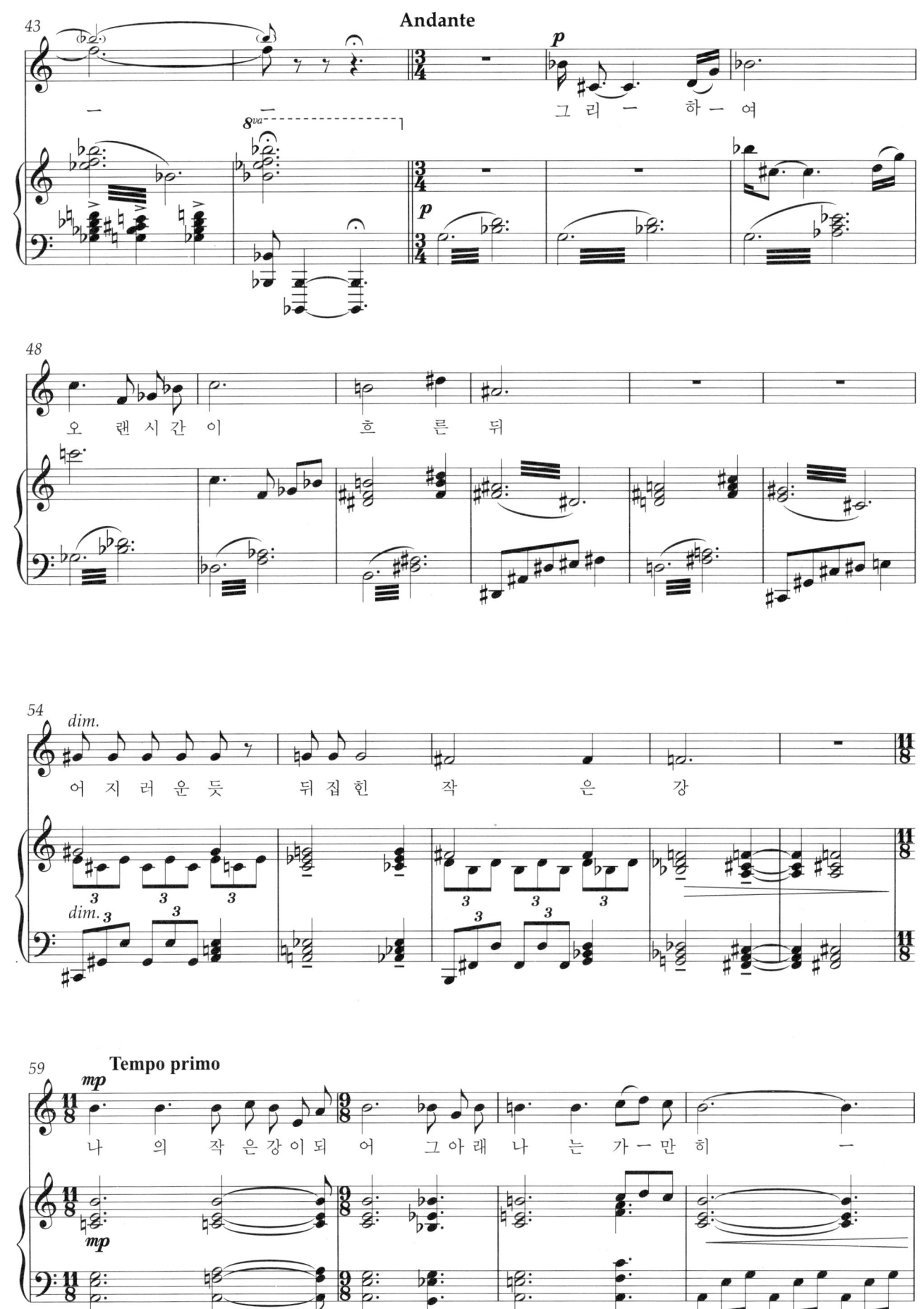

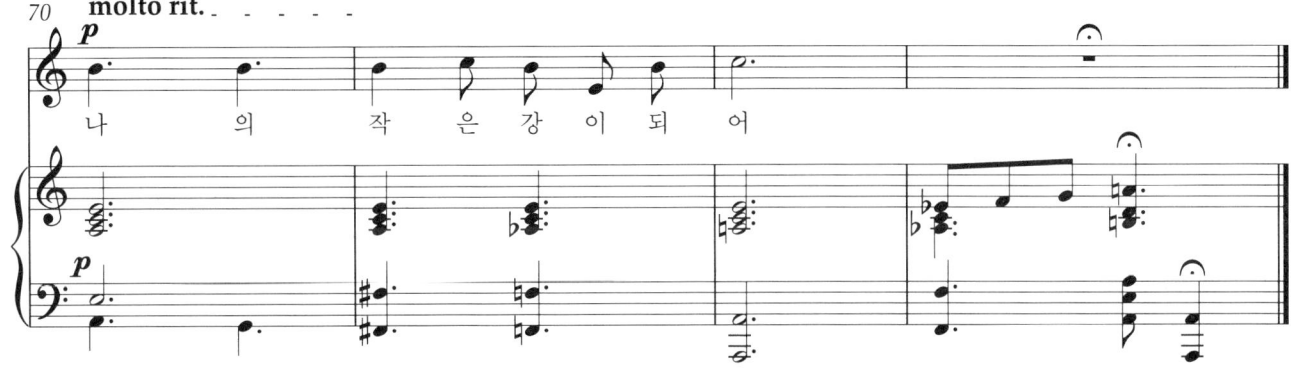

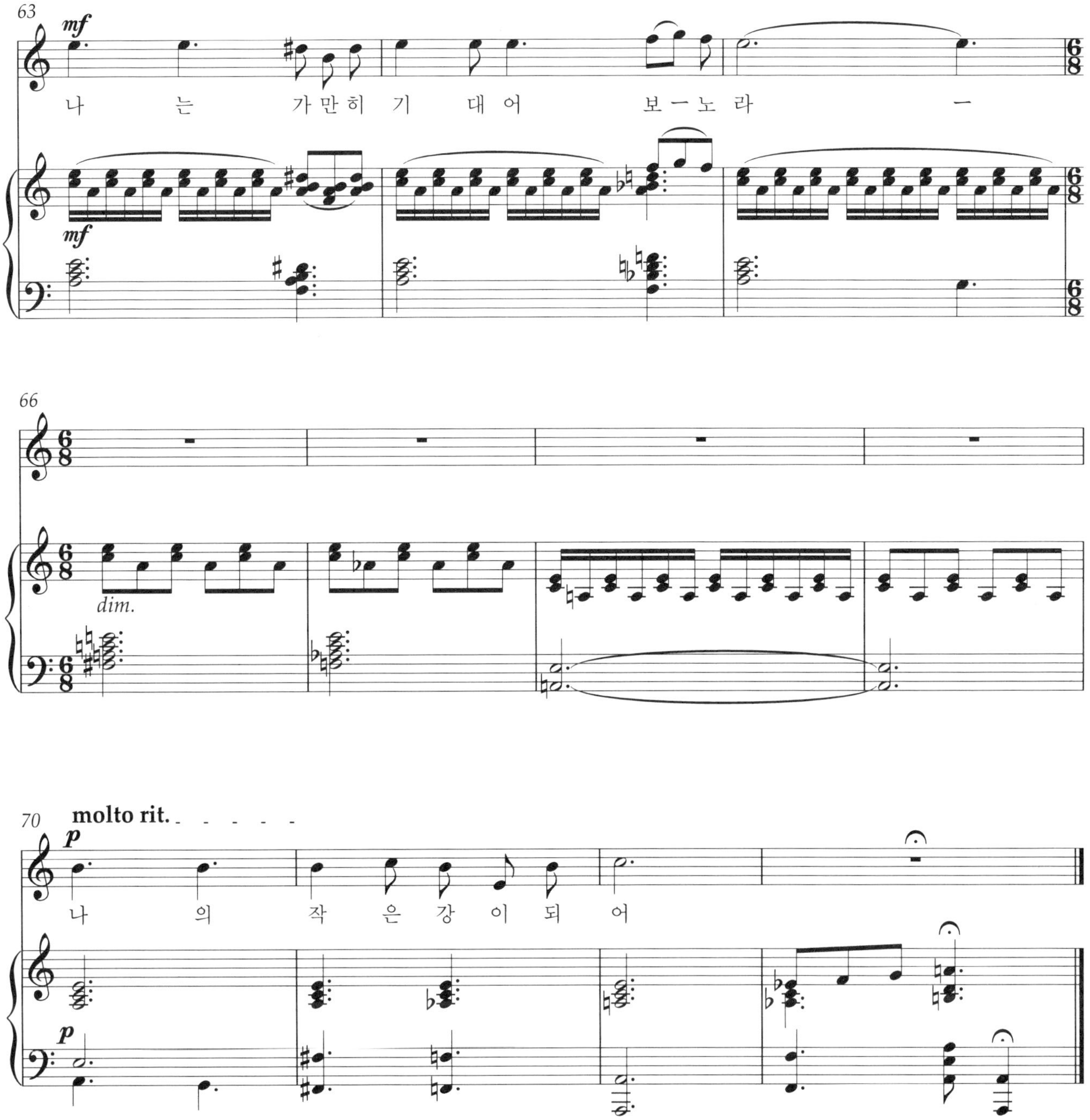

나 는 가만히 기 대 어 보ㅡ노 라 ㅡ

나 의 작 은 강이되 어

수크령

공영해

하순봉(2019)

보 라 빛ー 여 우 꼬 리

일 제 히ー 일 어 선 다

한 뎃ーー 잠

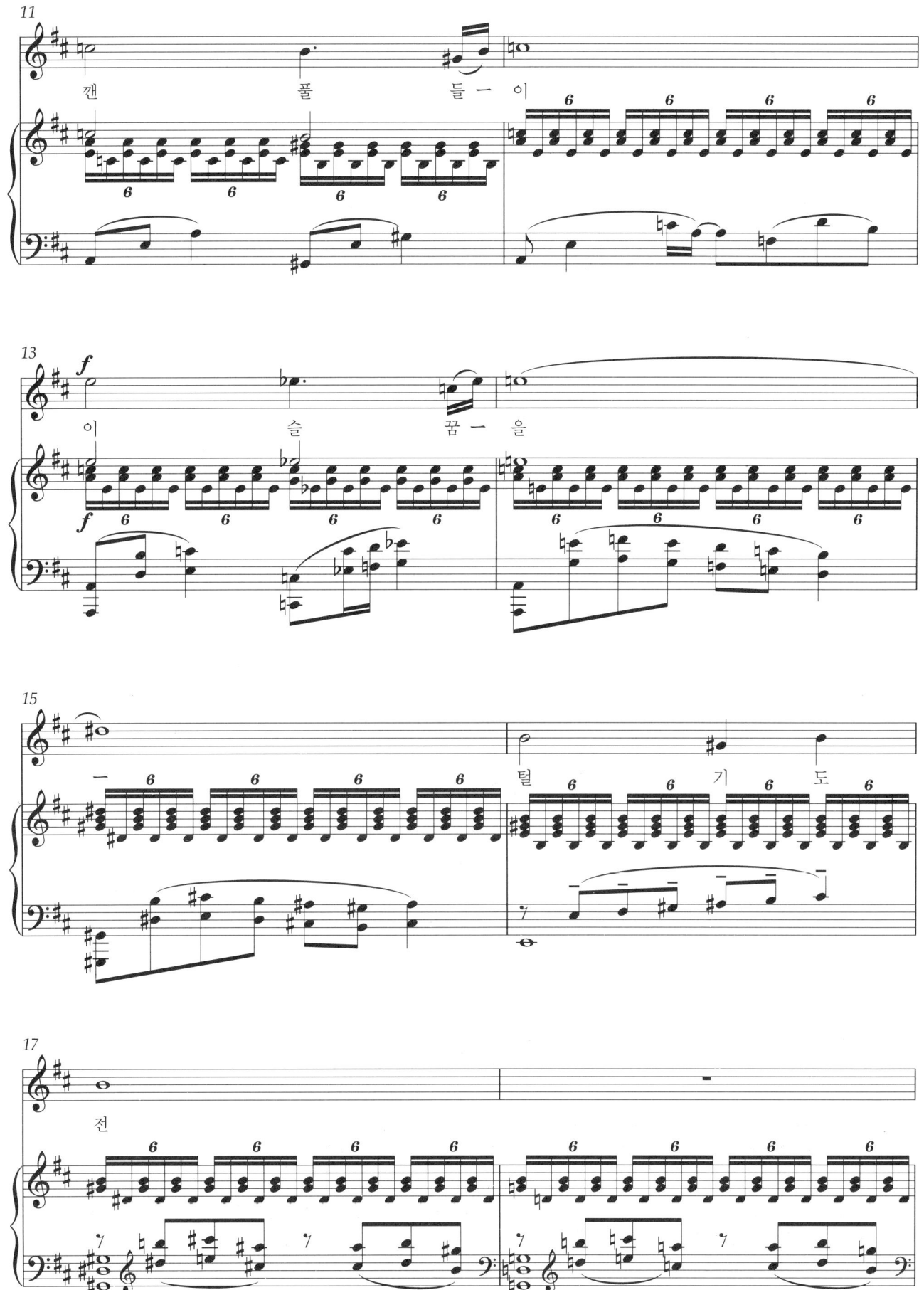

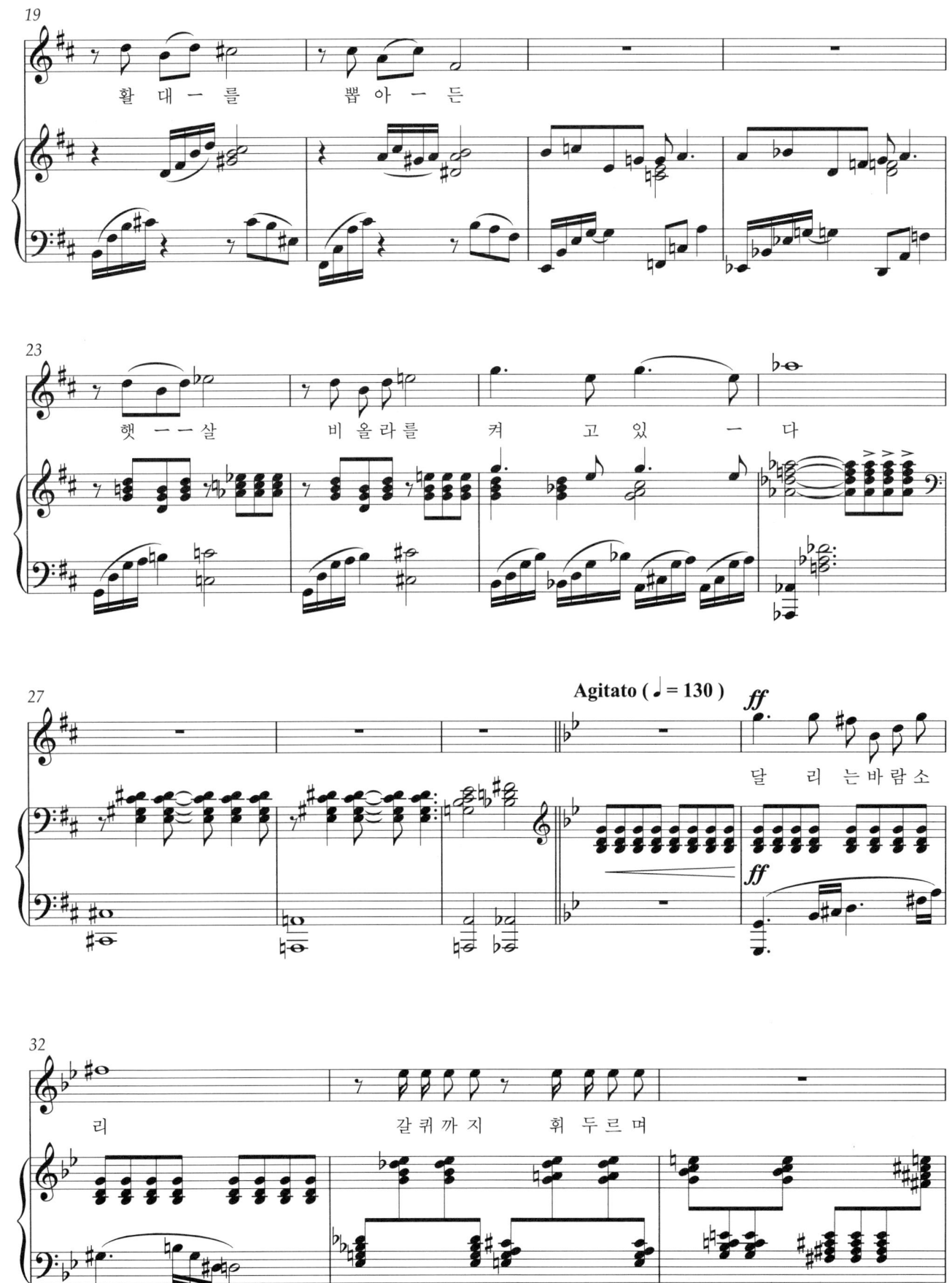

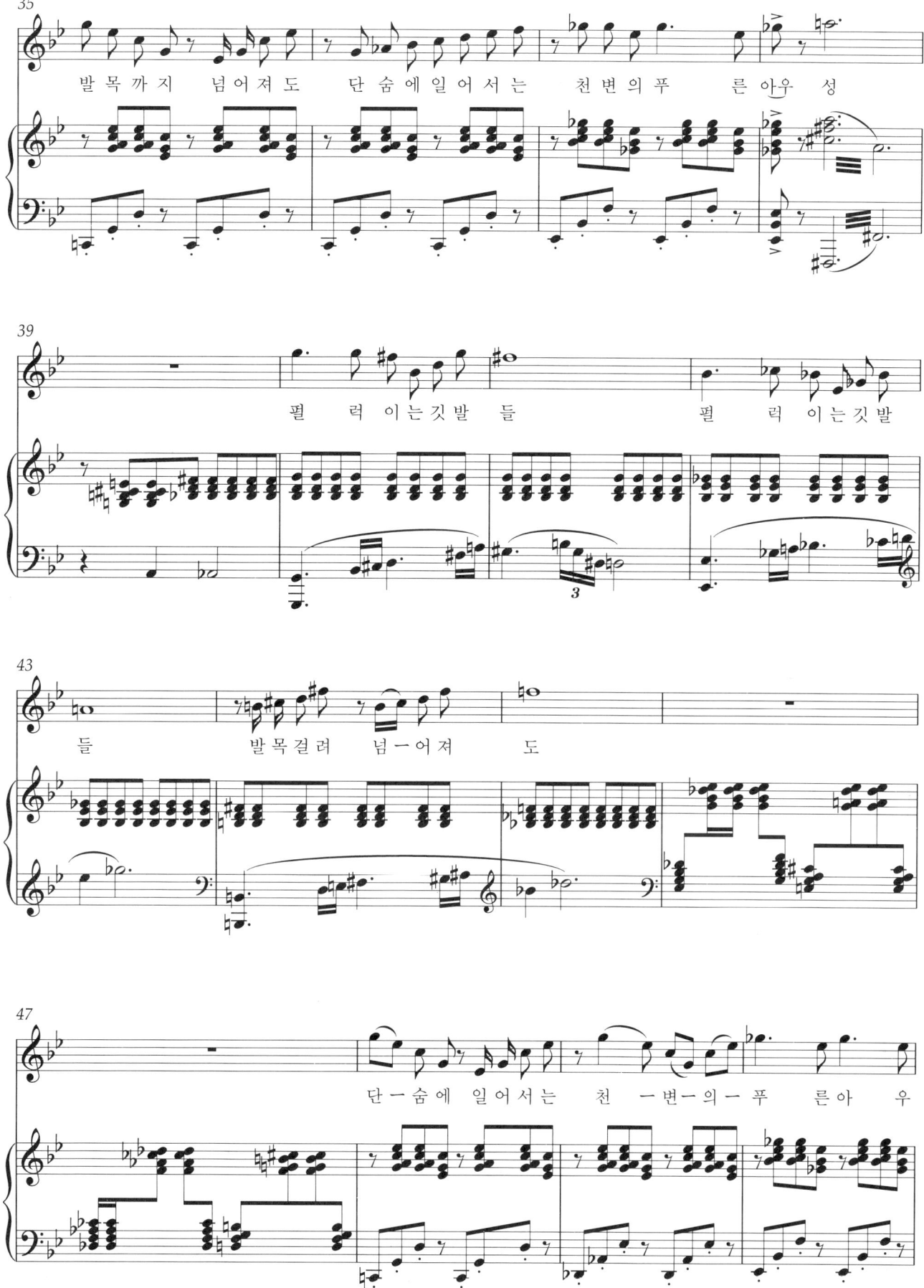

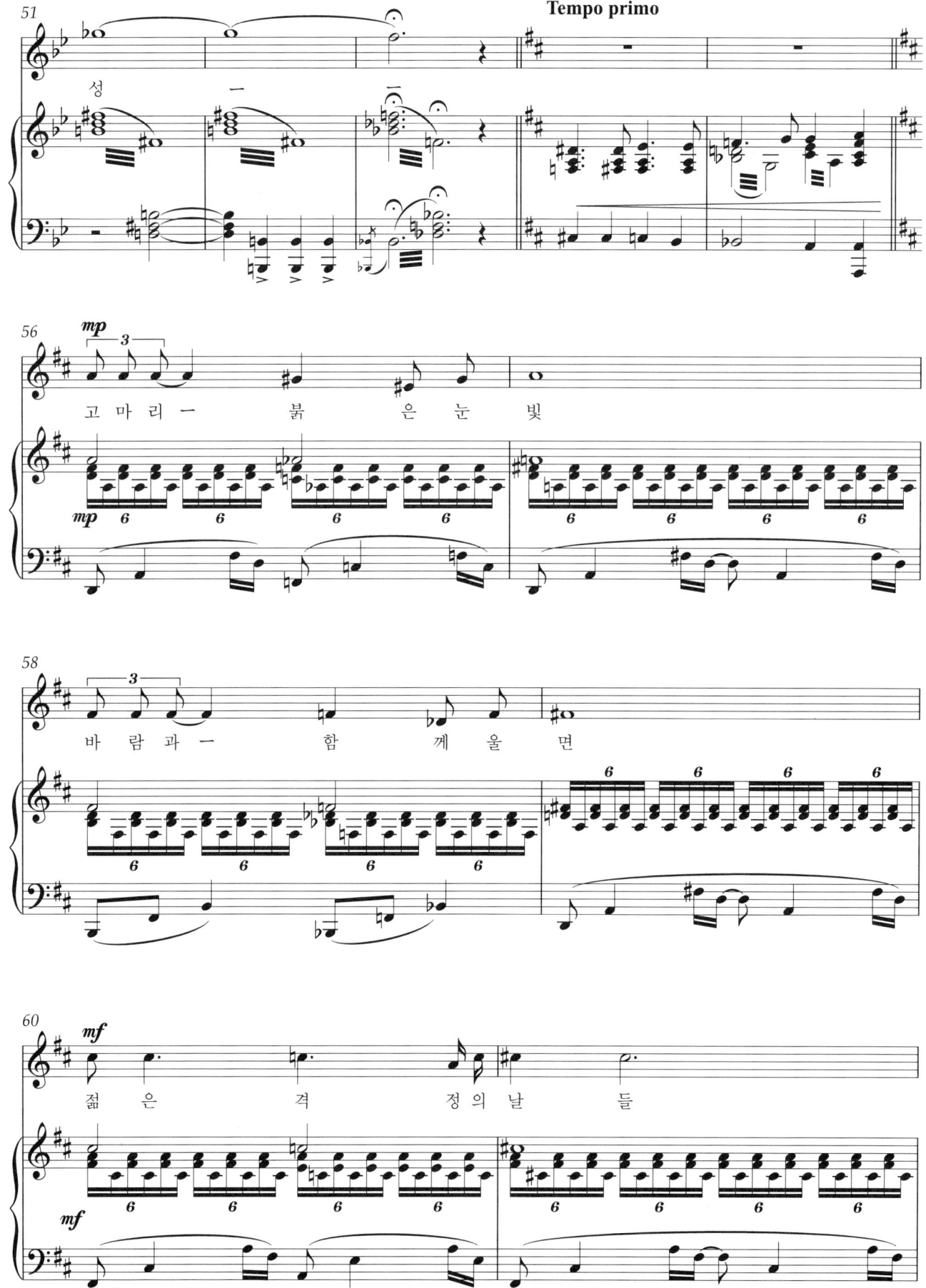

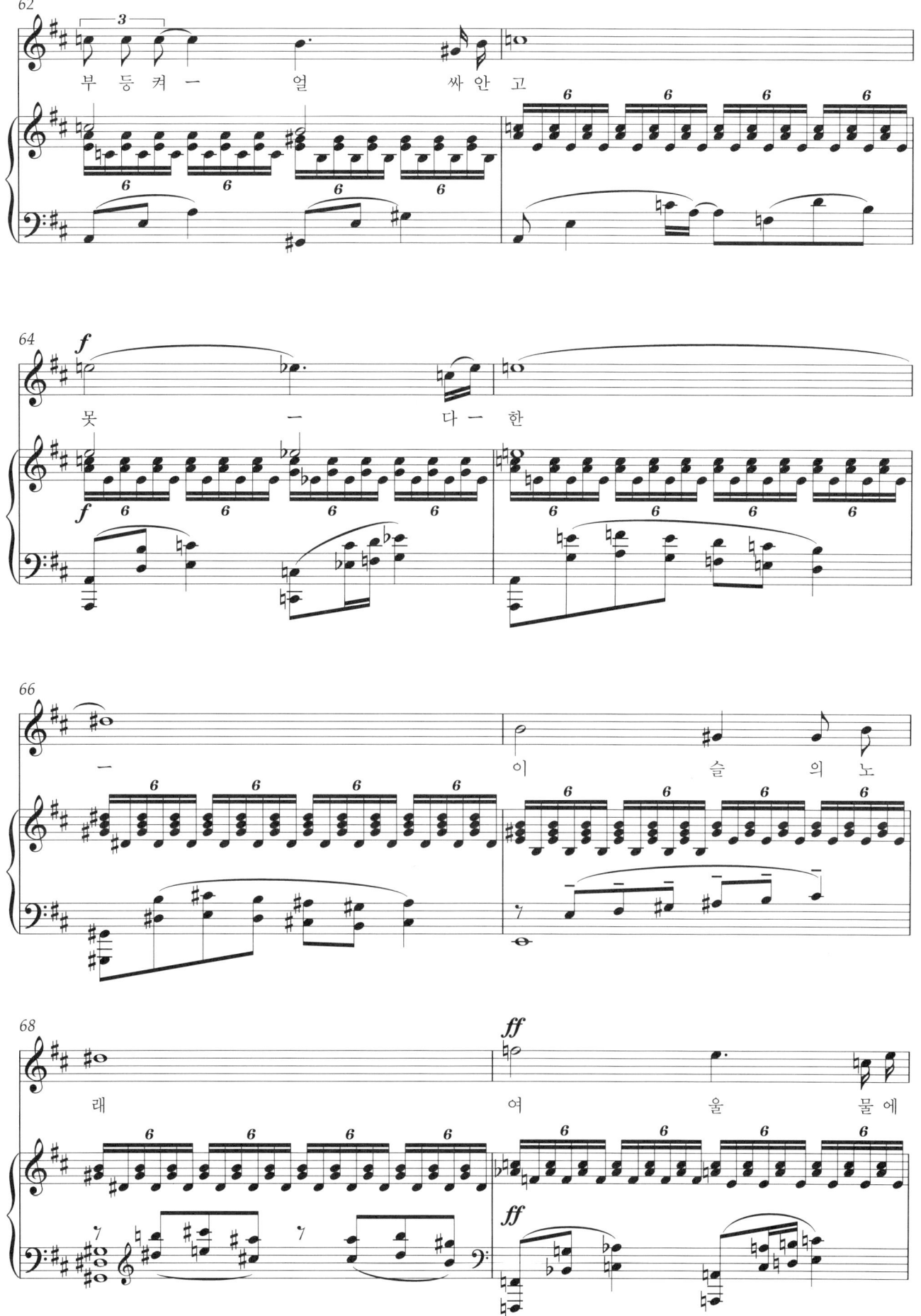

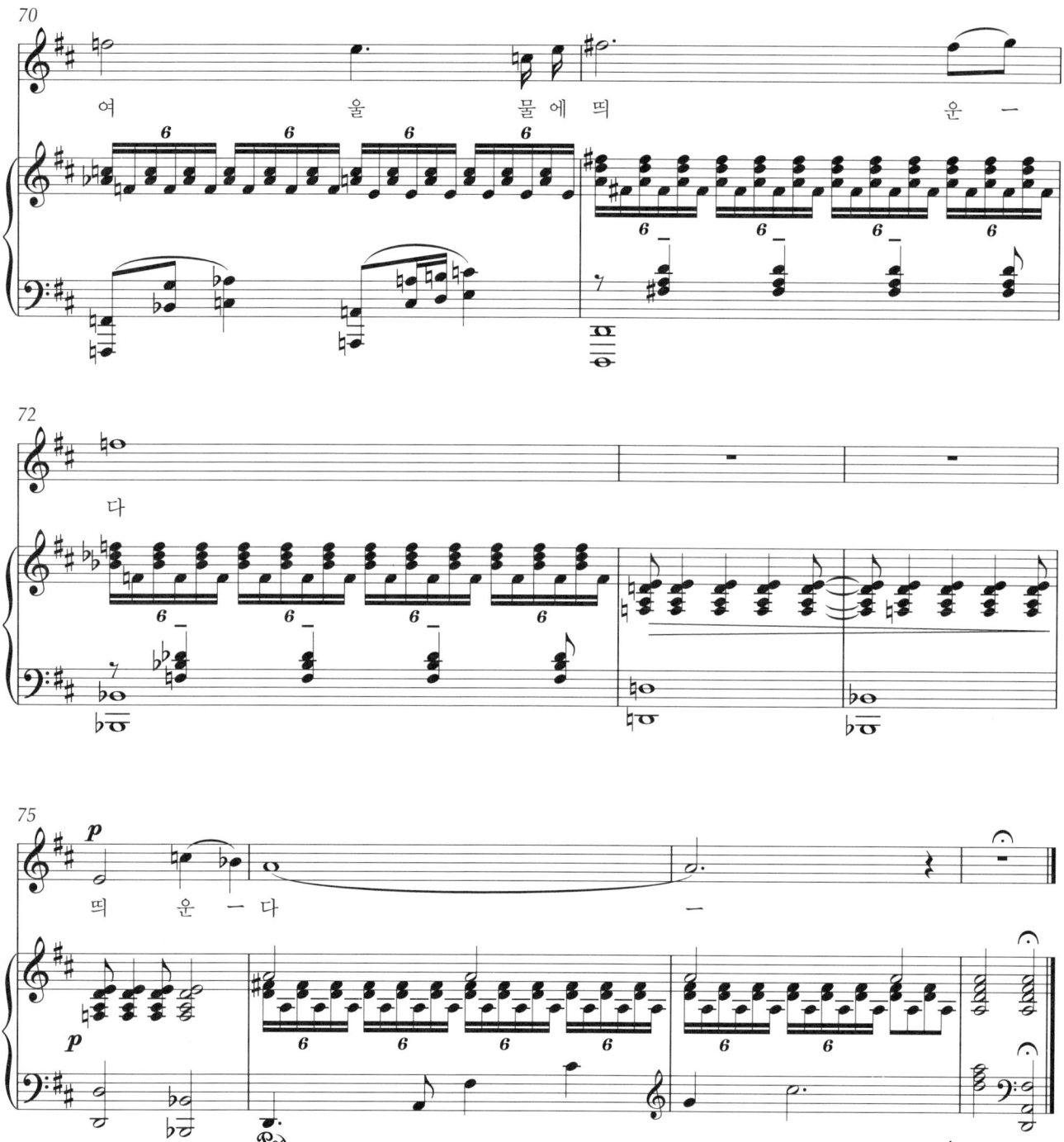

끈

구중서

하순봉 (2019)

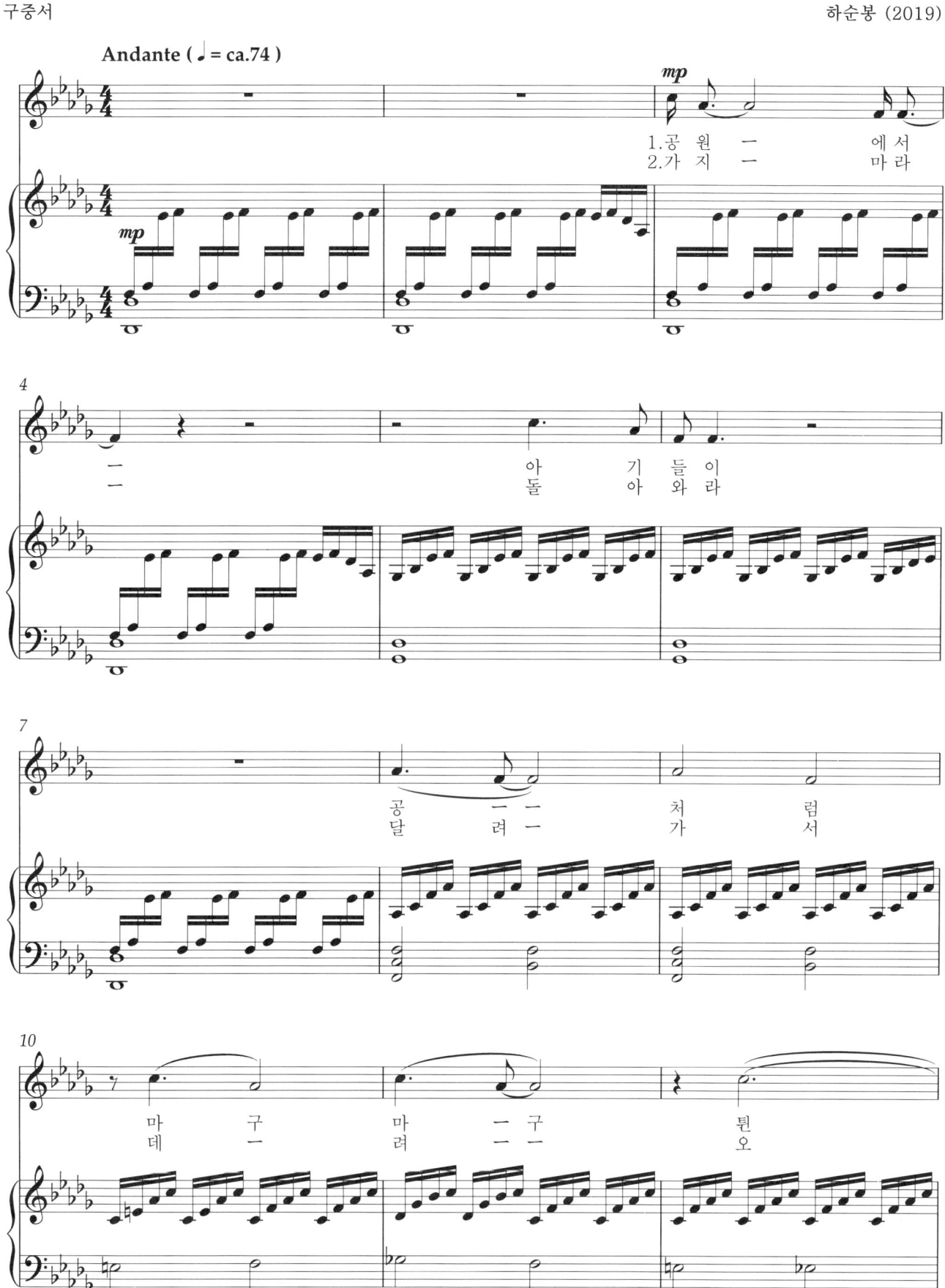

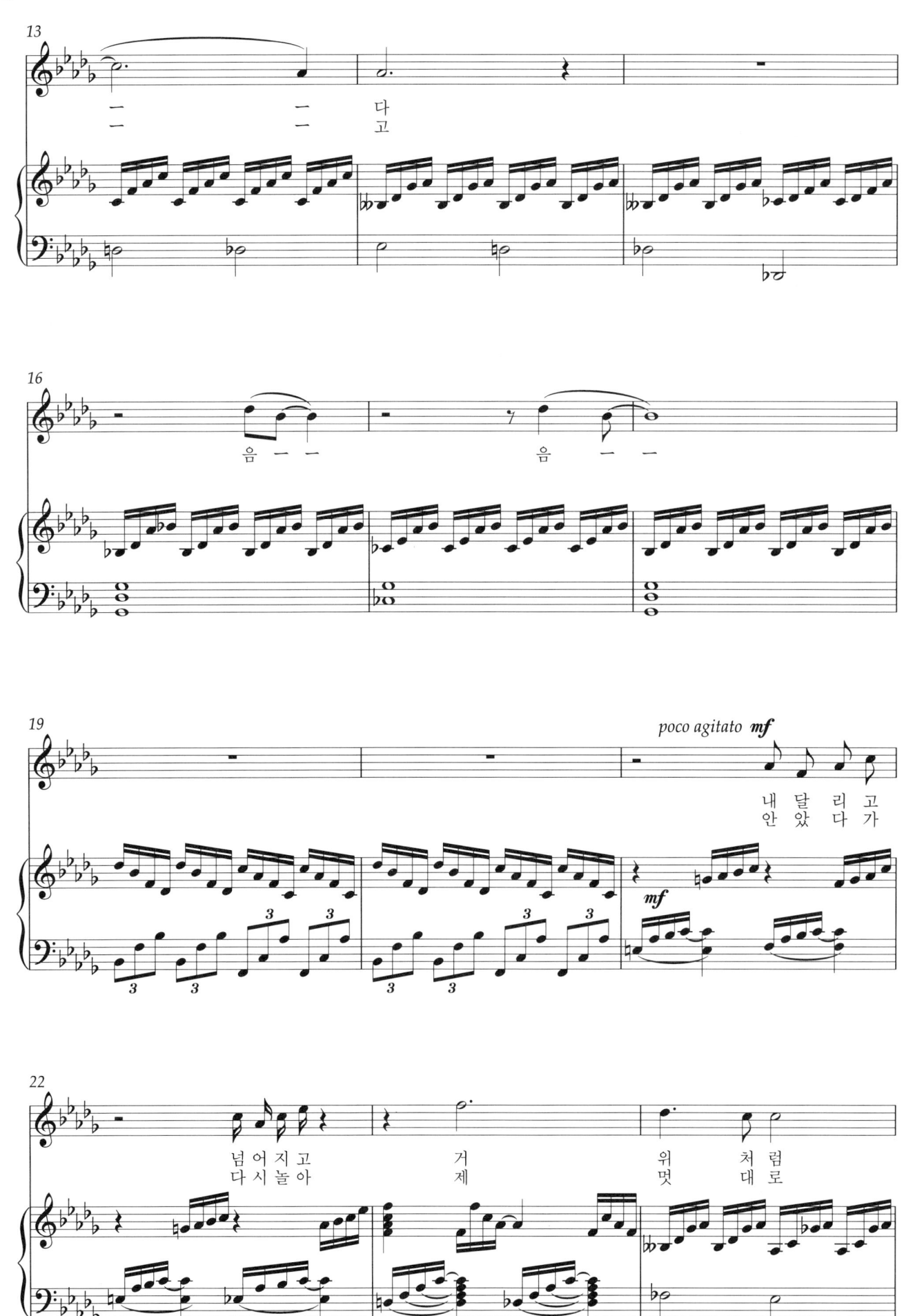

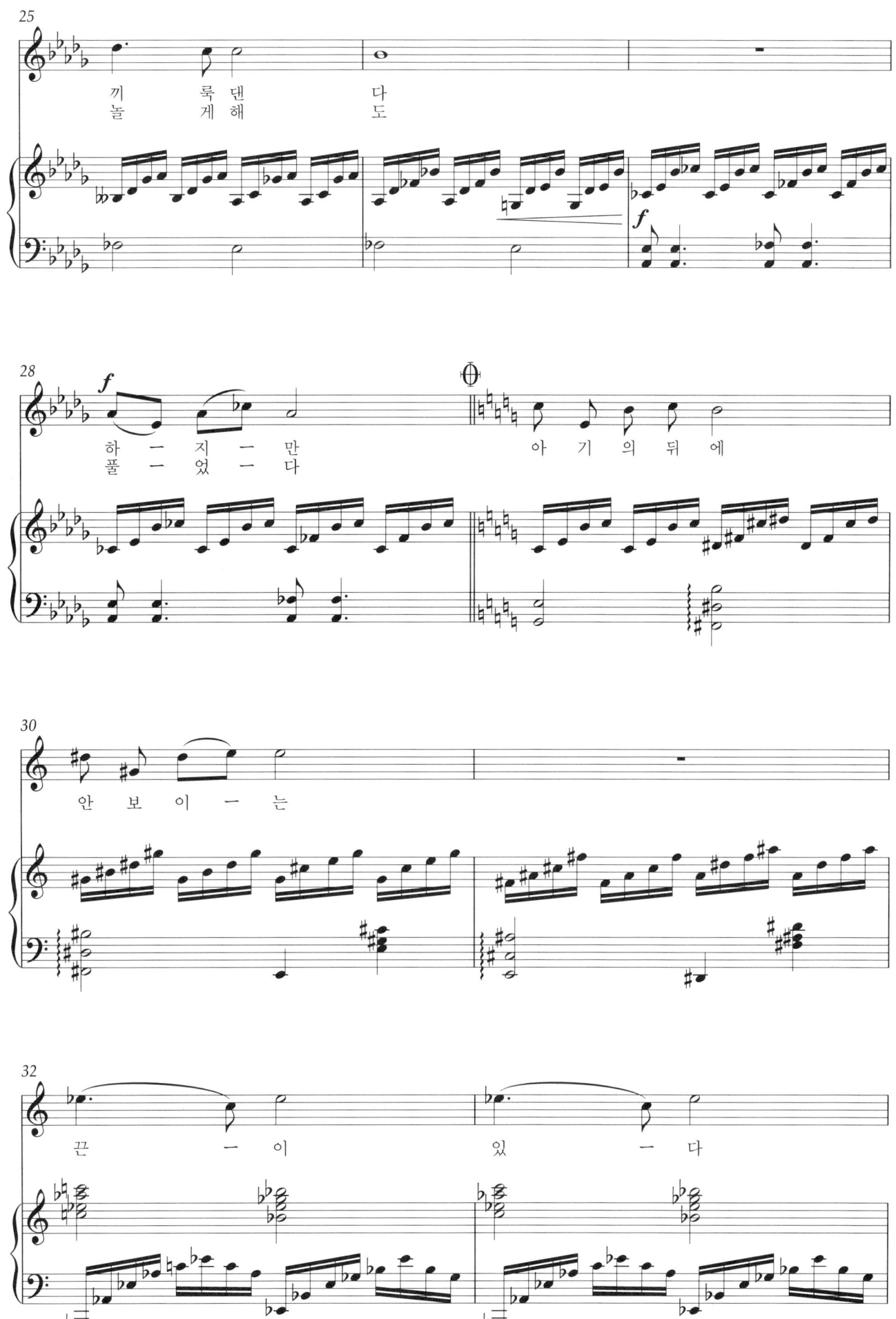

138

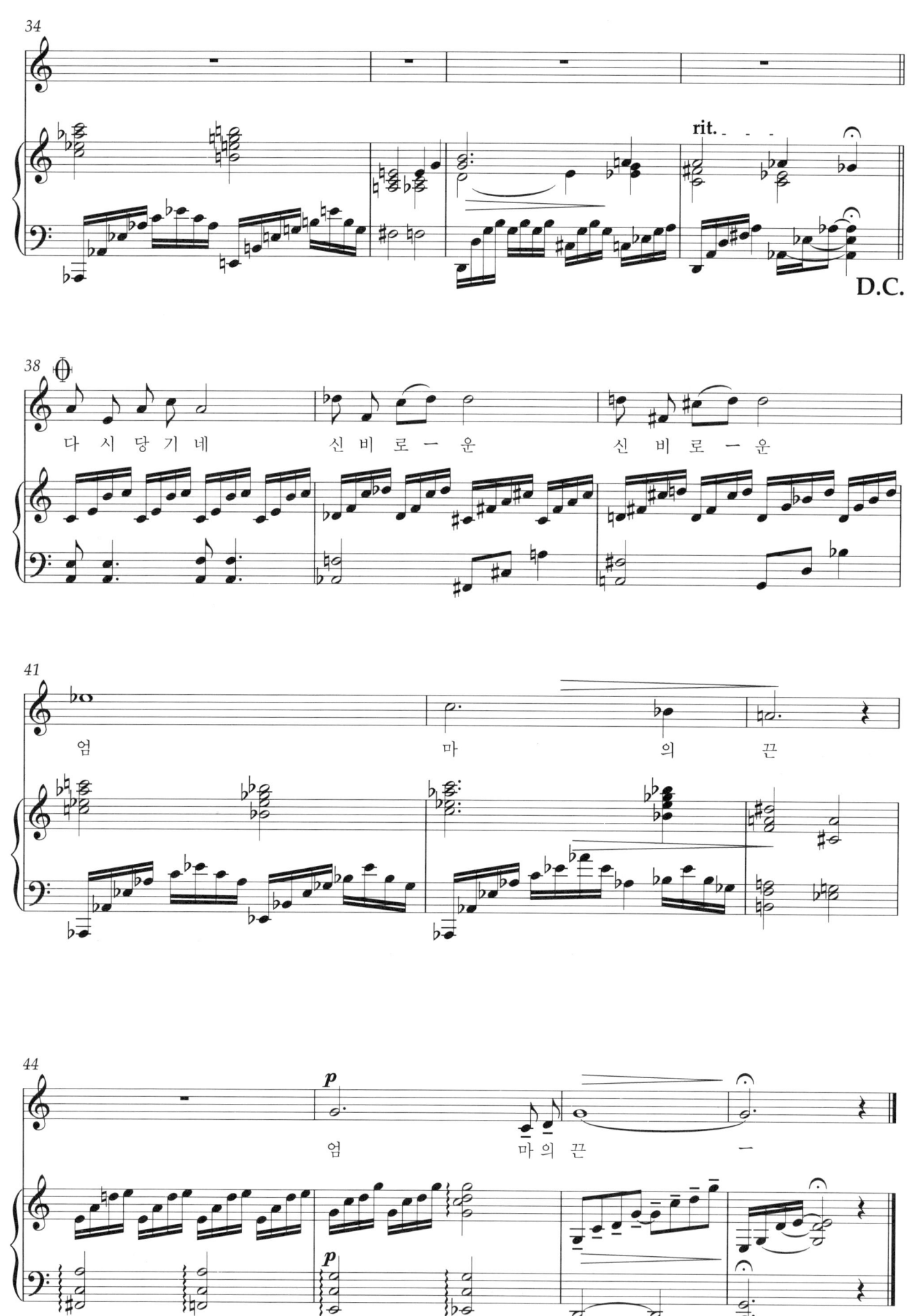

그 리 움

조양호   하순봉 (2020)

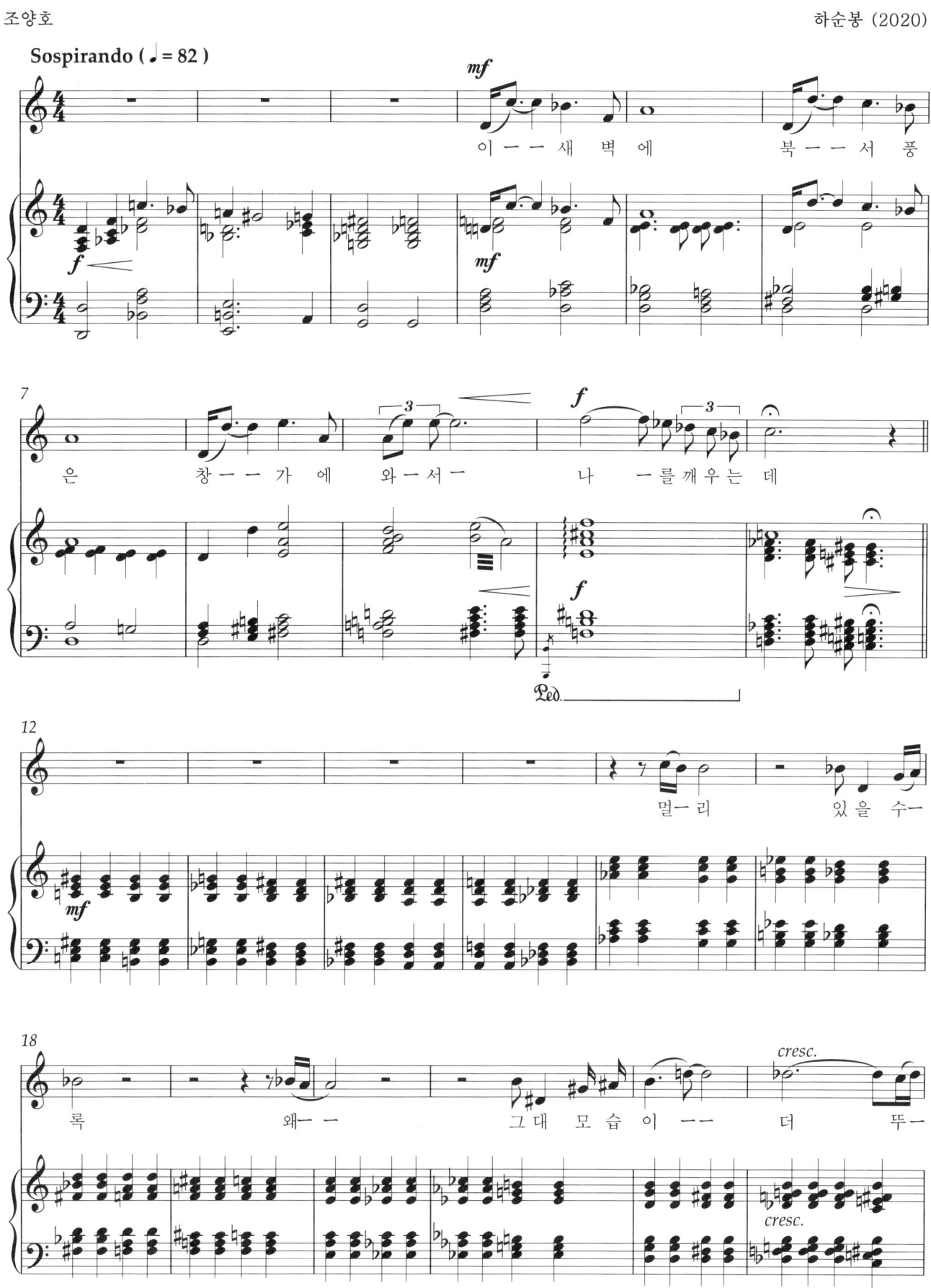

이ーー새 벽 에   북ーー서 풍

은   창ーー가 에 와ー서ー   나 ーー를 깨 우 는 데

멀ー리   있 을 수ー

록   왜ーー   그 대 모 습 이 ーー 더   뚜ー

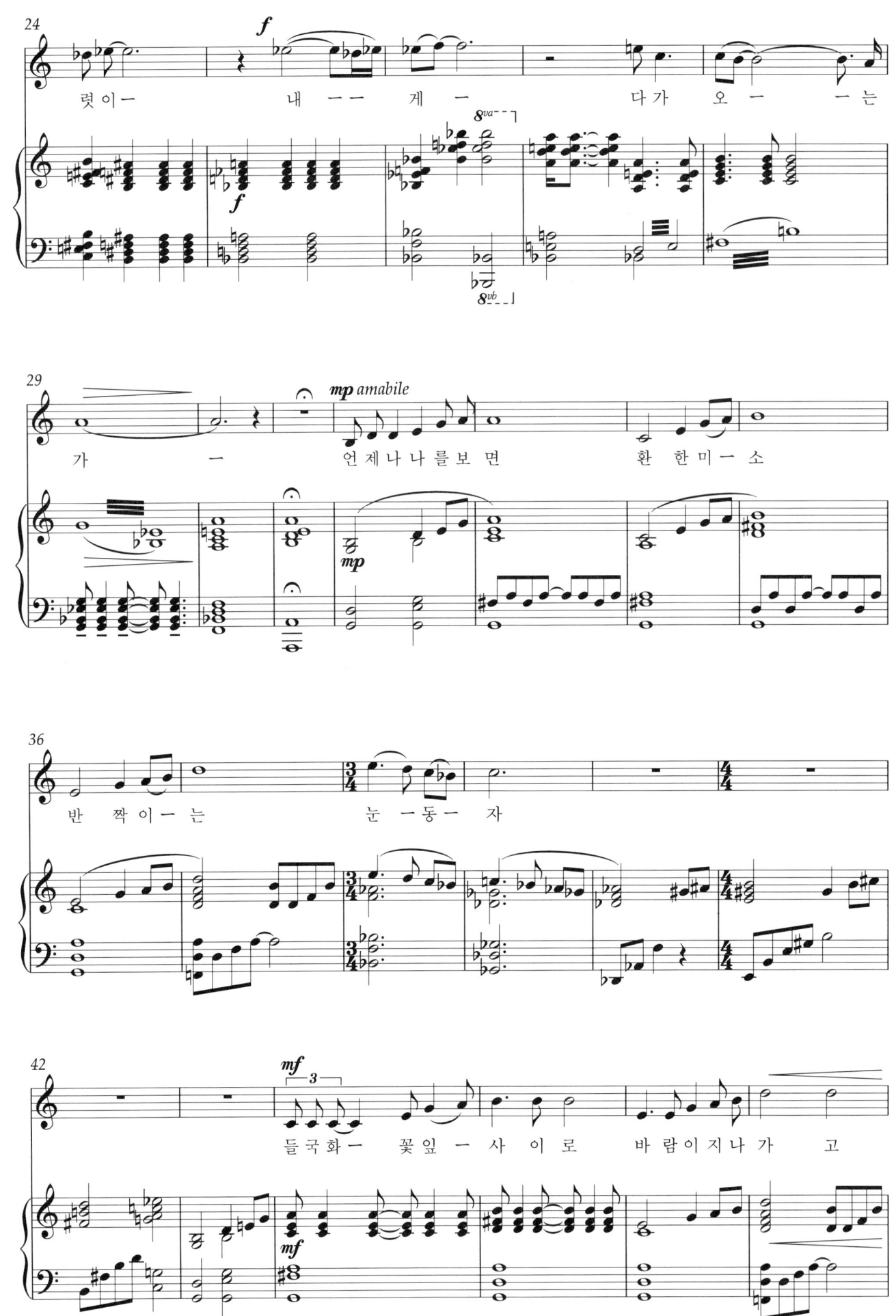

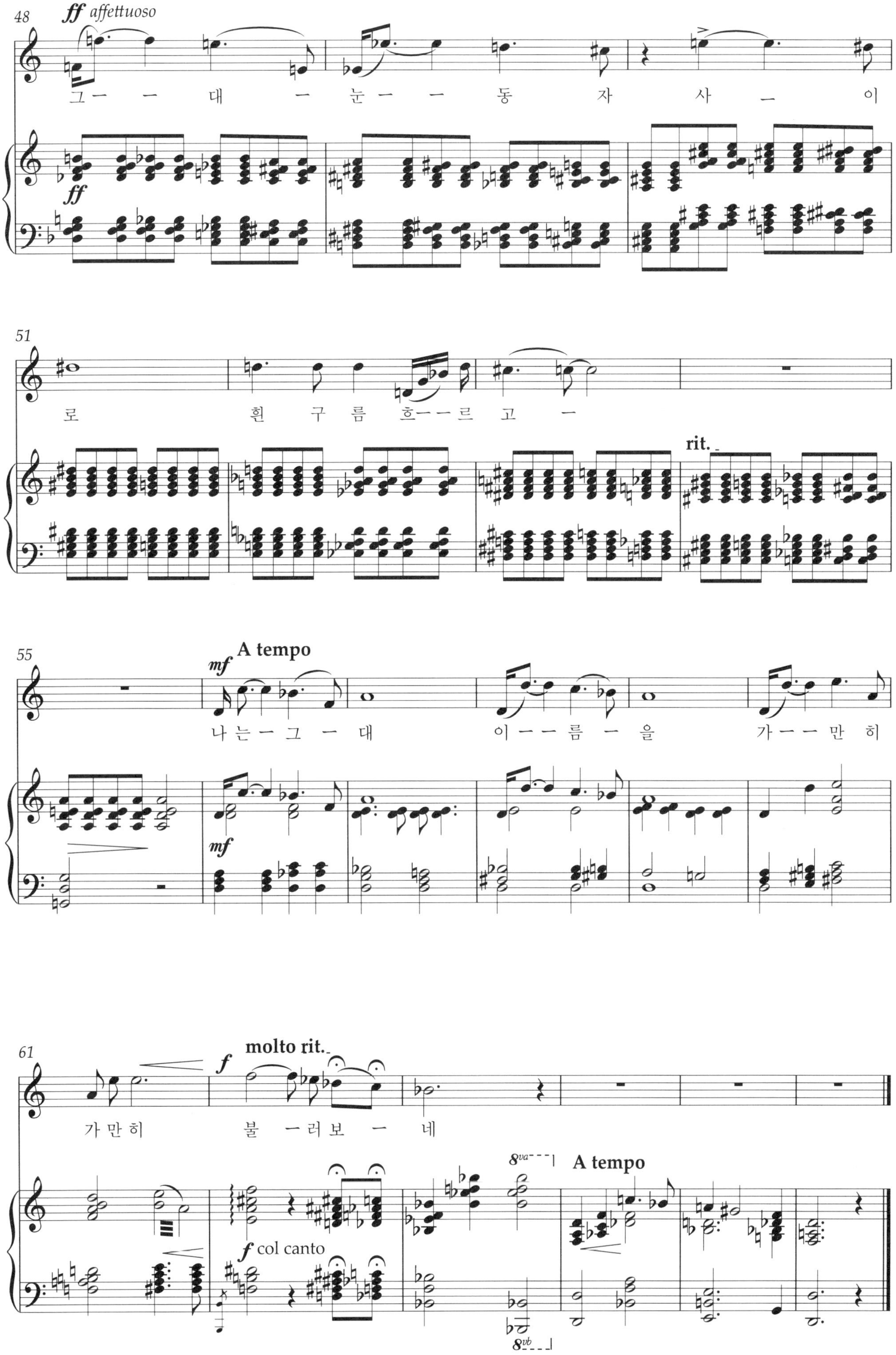

그 — 대 — 눈 — 동 자 사 — 이

로   흰 구 름 흐 — 르 고 —

나 는 — 그 — 대   이 — 름 — 을   가 — 만 히

가 만 히   불 — 러 보 — 네

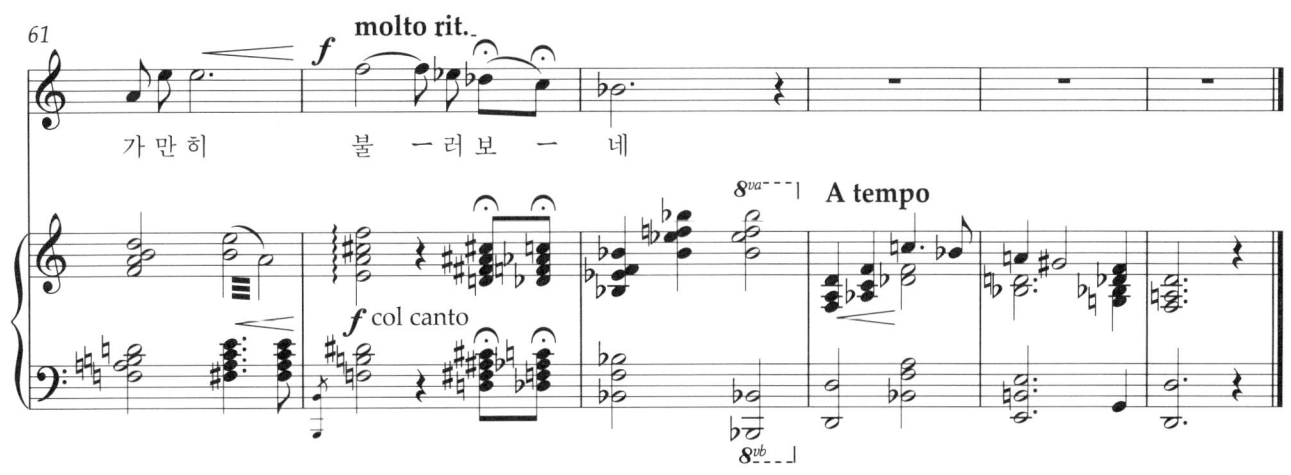

파랑새를 위하여

이유채

하순봉(2020)

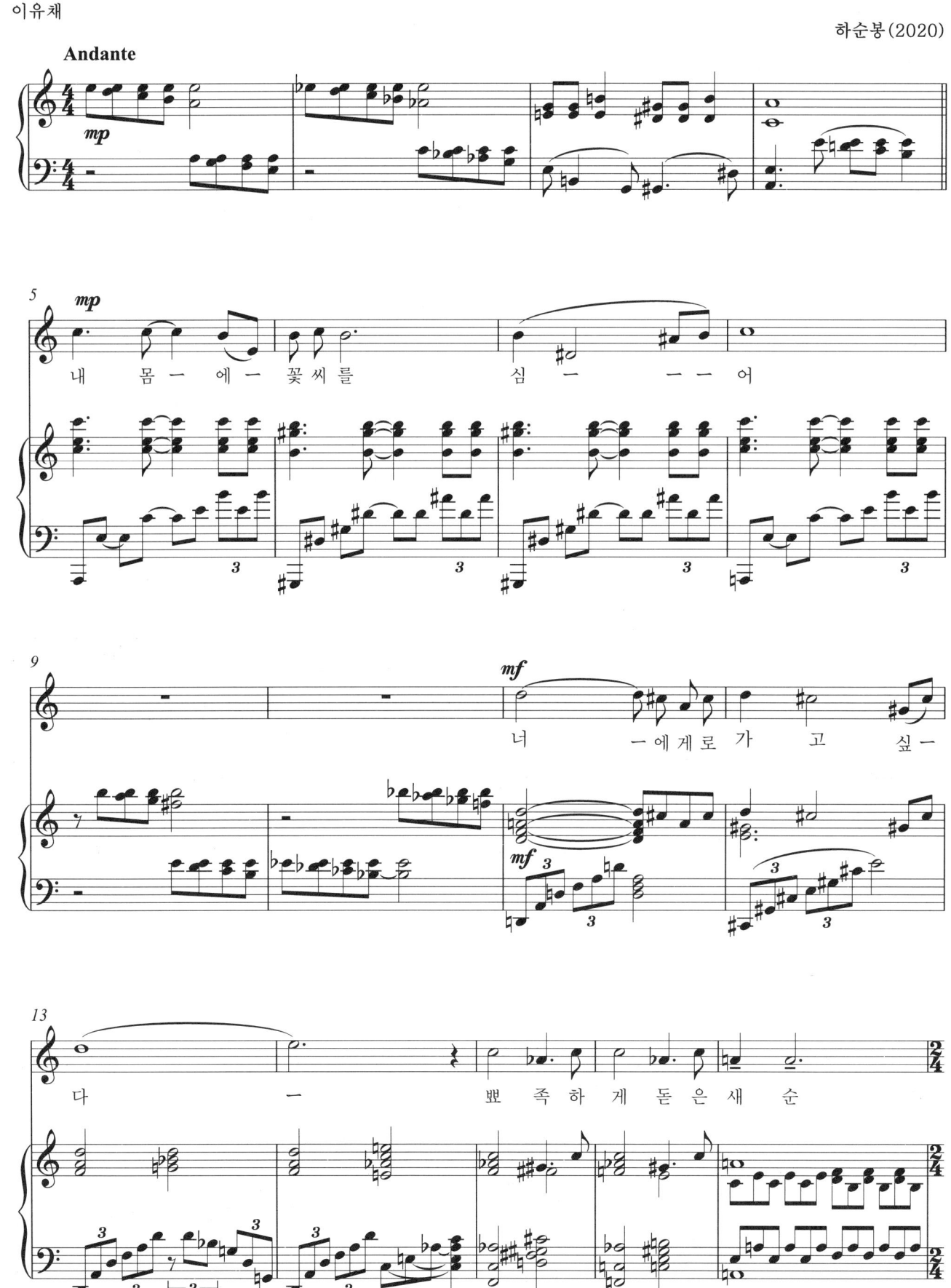

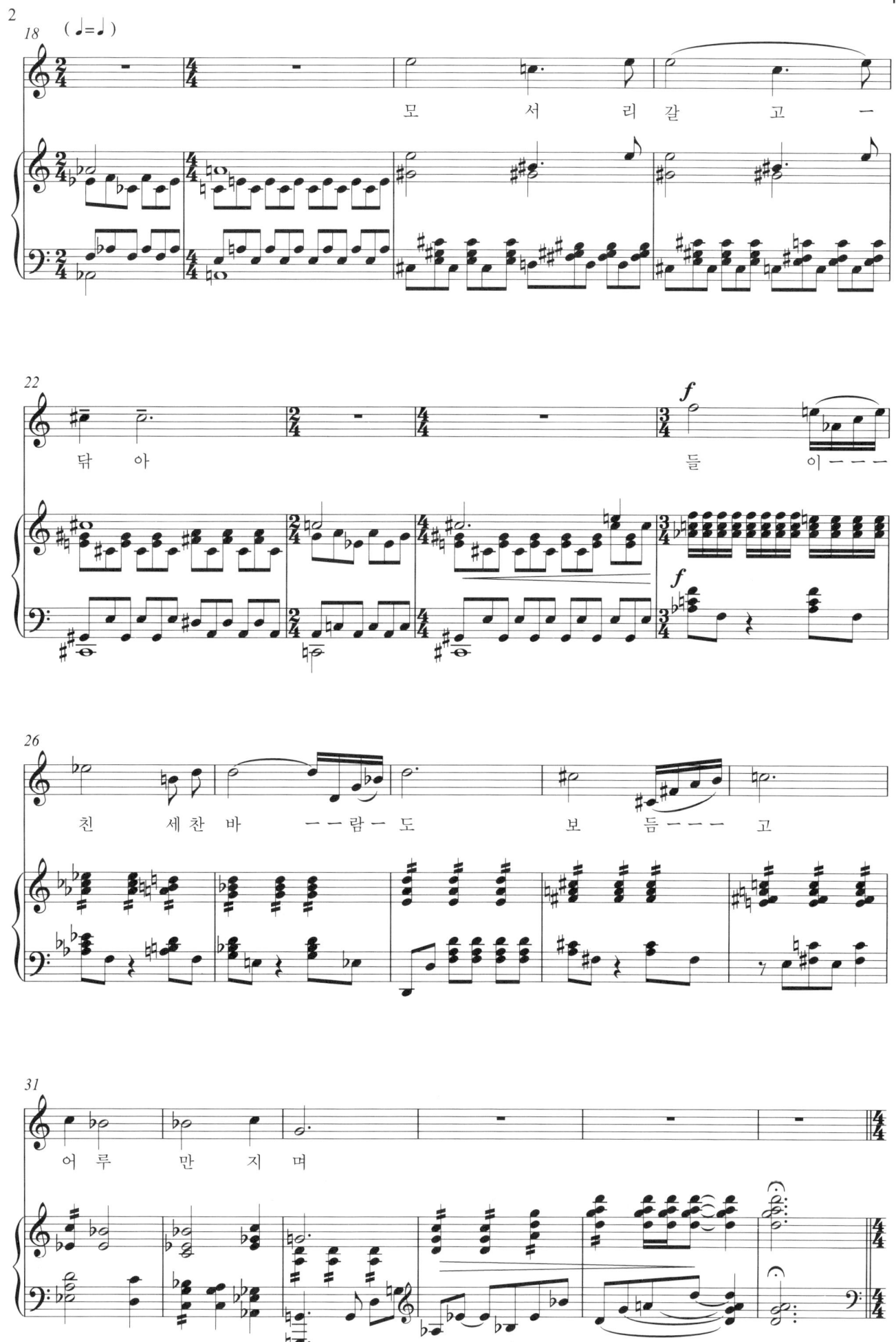

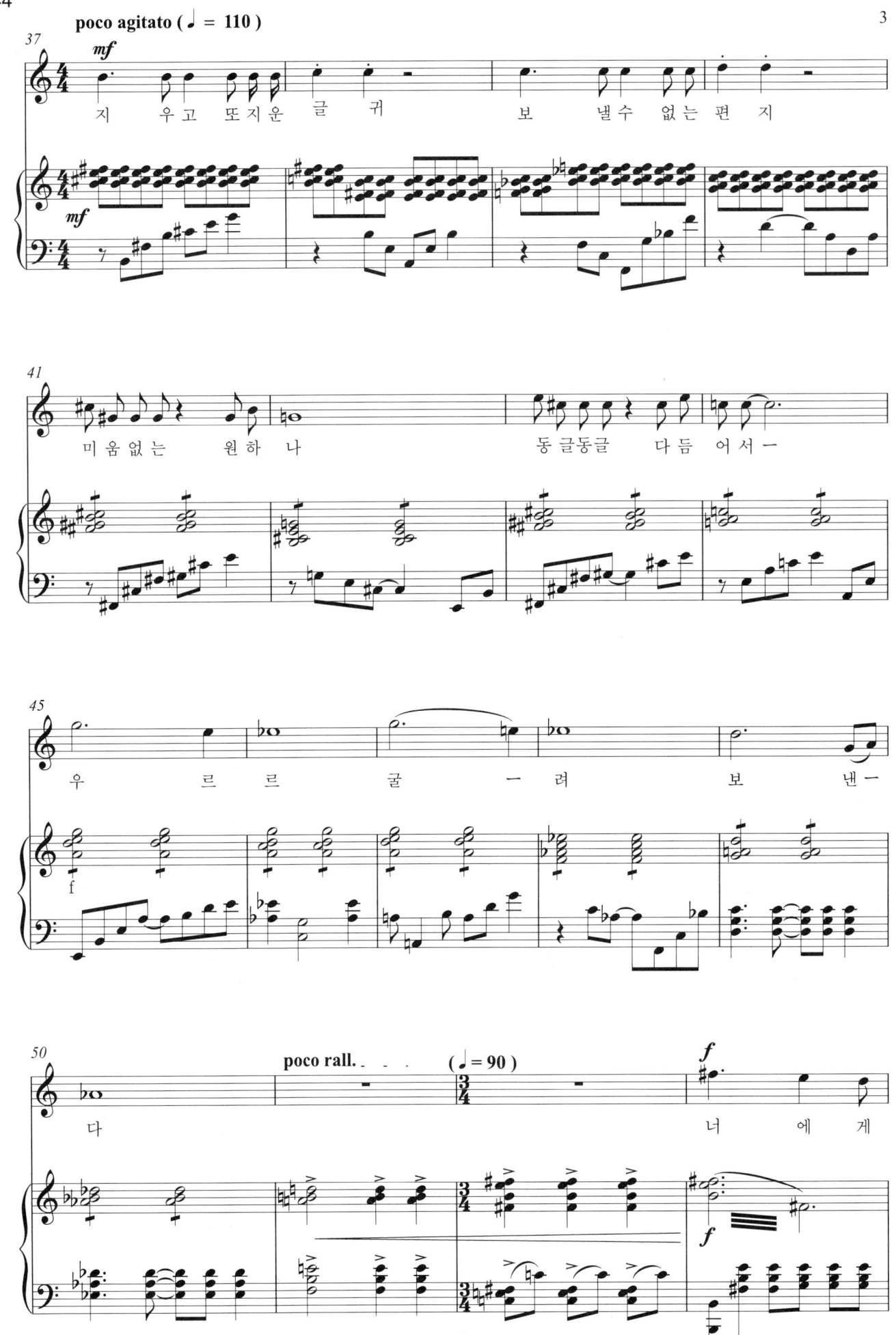

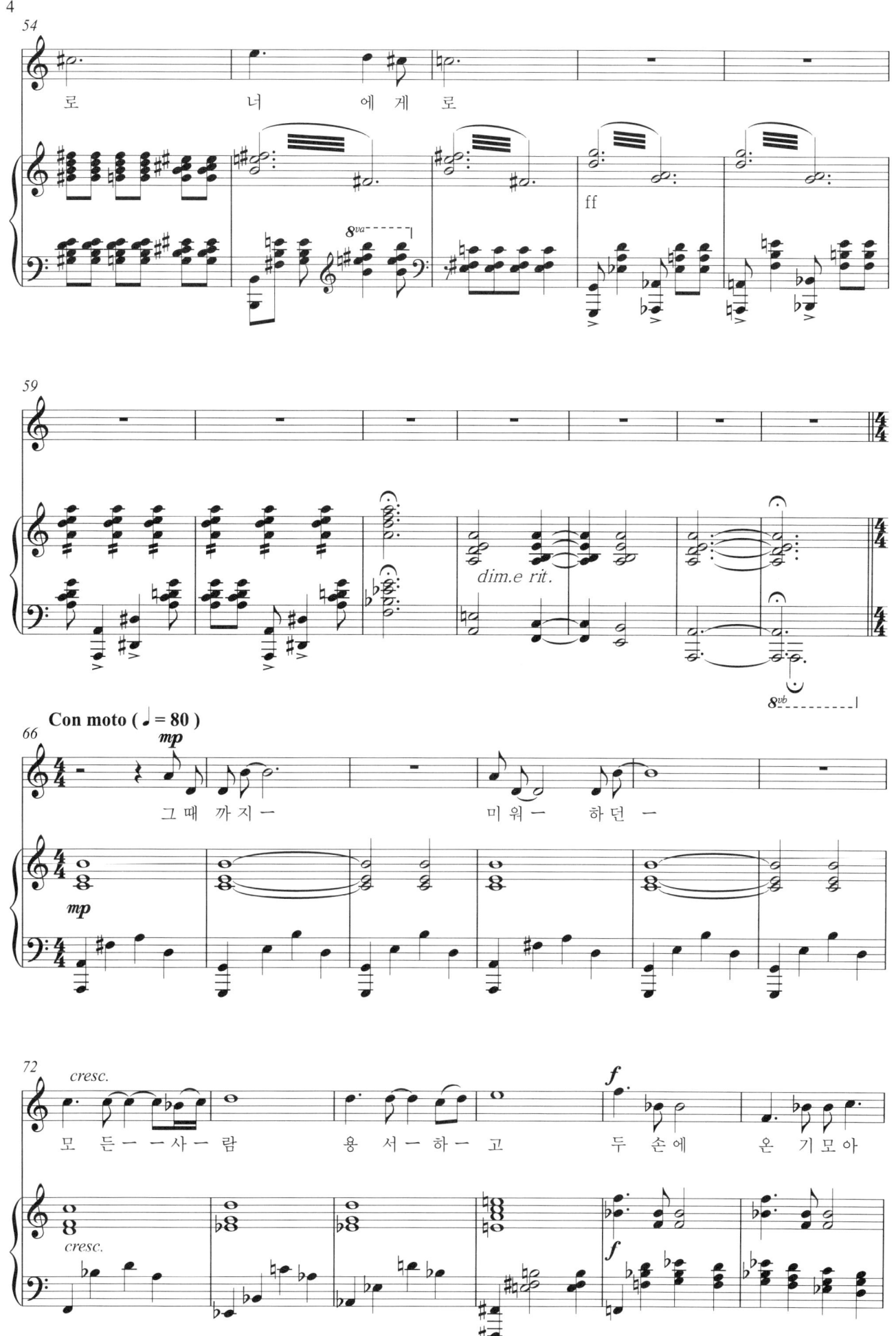

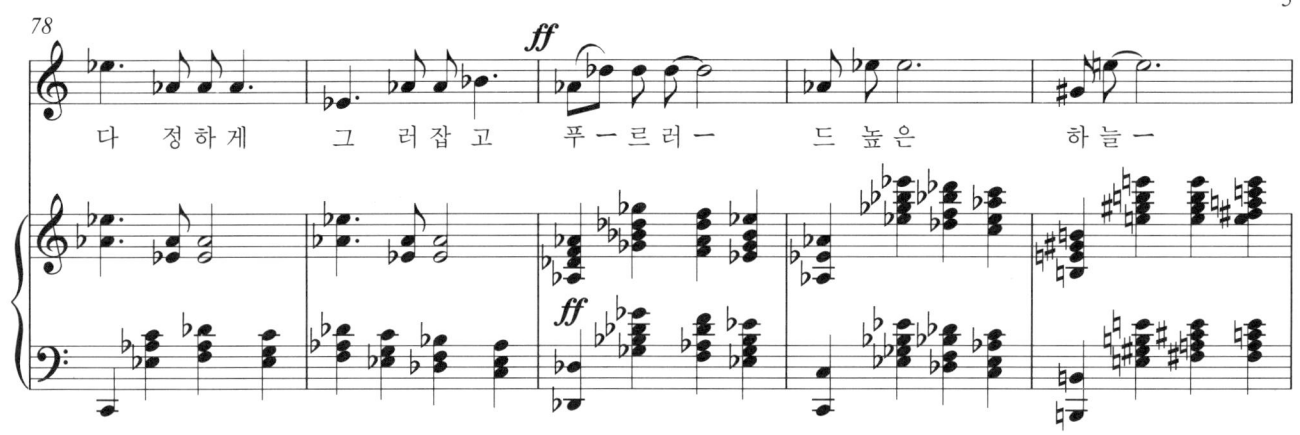

다 정하게 그 러잡고 푸르르一 드 높은 하늘一

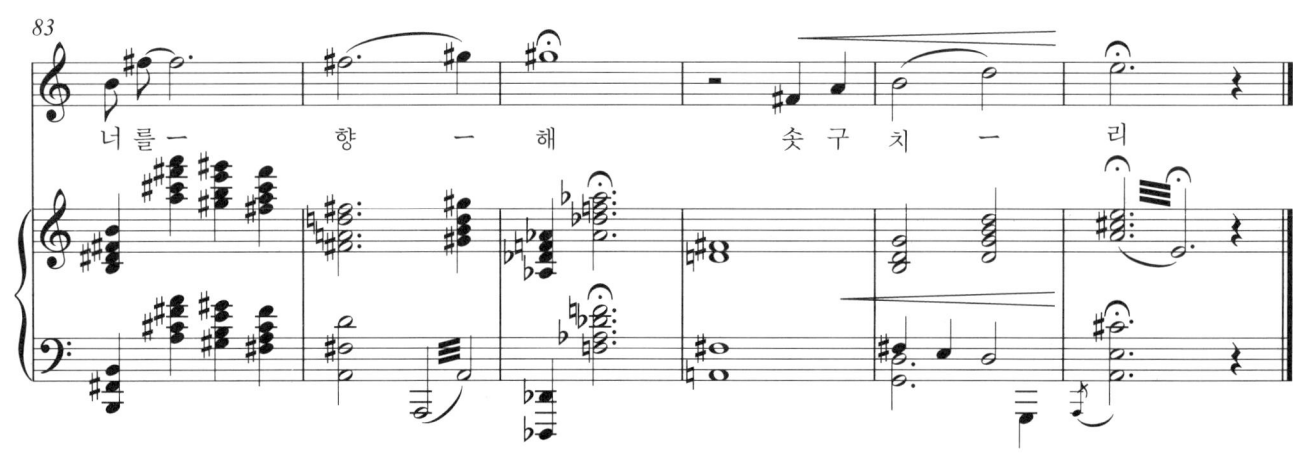

너를一 향 一 해 솟 구 치 一 리

복수초

홍순도

하순봉(2021)

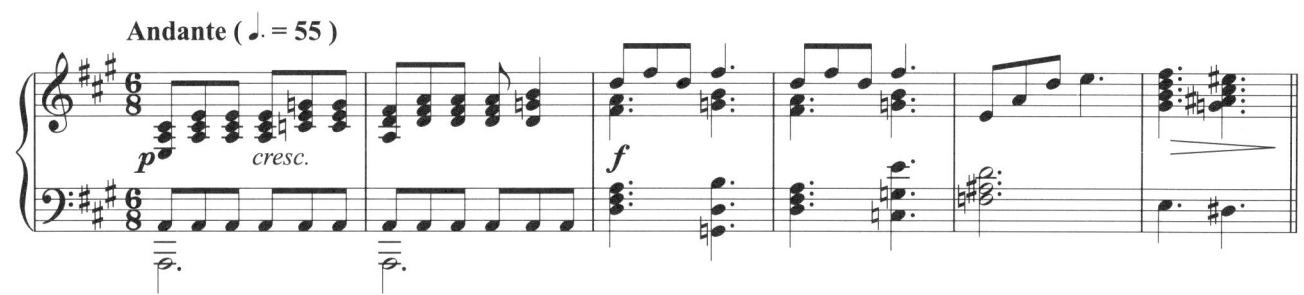

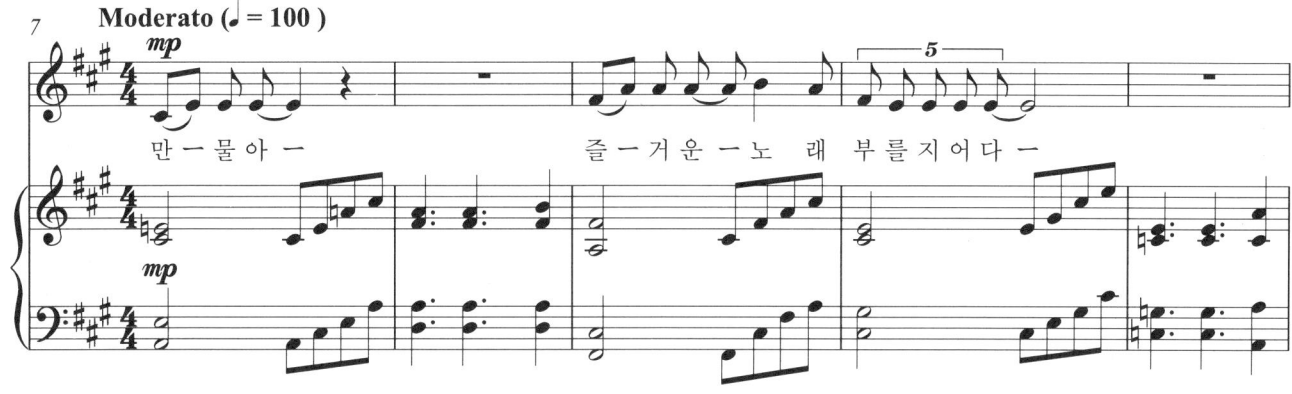

만ㅡ물아ㅡ 즐ㅡ거운ㅡ노 래 부를지어다ㅡ

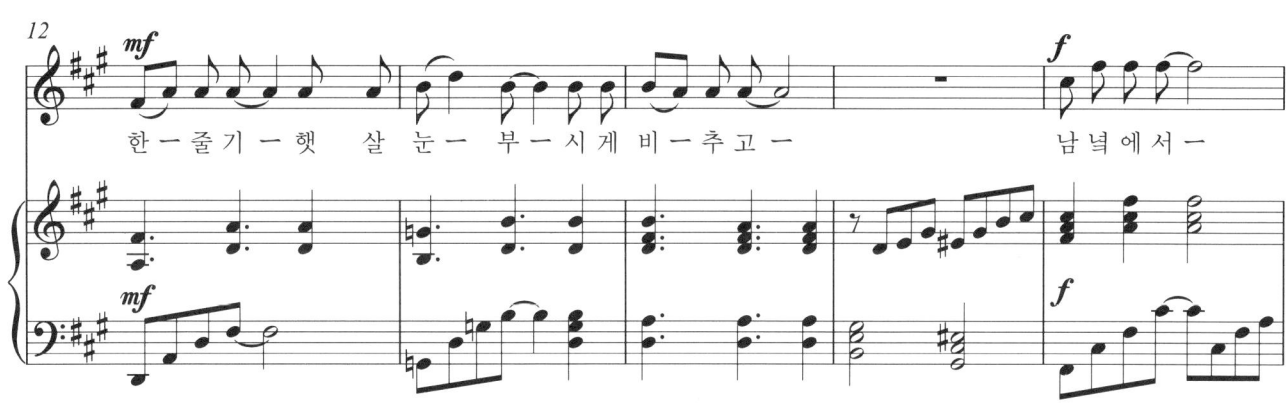

한ㅡ줄기ㅡ햇 살 눈ㅡ 부ㅡ시게 비ㅡ추고ㅡ 남 녘 에서ㅡ

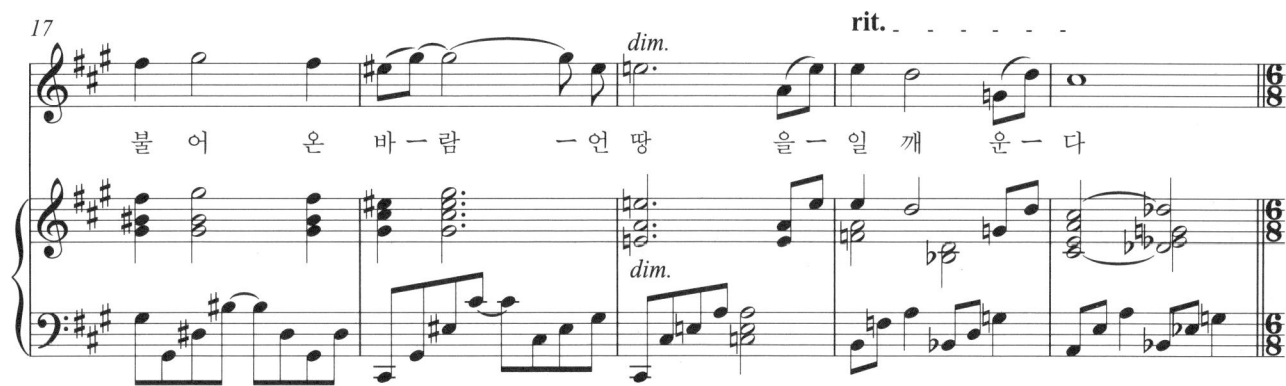

불 어 온 바ㅡ람 ㅡ언 땅 을ㅡ일 깨 운ㅡ다

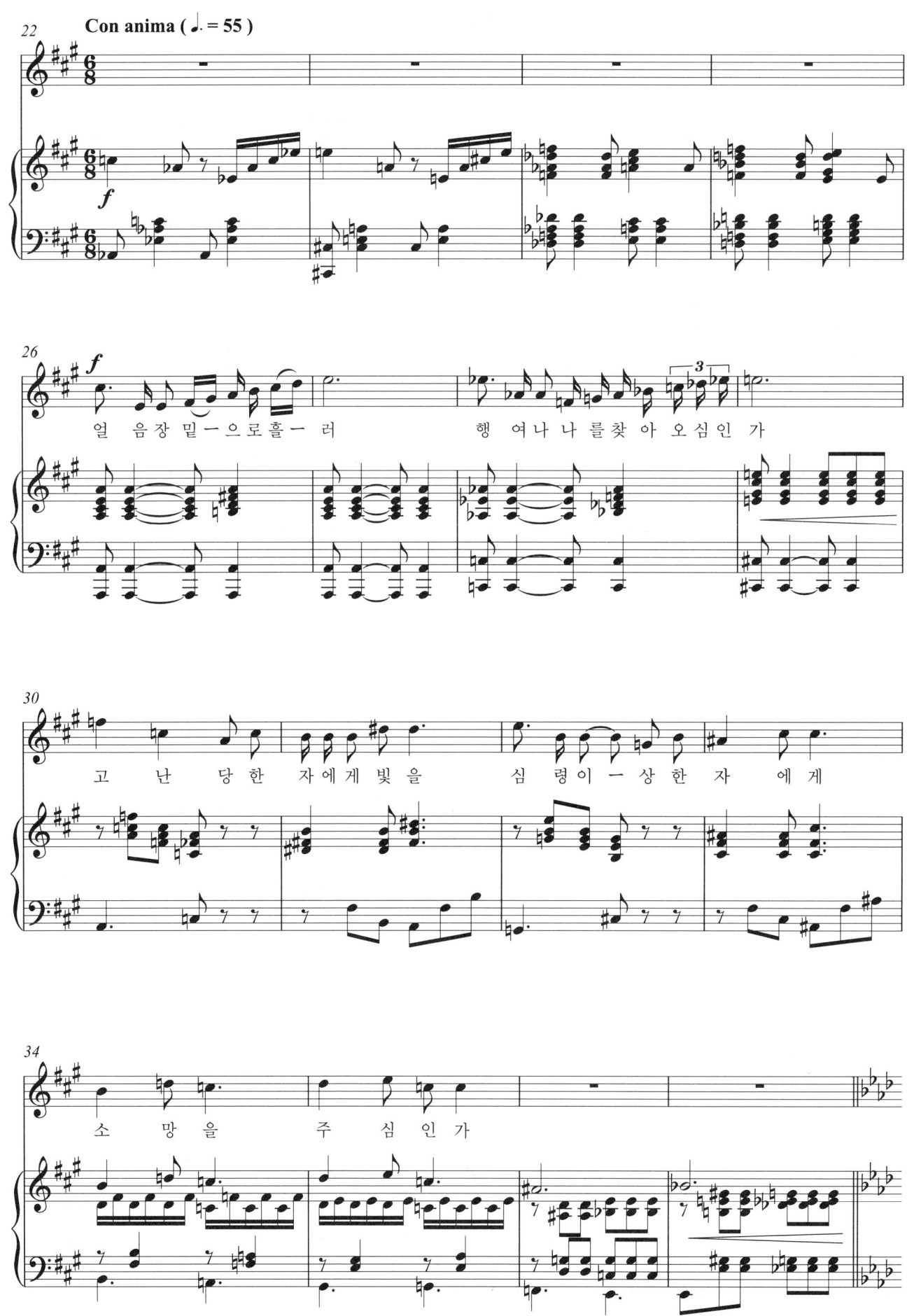

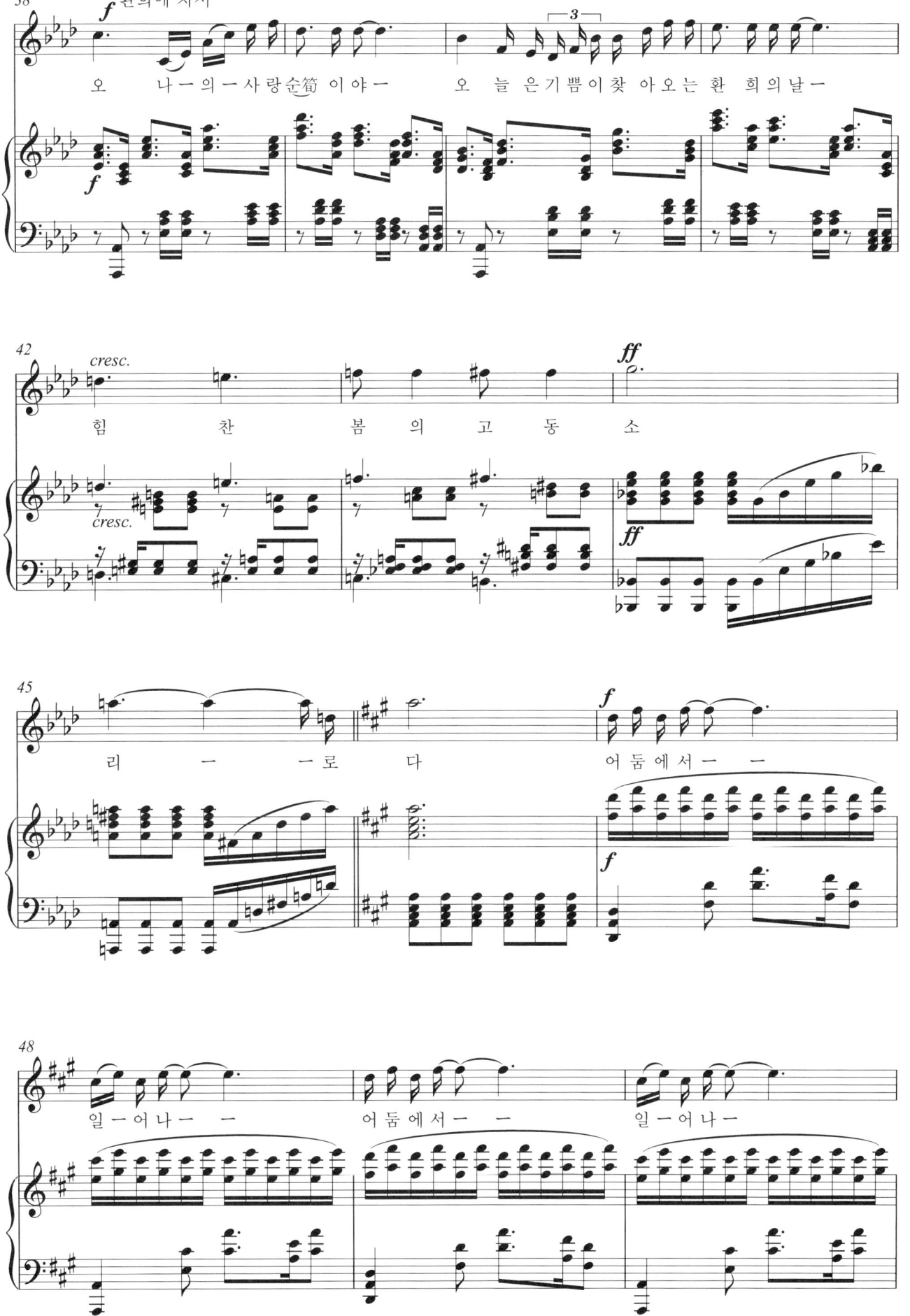

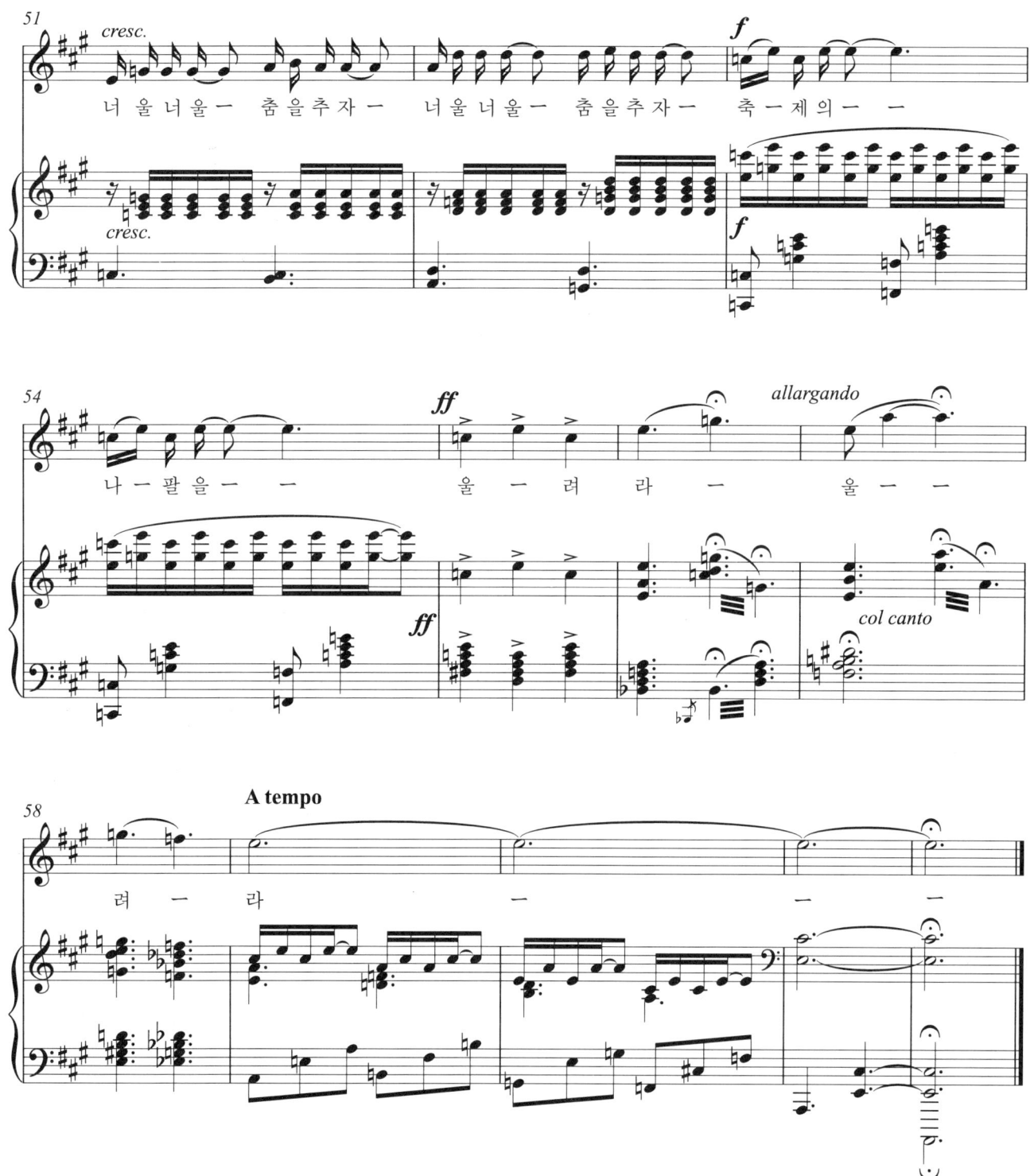

Nänie(애가)

for Soprano & piano

하순봉 (2006)

Andantino e Afflito

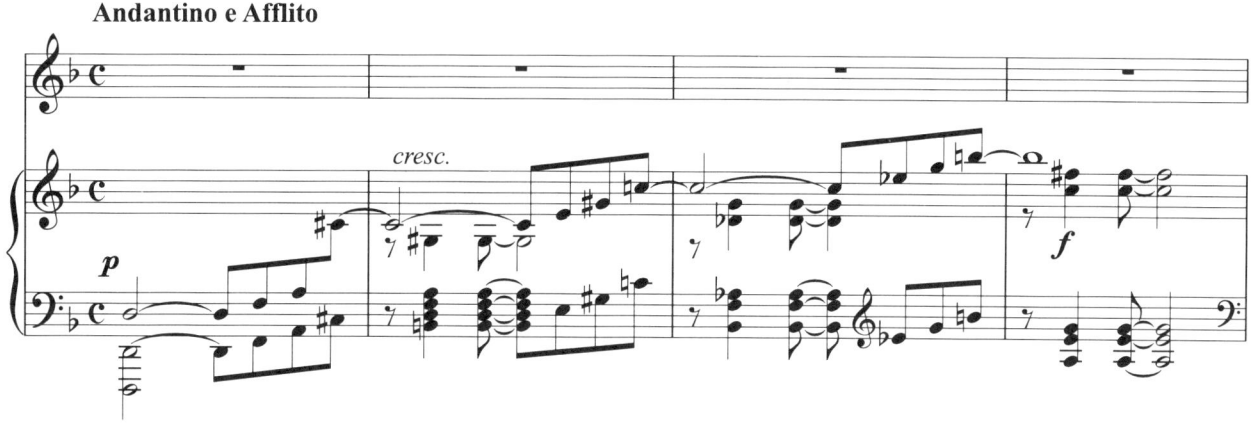

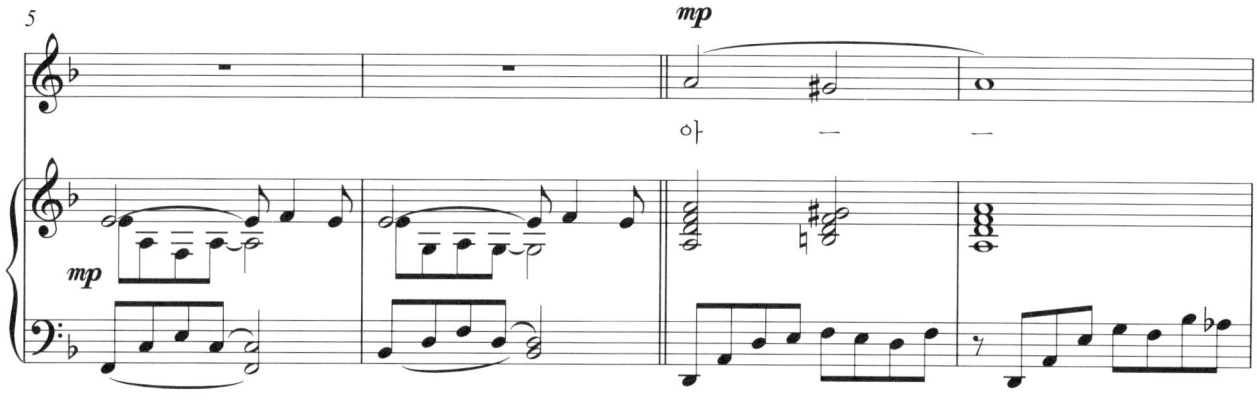

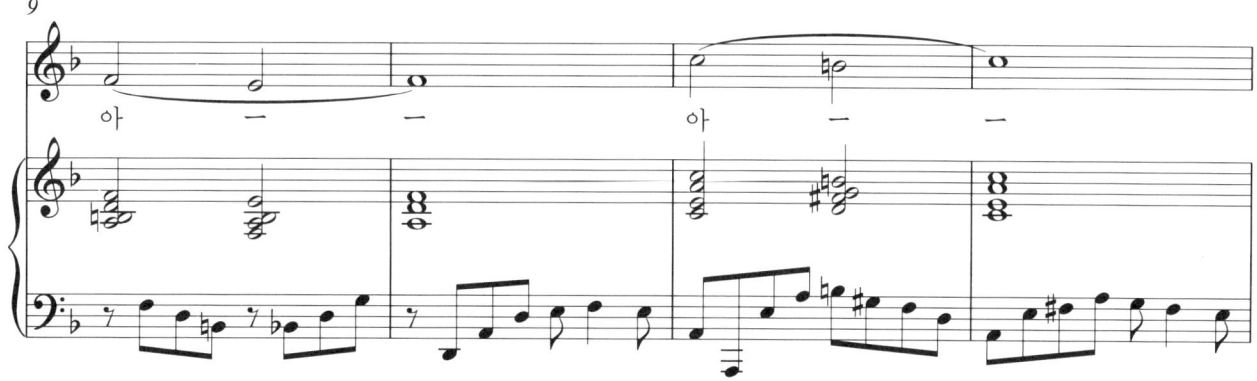

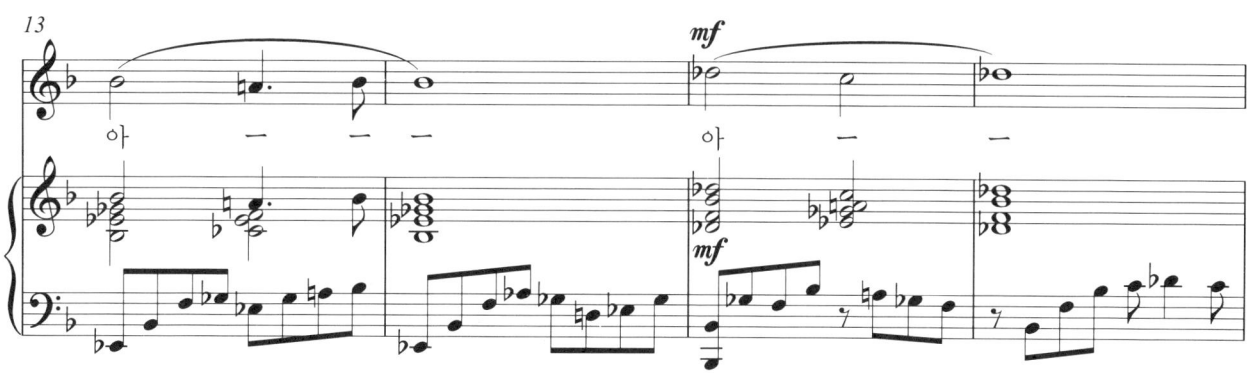

152

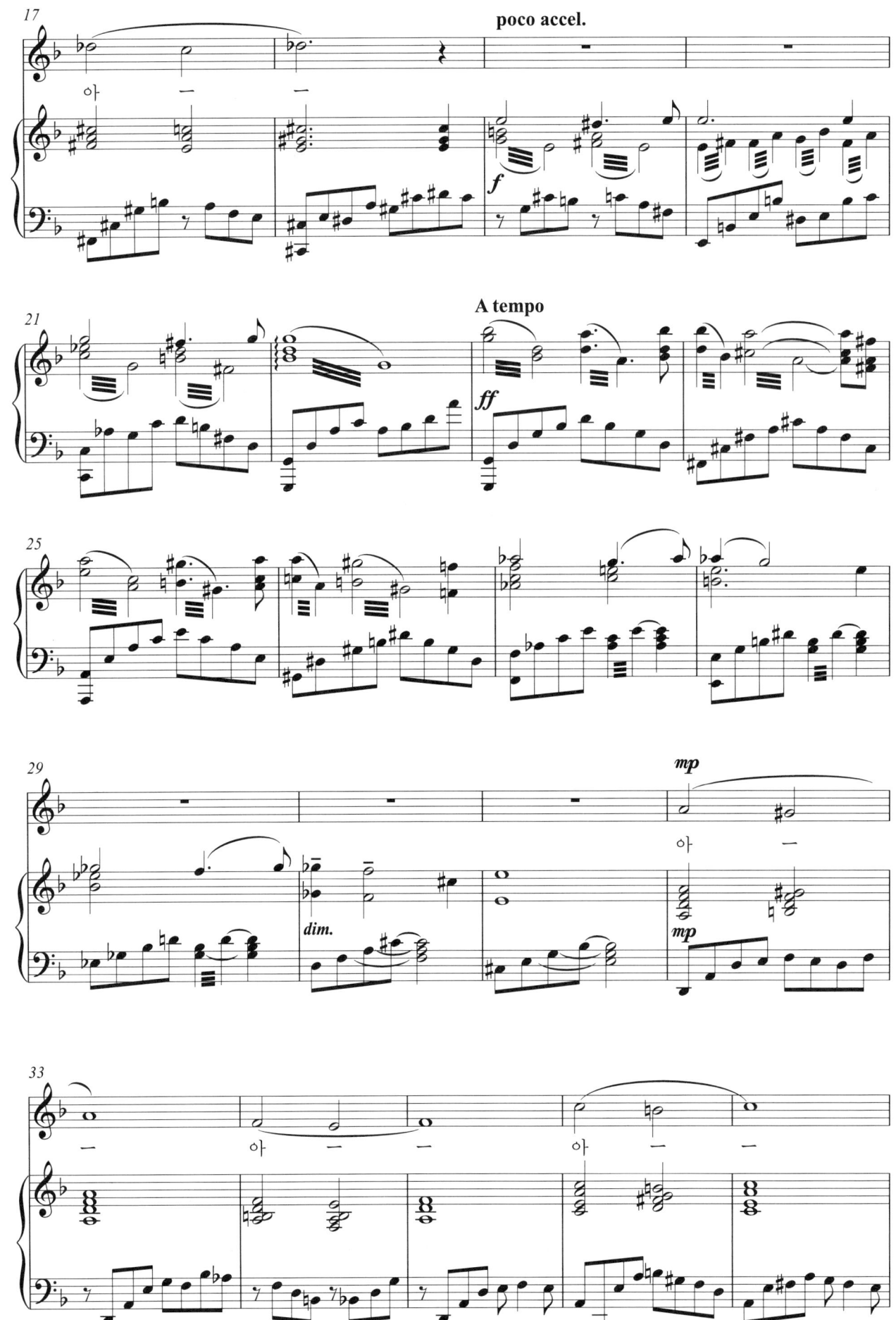

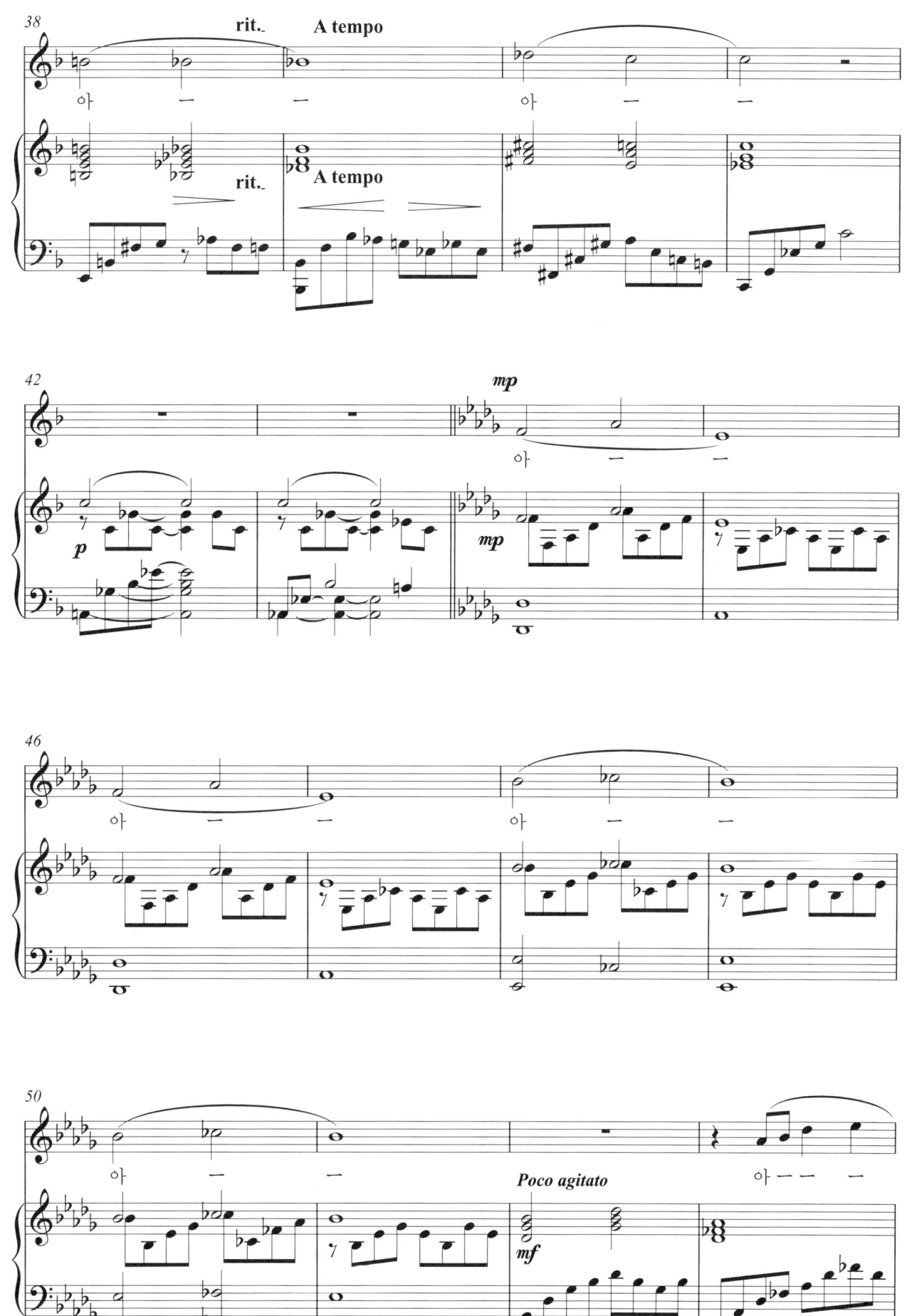

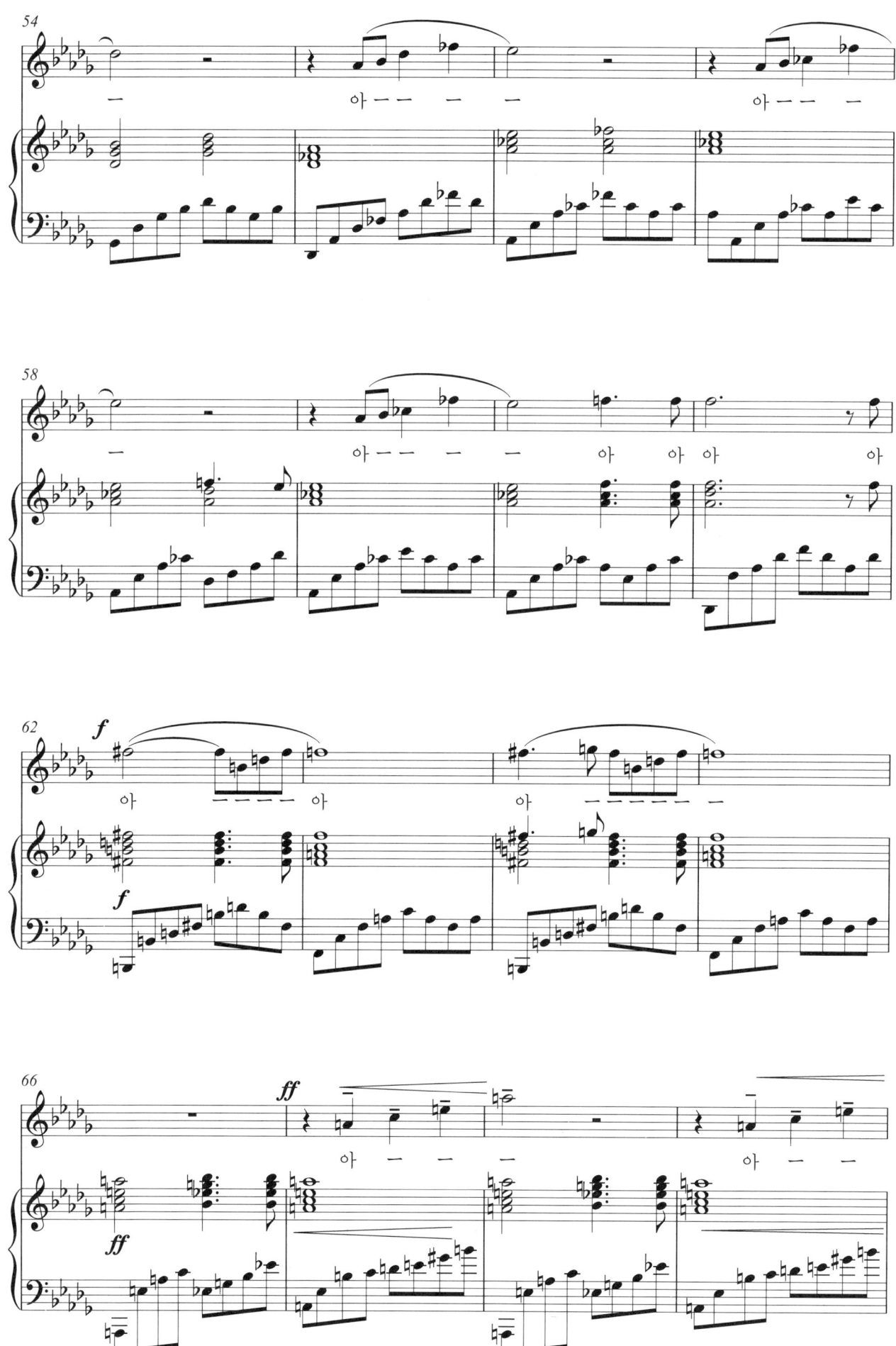

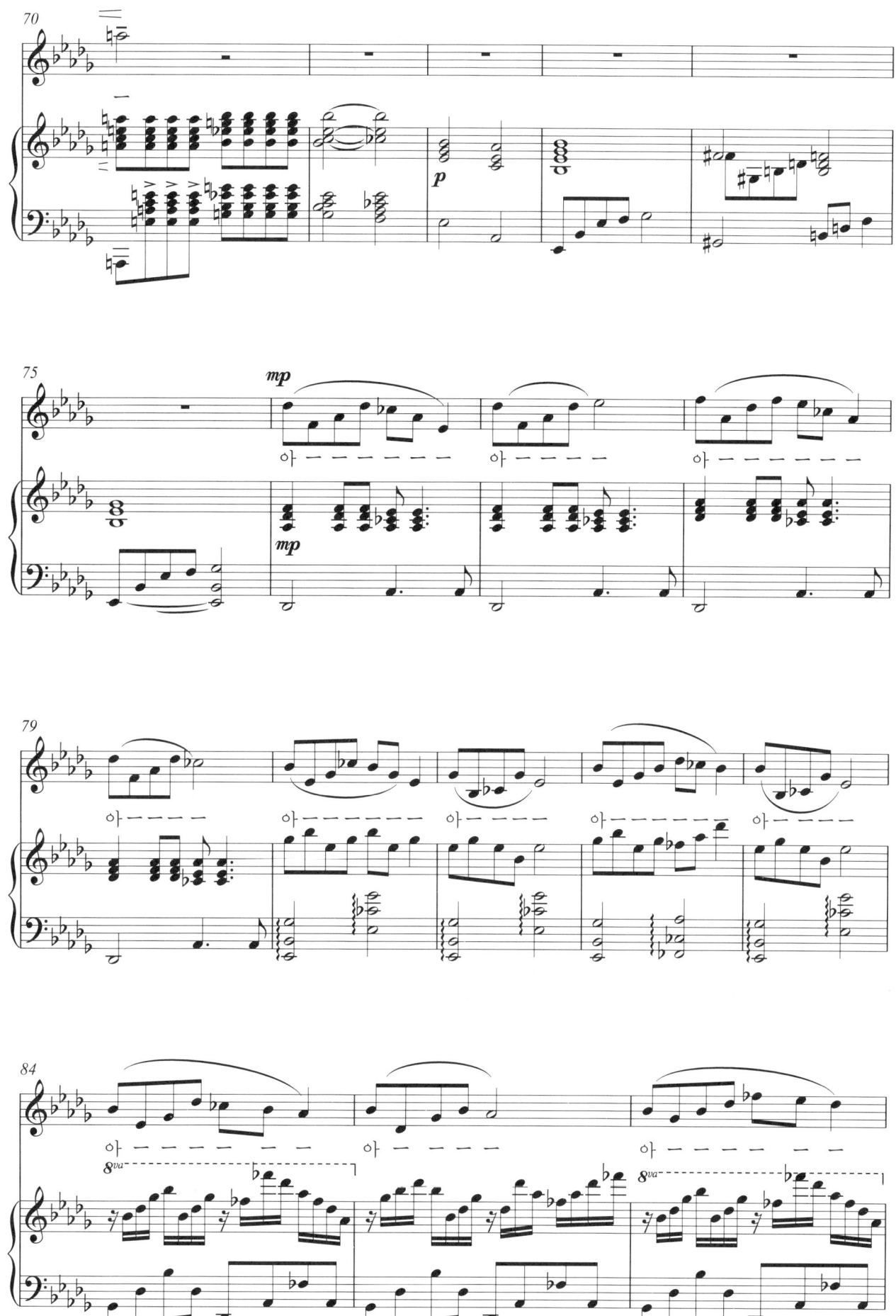

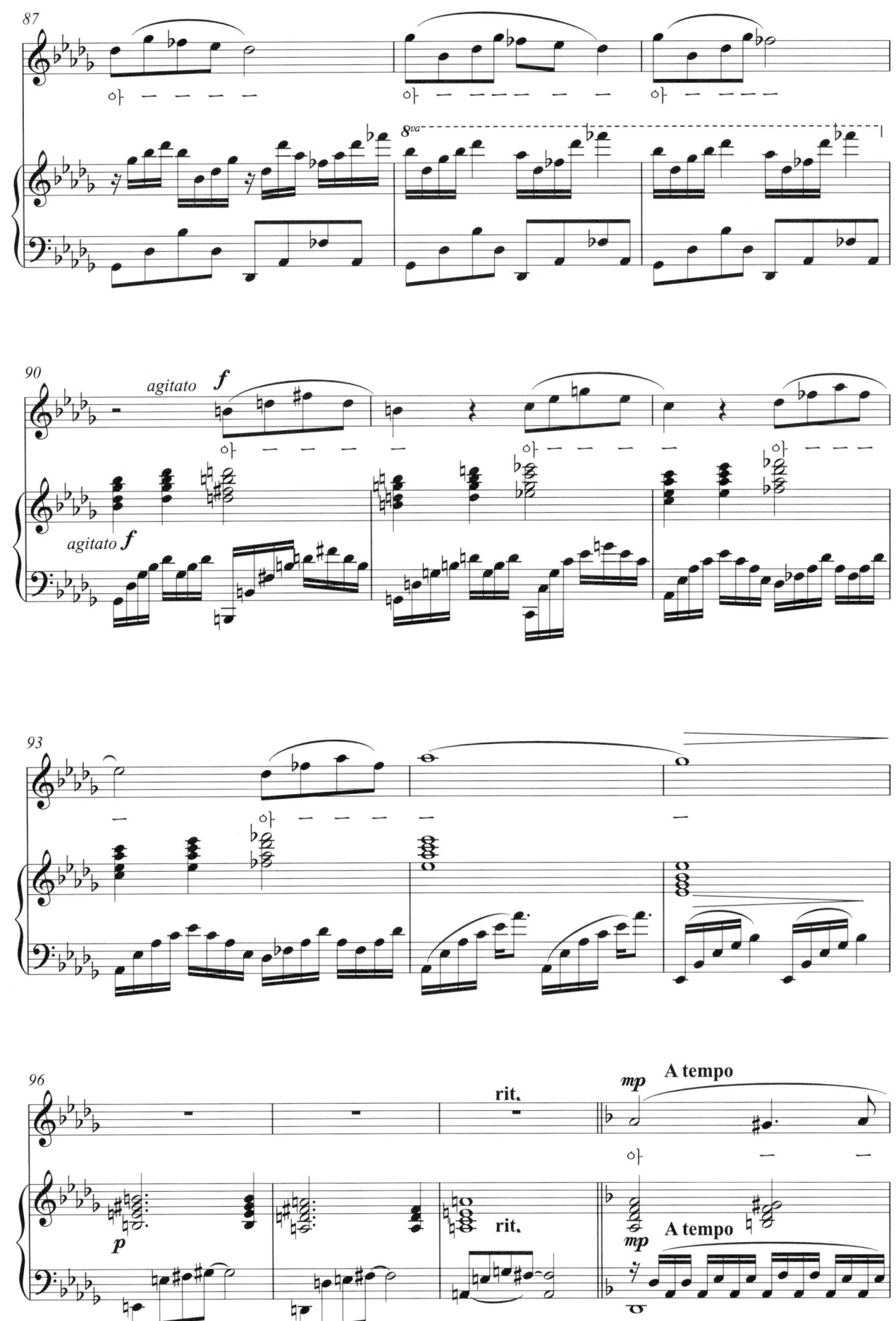

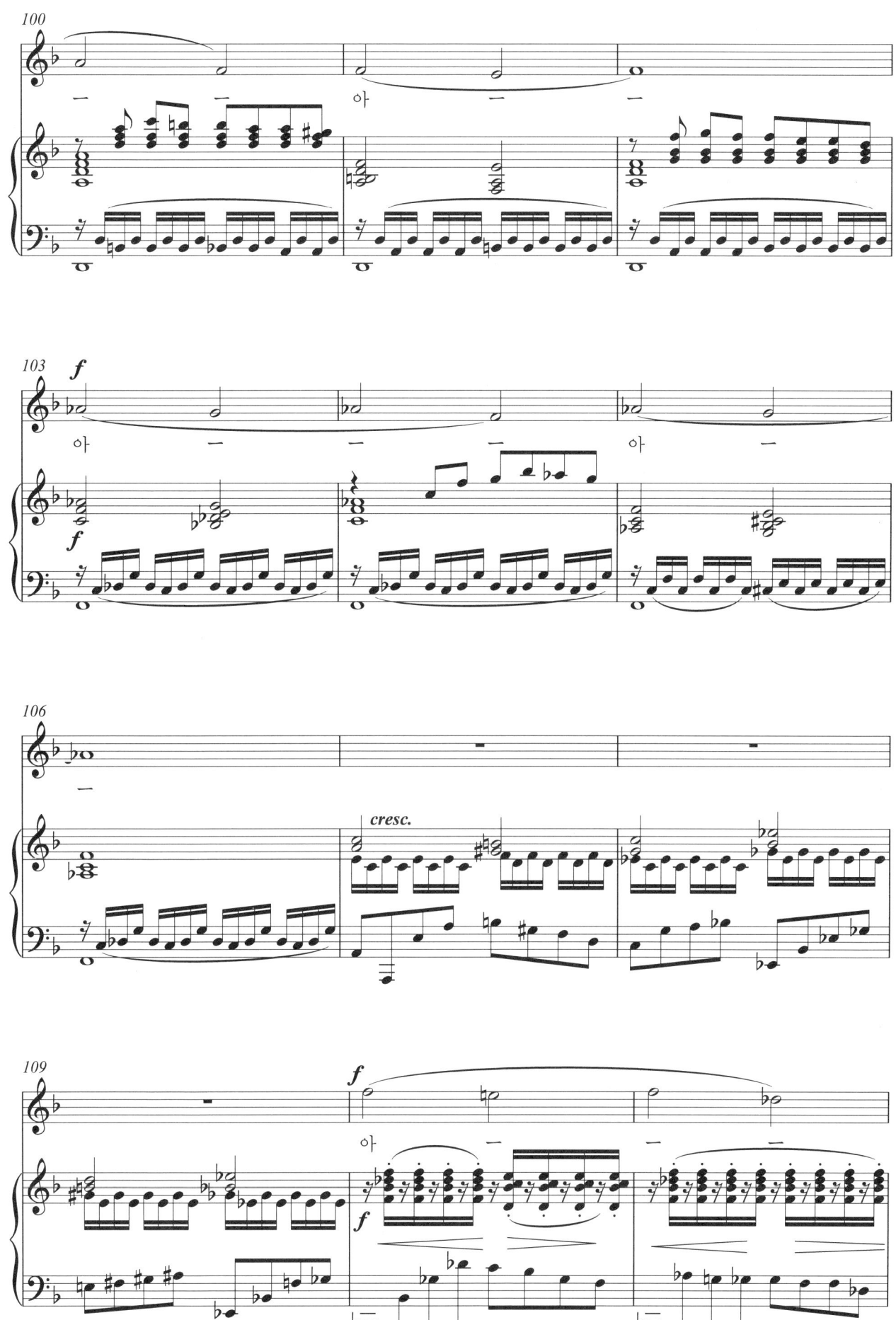

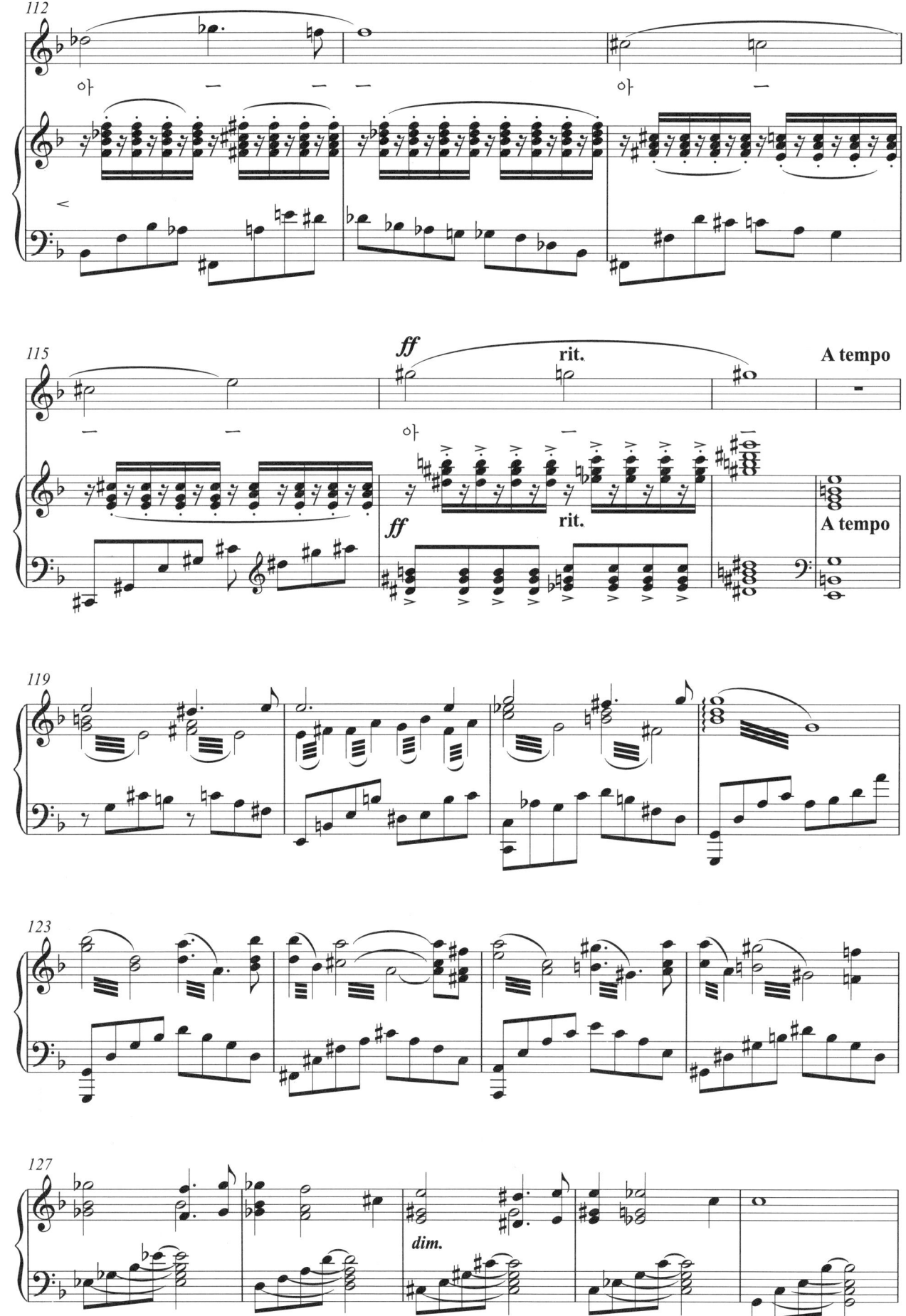

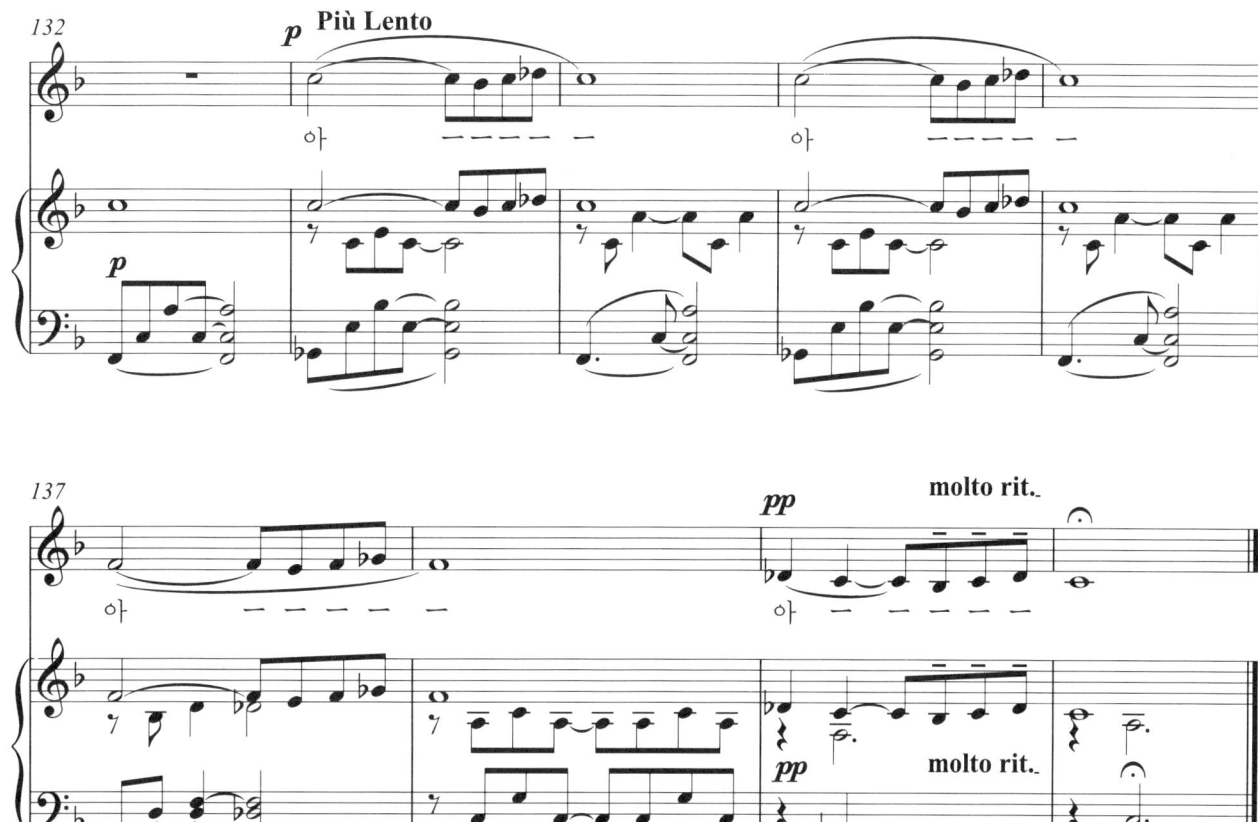

복 있는 사람은

시편1편

하순봉(2012)

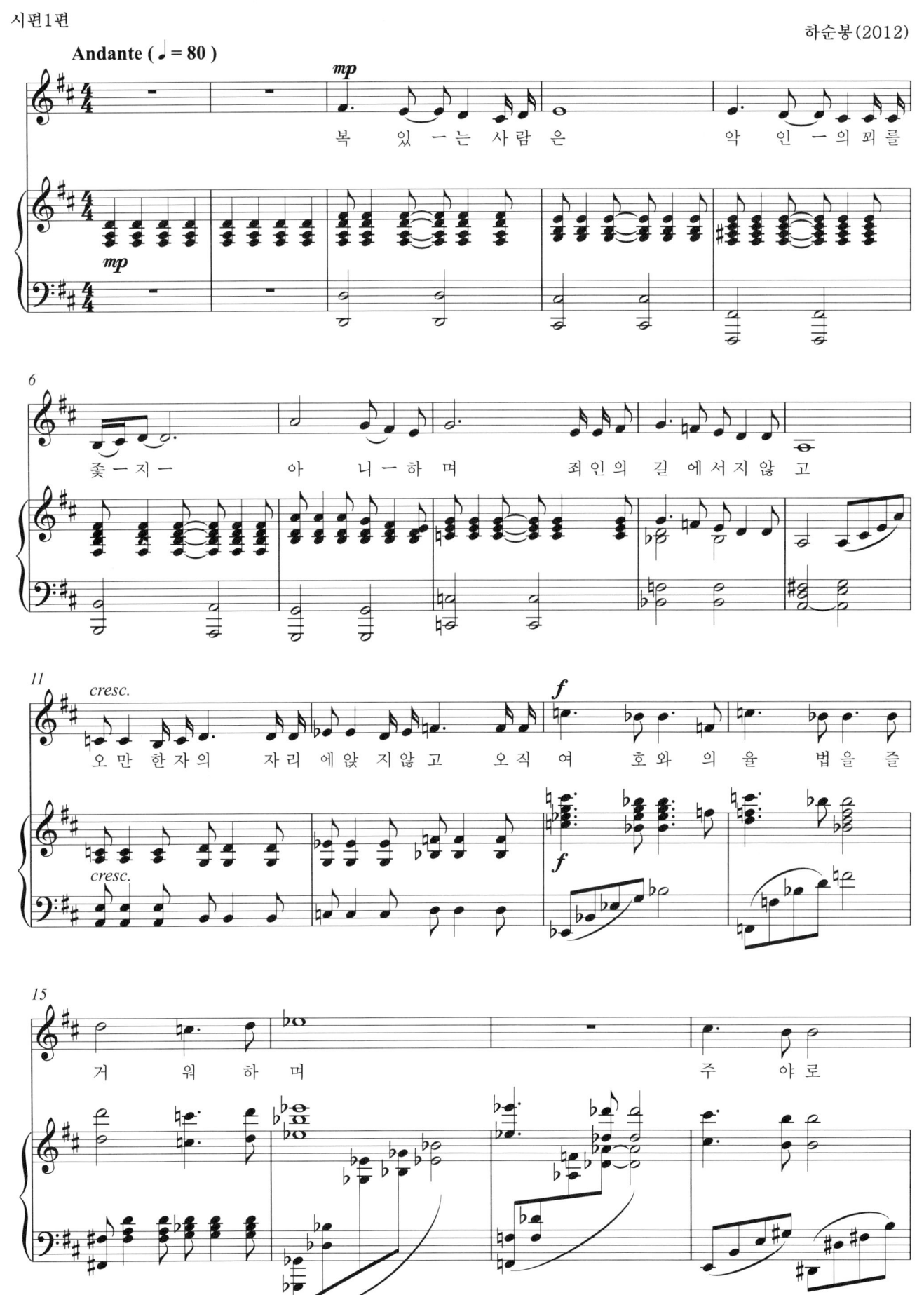

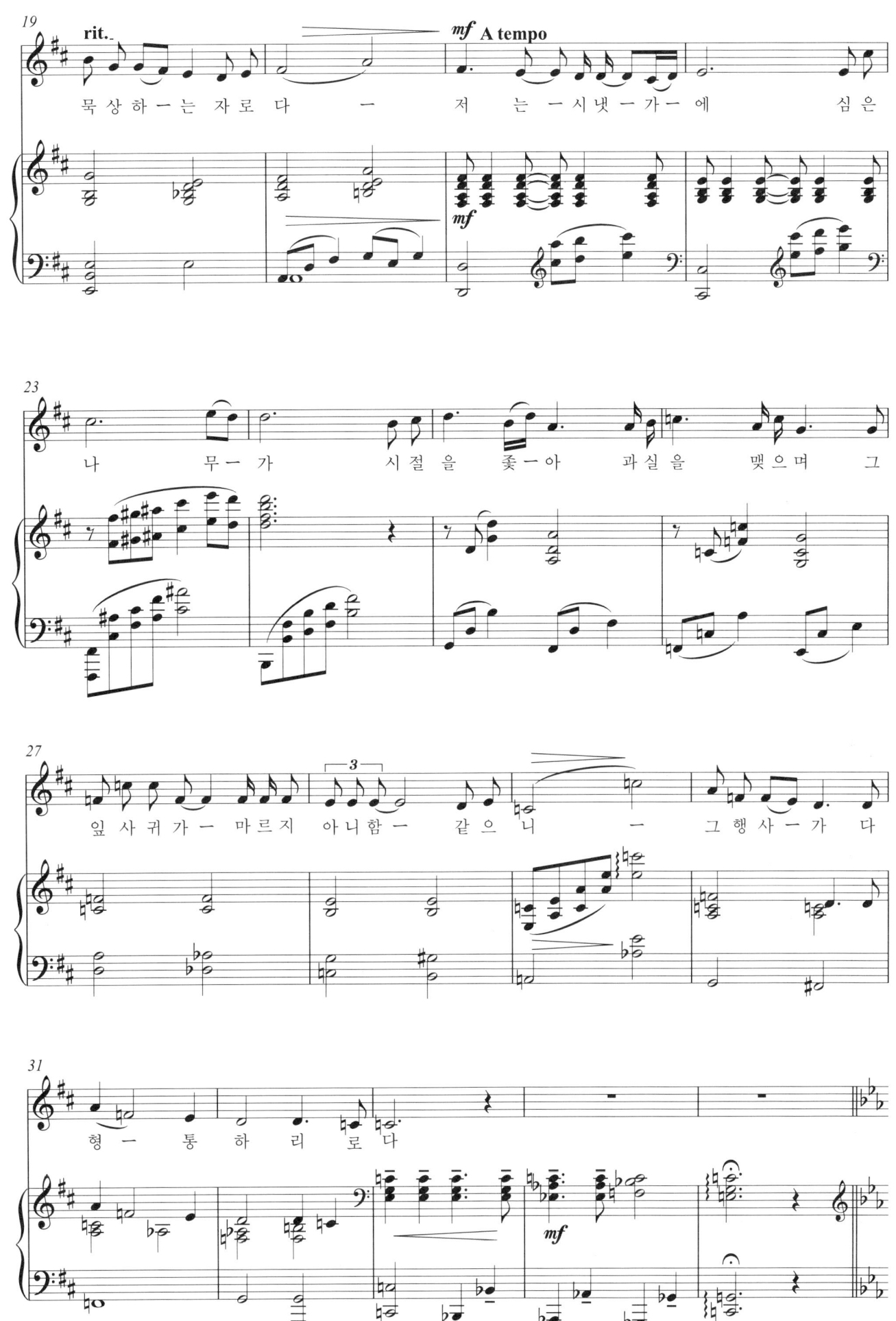

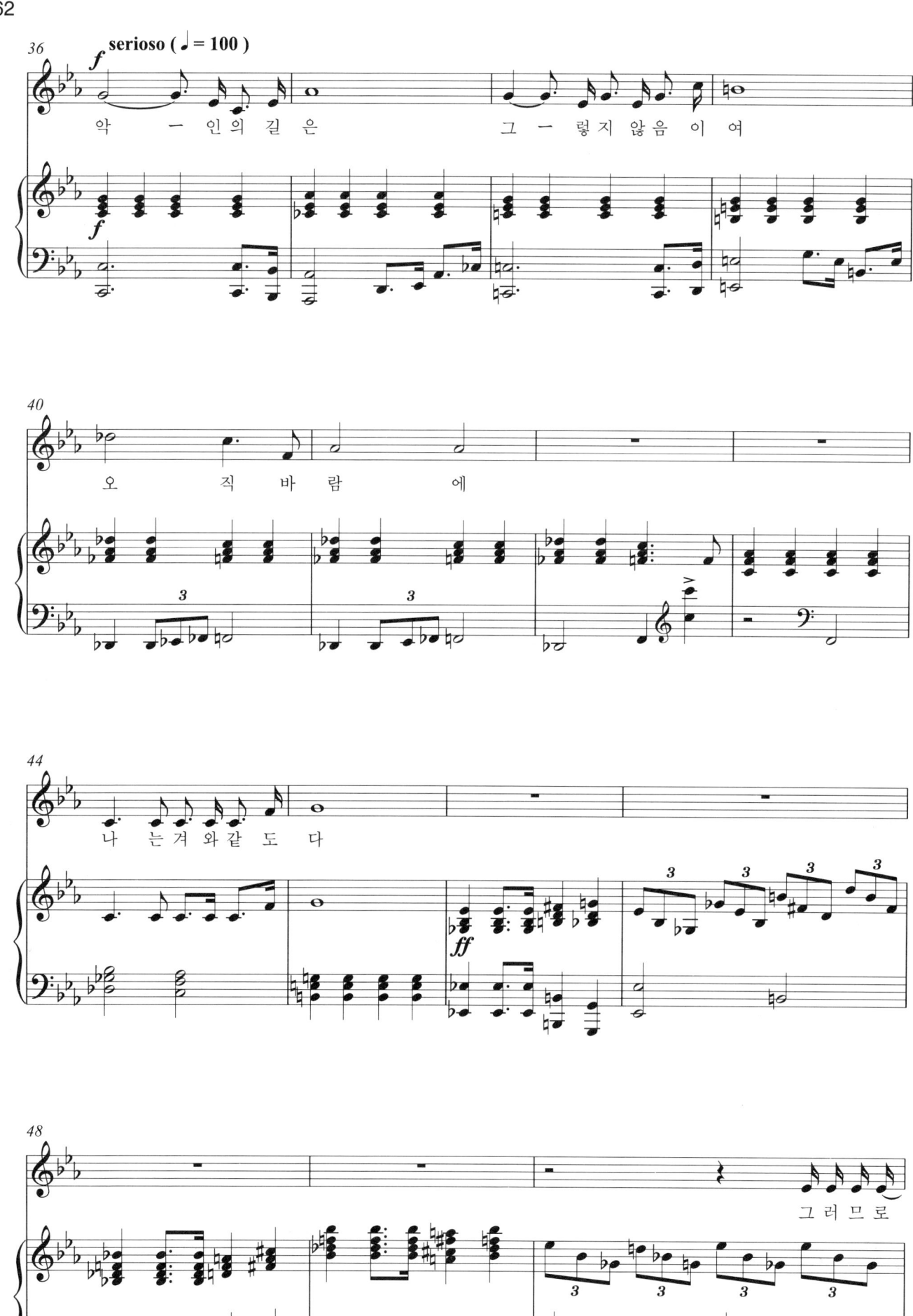

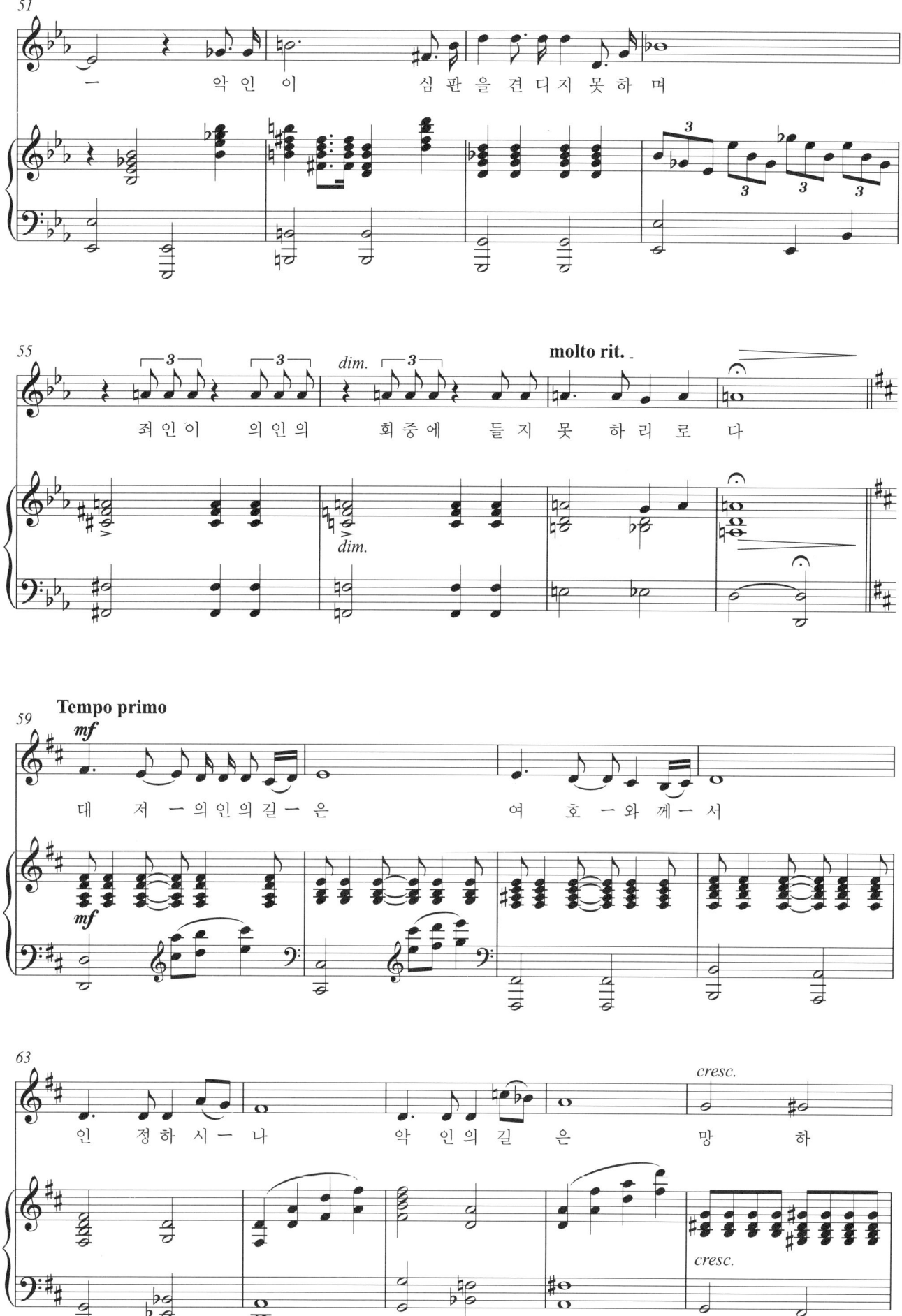

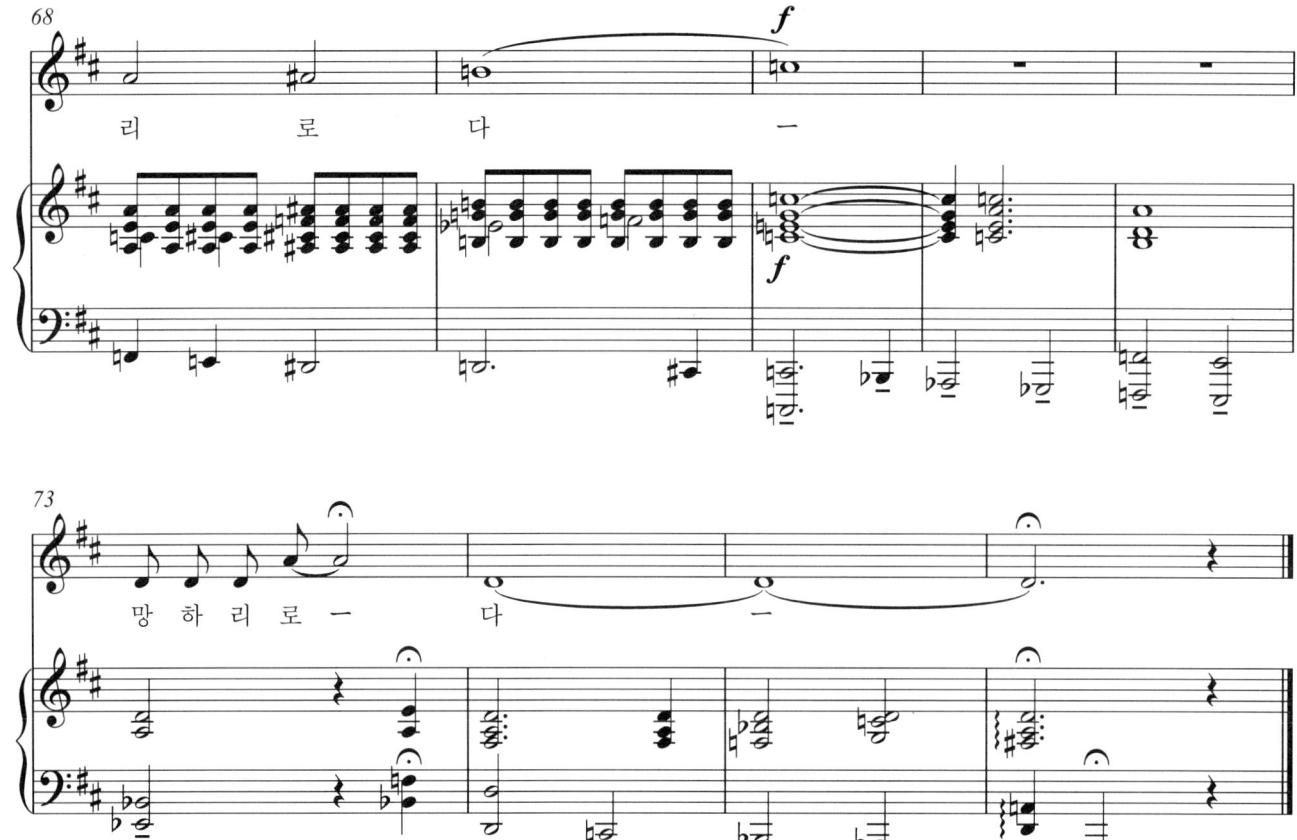

리 로 다 一

망 하 리 로 一 다 一

하 순 봉(河 舜 鳳)

1960년 경남 밀양출생으로 78년 부산대학교에서 이상근을 사사하며 작곡에 입문하다. 부산대학교 및 대학원을 졸업하고 부산예술고등학교와 중학교 교사로 복무하다 91년 독일로 유학을 가게 된다. 독일 하이델베르크 만하임음대에서 P.M.Braun교수를 사사했고 스위스 베른 컨설바토리움에서는 D.Terzakis를 사사했다. 이 후 96년 귀국하여 부산의 여러 대학에 강의를 시작하며 본격적인 작품활동을 시작했다. 동아대 초빙교수, 신라대와 동의대 겸임교수를 역임했으며 현재 경성대 초빙교수와 부산대 출강을 하고 있다. 90년 제 1회 개인작곡발표회를 시작으로 그간 9회의 개인발표회를 가졌으며 저서로는「음악을 바라보는 네 개의 시선」, 칸타타「열방에 선포하라」를 출판했다. 논문도「이상근 축전서곡55432 분석연구」외 다 수를 남기고 있다. 그리고 지역의 매체에 다양한 리뷰와 평론도 싣고 있으며 현재 국제신문의 칼럼 필진으로 활발한 글쓰기를 겸하고 있다. 부산MBC 클래식 방송 가정음악실의 메인진행을 역임하였다.

대학시절 제1회MBC대학가곡제와 국립합창단 대학생 공모합창에 당선되었고 이 후 부산시립교향악단의 공모당선을 비롯 부산시립합창단 등 다수의 연주단체에서 작품위촉을 받아서 대표작 관현악곡 Entrainment, 비바 아리랑, 교향시 Busan Blut, 수리성, 송가, Nomad등을 발표하였다. 이 외에 노근리 재단에서 위촉받은 칸타타「노근리여 영원하라」, 연가곡「별후기」등도 대표작이다. 총 약 100여 곡의 작품을 남기고 있다. 2021년 한국음악평론가협회가 출간한「한국음악 작곡가의 작곡기법」23인에 선정, 게재되었다. 현재는 한겨레작곡가협회와 부산의 작곡단체인 향신회에서 작품활동을 하고 있다.

soonbang60@hanmail.net

하순봉 Ha Soonbong

예술가곡집

2021년 12월 15일 발행
하순봉 작곡
발행인 · 노창영 | 발행처 · **음악춘추** | 주소 · 서울시 중구 다산로 11길 13, 405호
TEL · (02)2231-9001~3 | FAX · (02)2236-9734 | 등록 · 1977.6.20.No.2-44

ISBN 978-89-13-98598-0

값 15,000원

부산광역시 | 부산문화재단

본 출판은 2021년 부산광역시, 부산문화재단〈부산문화예술지원사업〉으로 지원을 받았습니다.